국민보도연맹과 국민방위군 사건

대한민국의 주홍글자

대한민국의 주홍글자

국민보도연맹과 국민방위군 사건

초판 1쇄 인쇄 · 2021년 6월 15일
초판 1쇄 발행 · 2021년 6월 22일

지은이 · 문창재
펴낸이 · 한봉숙
펴낸곳 · 푸른사상사

주간 · 맹문재 | 편집 · 지순이 | 교정 · 김수란, 노현정 | 마케팅 · 한정규
등록 · 1999년 7월 8일 제2-2876호
주소 · 경기도 파주시 회동길(서패동) 337-16
대표전화 · 031) 955-9111(2) | 팩시밀리 · 031) 955-9114
이메일 · prun21c@hanmail.net
홈페이지 · http://www.prun21c.com

ⓒ 문창재, 2021

ISBN 979-11-308-1802-3　03910
값 22,000원

* 미국 국립문서보관소 기밀 해제 6 · 25 사진들은 한국 판권자인 박도 선생(작가)으로
　부터 게재 양해를 받은 것임을 밝히며 박 선생에게 감사의 뜻을 표합니다.

국민보도연맹과 국민방위군 사건

대한민국의 주홍글자

문창재

푸른사상
PRUNSASANG

세상에는 이해할 수 없는 일이 너무 많이 일어난다. 남을 해치면 안 된다는 상식을 가진 사람들로서는 상상도 할 수 없는 일들이 지구촌 곳곳에서 벌어진다. 2021년 벽두, 미국에서 일어난 의회 진입 난동 사건이 그렇다. 민주주의 역사의 모범이라는 나라에서 민주적 절차에 따라 선출된 대통령의 취임을 방해한 폭력을 상상이나 했던가.

2월부터 시작된 미얀마 유혈 사태도 마찬가지다. 개인통신이 이렇게 발달한 세상에 군부 쿠데타가 가능하리라고 생각한 사람이 있었을까. 쿠데타 세력이 시위대를 향하여 조준사격을 하는 믿지 못할 야만을 우리는 자주 목도했다. 극히 일부 국가를 제외하고, 지구촌 모든 나라 정부와 국민은 미얀마 군부를 향하여 야만적인 살상 행위를 당장 멈추라고 요구하고 있다. 그 소리를 들었는지 말았는지, 백주 대로상의 살상은 지금도 계속되고 있다.

많은 희생자들 가운데 우리의 가슴을 아프게 한 인물이 있다. 아름다운 용모의 열아홉 살 여대생 마쩨신이다. 태권도를 좋아하는 그는 "시위 중 혹시 죽게 되면 장기를 필요한 사람에게 기증해달라"는 유서를 품고 있었다. 죽음을 무릅쓴 저항의 증거였다. 죽어서도 조그만 도움이 되고 싶어 한 마음이 눈물겹도록 아름답다. 무연고 시신이 될 것을 걱정하여 팔뚝에 혈액형과 전화번호를 적은 희생자들도 많았다. 한국 방송사 카메라 앞에서 유창한 우리 말로 "우리는 한국을 좋아해요. 우리를 도와주세요" 하고 호소하는 모습을 방송으로 보는 순간, 피가 역류하는 느낌이었다. 사태가 어떻게 결말이 날지는 모르지만, 그들은 나중에 미얀마 민주화 운동의 영웅으로 기록될 것이다. 나라를 사랑하여 목숨을 내놓은 민족의 별이 될 것이다.

미얀마 사태에 대한 신문 보도와 TV 뉴스를 보면서, 그 영상들이 우리 현대사와 오버랩되어 많은 상념이 떠올랐다. 내가 겪은 치열한 민주화 투쟁의 2021년판 아닌가. 우리도 그런 세월을 거쳐 오늘에 이르렀다. 4·19학생혁명과 1970~1980년대 민주화 운동의 영웅들 면면이 파노라마처럼 뇌리를 스쳐갔다. 그들이 아니었다면 지금 우리가 여기 있을 수 있겠는가.

이 책의 원고를 준비하는 취재 과정에서 6·25 민간인 학살 관련 전시회가 열린 옛 치안본부 대공분실에 간 적이 있었다. 1987년 민주화 운동의 불씨가 된 고 박종철 열사가 고문을 받다가 숨진 곳이다. 지하철 1호선 남영역 바로 옆이어서 흔히 '남영동 대공분실'로 알려져 있지만, 주소상 용산구 갈월동이라는 것을 처음 알았다.

대공분실이라는 이름이 주는 음습함은 예상을 뛰어넘었다. 6층 벽돌건물 각 층이 조사시설로 쓰인 건물이다. 서너 평 남짓해 보이는 조사실이 긴 복도 한 편에 줄지어 있는데, 방마다 욕조와 화장실이 있다. 그 욕조는 샤워나 목욕과는 거리가 멀었다. 원하는 진술이 나오지 않으면 조사관은 피조사자 머리채를 잡고 물을 가득 채운 욕조에 처박았다.

죽지 않을 만큼 목을 누르다가 꺼내어 다시 심문하고, 답변이 성에 차지 않으면 또 처박기가 반복되었다. 그러다가 박종철 열사 고문치사 사건이 벌어진 것이다. 그 유명한 "탁 치니까 억 하고 죽었다"는 현장이 바로 그곳이다.

피의자를 조사하기 위해 만든 그 국가시설은 전체주의 권위주의 체제의 표징이다. 오직 자백을 받아내기 위한 효율성만 고려되었을 뿐, 피조사자의 인권 같은 것은 발상조차 없는 설계다. 그것이 불과 40년 전 일이다.

개인적으로 고문 피해자들은 불행을 겪었고 덧없이 생을 마감했지만, 그 죽음의 값은 너무도 귀중하다. 그 죽음이 신문에 보도되지 않았다면, 그것이 불씨가 되어 성난 민중의 함성이 거리를 휩쓸지 않았다면, 대한민국의 봄이 왔겠는가! 아마도 '겨울공화국' 시대는 한참 더 갔을 것이다.

그때 신문을 제작하면서, 갈수록 뜨거워지는 시민의 호응에 고무되어 연일 밤새워 일하면서도 피로를 느끼지 않았다. 그 경험을 나는 소중한 추억으로 간직하고 있다.

그런데, 국가권력에 의하여 죽어간 수십만 명의 목숨이 까맣게 망각되었던 사실을 나는 몰랐다. 국민을 보호·선도하겠다고 국민보도연맹을 만들어 그 가입자들을 죽여 암매장하고, 국민방위군으로 소집하여 굶어 죽고 얼어 죽게 한 사실을 나는 상식시험 문제 정도로만 알고 있었다.

한강 다리를 끊어 피란을 못 가게 해놓고, 인민군에게 붙어먹었다고 잡아 죽인 사건의 파렴치성도 잘 몰랐다. 언론에 종사했다는 사실이 부끄럽기만 한 까닭이다.

일선 기자 시절 경찰서를 드나들며 사람을 죽게 한 일이 얼마나 큰 죄인지를 실감했다. 의도적 살인이건, 과실치사건, 사고나 천재지변으로 인한 죽음이건, 그 당사자와 유족이 얼마나 원통했을지를 매일매일 보고 느꼈다. 그 죽음을 둘러싸고 벌어지는 보상금 또는 배상금 싸움은 사람의 목숨 값을 놓고 밀고 당기는 흥정이었다. 액수의 많고 적음에 따라 장례 날짜가 미루어지거나 당겨지고, 때로는 그 주검의 실물이 무기로 이용되는 현실은 충격이었다. 유족이 관을 떠메고 상대의 집이나 사무실로 쳐들어가면 협상은 즉시 타결되곤 했다.

그런데 6 · 25 당시의 그 많은 죽음은 내가 일선 기자 시절 보았던 죽음의 100만분의 1 값어치도 못 되었다. 아니, 값은 고사하고 멸문의 화가 되었다. 가해자도 피해자도 말을 하면 안 되는 일이었다. 통곡조차도 허락되지 않았다. 그 자손들까지도 '빨갱이 가족'이라는 딱지를 이마에 붙이고, 울음조차 참고 살아야 했다.

이 책을 쓰게 된 동기는 6 · 25전쟁 70주년인 2020년 6월 한 신문에 기고한 글이었다. 6 · 25전쟁의 수수께끼를 주제로 '이상한 전쟁' 이야기를 쓰면서, 군인보다 민간인이 훨씬 많이 죽은 전쟁이었다는 사실에 눈을 뜨게 되었다.

전화(戰禍)에 민간인이 휘말리게 되는 일은 어쩔 수 없는 현실이다. 그러나 민간인 사망자가 군인 전사자의 5배에 달한다는 사실은 충격이었다.

6·25 공식 전사자는 국군 유엔군을 합쳐 17만 5천여 명이다. 그러나 민간인 사망자는 100만 명을 헤아린다. 100만이라는 수는 여러 유형으로 죽은 사람들의 전체 추계다.

전쟁 중 민간인 희생자 가운데 국민보도연맹 가입자, 인공에 협조한 부역자라는 이유로 국가권력에 의하여 학살된 사람이 제일 많았다. 그 다음이 국민방위군으로 징집되어 훈련소 이동 중 또는 교육 중 굶어 죽거나 병사, 또는 동사한 사람들이다.

인공 시절 공산당에 의하여 반동분자로 몰려 처형된 사람들도 수만 명에 이르며, 피란 길이나 주거생활 중 유엔군 폭격에 의해 죽은 사람들도 많다. 또 군경의 공비토벌작전 때 빨치산과 접촉했거나 협조한 혐의로 몰려 피살된 사람, 수복 후 민간인끼리의 보복살해와 사형(私刑) 등으로 인한 사망자도 적지 않다.

이 사실을 나는 그동안 너무 피상적으로만 알고 있었다. 오랜 옛날 일이라는 것, 뉴스가 되려면 딱 떨어지는 계기가 있어야 한다는 잠재의식이 그 사건들을 피상적으로 보게 한 까닭이다. 피해자 수가 그렇게 많을 줄은 몰랐다. 사람을 죽이는 수법이 그토록 야만적일 줄은 상상도 못 했다.

한 가지 확실하게 알았던 것은 우리 군경의 양민학살 사건이었다. 거창 양민학살 사건과 함양·산청 양민학살 사건은 현장취재까지 했지만 기사로 반영이 되지 않아 데스크에 불만을 품고 살았다. 자유언론에의 갈망으로 목이 타들어가던 시대였다.

일상이란 무서운 것이다. 그런 불만은 시시각각 터져나오는 사건과 갖가지 이슈들의 물결에 휩쓸려 둥둥 떠내려가버렸다. 그러다가 문득 자각의 기회가 찾아왔다. 국가권력이 그 많은 국민을 참살하고도 쉬

쉬 하면서 사건 자체를 덮어버렸고, 억울하다는 유족들의 절규를 빨갱이로 몰아 틀어막은 사실을 알고부터 언론 종사자로 살아온 경력을 숨기고 싶어졌다.

국민보도연맹 사건의 경우, 그 많은 사람들의 억울한 죽음이 1980년대 후반까지 제대로 알려지지 않았다. 그걸 들추는 일 자체가 반체제, 반국가적 행위로 인식되었던 탓이다. 근년 현대사 재조명 붐이 일면서 그 사건에 대한 학문적 탐구가 시작되었고, 과거사를 밝혀내 사건을 청산하려는 정부의 노력으로 조금씩 진상이 밝혀지고 있다.

이에 힘입은 바 크다. 미력하나마 사건기자 출신 언론인의 눈으로 사건의 미궁 속으로 들어가 보고, 현장을 찾아 오늘의 그 자리를 스케치해보고 싶었다. 전체 사건을 아우르지 못하고 국민보도연맹 사건, 부역자 처단 사건, 국민방위군 사건에만 포커스를 맞춘 미완의 보고서임을 고백한다. 나머지 사건들은 이제부터의 과제로 삼고자 한다.

2021년 6월
문창재

■ 차례

제1장

대규모 민간인 학살의 현장

국민보도연맹 사건

대한민국의 주홍글자

인류 역사에 민간인이 떼죽음을 당한 일은 많았다. 전쟁, 내란, 혁명, 또는 쿠데타 과정에서 적이나 방해 세력이 '제거'된 일은 근세에도 여러 차례 있었다. 그러나 떼죽음의 대상이 제 나라 백성인 경우는 흔하지 않다.

그 가운데 널리 알려진 사건으로는 킬링 필드가 있다. 캄보디아 크메르루주군(공산당) 최고사령관 폴 포트가 지식층과 도시 유한계급을 무차별 도륙한 사건이다. 해외여행 중 우연히 목격한 킬링 필드의 흔적은 무참했다. 피살자 해골과 팔다리 뼈를 유리창 안에 차곡차곡 쌓아 올린 인골탑이 관광상품의 하나였다. 앙코르와트의 도시 캄보디아 씨엠립에서 목격한 그 탑은 킬링 필드 사건의 청산을 증명하는 유적이 되었다.

수도 프놈펜의 학살박물관에는 그들을 가두고 고문했던 감방과 고문도구 시설 등이 옛모습 그대로 남아 있다. 집단학살이 벌어진 곳마다 인골탑이 세워졌다.

해골이 차곡차곡 안치된 킬링 필드 인골탑

교통 경찰관이 위반자를 붙잡아 동그라미 선 안에 가두어둔 장면은 5·16쿠데타 후 서울 거리에서 목격되었던 그것과 다름없었다. 다르다면 그 경찰관이 문맹이라는 것뿐이었다. 딱지를 끊을 줄 몰라 하염없이 세워두는 것이라 했다. 글자를 모르는 경찰관의 탄생 역시 킬링 필드라는 비극의 산물이었다. 글자를 아는 사람은 다 죽인다 하여, 아이가 태어나도 가르칠 생각을 하지 않았다는 이야기다.

이 끔찍한 일이 떠오른 것은 6·25전쟁 70주년인 2020년 민간인 학살 문제에 관심이 꽂힌 탓이다. 그때 일어난 국민보도연맹 사건은 아직 현재진행형이다. 청산도 화해도 이루어지지 않았다. 살육의 규모 면에서 킬링 필드와 비교될 정도는 아니다. 그렇지만 사건의 처리와 역사 청산 면에서는 너무 후진적이다. 캄보디아는 사건 발생 20여 년 만에 비극을 깨끗이 청산하고 새 출발했다. 비록 또 다른 군부 세력에 의한 청산이기는 하지만, 아직 그 부끄러운 역사를 껴안고 사는 우리로서는 부러운 일이다.

폴란드 아우슈비츠 수용소에서 수학여행 온 독일 학생들을 목격했을 때 느낀 감동도 되살아났다. 안내 교사의 설명을 경청하는 학생들 눈빛이 초롱초롱해 오래 기억에 남아 있다.

"할아버지, 증조할아버지 시대 독일인의 만행을 영원히 기억하여, 그런 일이 되풀이되지 않도록 마음에 새겨야 한다."

인솔교사는 이렇게 말했다고 한다. 그 설명을 잊지 않으려는 듯 어린이들은 열심히 메모하고 질문했다.

그 감동스러운 장면은 역대 독일 총리와 대통령이 거듭 그 유적 앞에 무릎 꿇고 사죄한 '품격'의 산물이다. 과거사에서 교훈을 얻지 못하는 사람들이 남의 나라를 향하여 독일을 배우라고 비난할 자격이 있을지 모르겠다.

국민보도연맹 사건은 참으로 이해하지 못할 일이다. 내 나라 국민을 국가권력이 무참히 살해하여 암장하고 수장했다. 이유는 그들이 북한 인민군 편이 되어 우리에게 총부리를 겨눌지도 모른다는 '우려' 때문이었다. 일어나지 않은 일을 '그럴지도 모른다'는 추측으로 그렇게 한 것은 인류의 이름으로 심판받아 마땅한 국가범죄다. 그러고도 국가는 여태 말이 없다. 그 범죄에 가담했던 사람들은 다 영전하고 잘 살았다. 죽어 국립묘지에 묻힌 사람도 많다. 그 후손들도 영달을 누렸다.

1948년 대한민국 정부 수립을 전후한 이념의 혼란기에 좌익운동은 지하로 숨어들었다. 정부의 탄압이 심해지자 그들은 북한으로 잠입하거나, 입산하여 빨치산이 되었다. 그런 와중에 발생한 제주도 4·3사건과 여수·순천사건을 계기로 또 한 차례 좌익 숙청 바람이 휩쓸었다. 그러고도 안심이 안 되었는지 좌익사상에 물든 사람들을 국가가 '관리'하겠다고 보도연맹을 조직했다. 조선공산당이나 남

초창기 좌익사범 처형 장면

조선노동당 가입자, 또는 건국준비위원회 산하 치안대 및 인민위원회 조직원, 조선노동조합전국평의회(전평) 조선부녀동맹 등 좌파 단체 관련자는 모두 가입 대상이었다.

그런 사람들 가운데 골수분자들은 신변의 위협을 피해 대부분 잠적해버린 뒤였다. 보도연맹 가입자 대다수는 몰라서, 속아서, 강제로, 또는 권유를 받고 명단에 이름을 올렸다. "가입하지 않으면 좋지 않다"는 으름장에 겁을 먹고 명단에 이름을 올린 사람들도 많았다. 그래서 양민 학살이라 불렸다.

보도연맹 서울지구 책임자였던 정희택(鄭喜澤) 검사의 회고에 따르면, 6 · 25 직후 소집된 그들은 순종적이었다. 정 검사는 급하게 소집한 서울지역 보도연맹원 16,800명을 지휘하여 경기 북부지방에서 몰려드는 피란민 보호 업무를 수행했다. 보호소 안내 벽보를 붙이고, 식사와 잠자리를 마련하는 일 같은 데에 그들을 동원했는데, 명령과 지시에 잘 따랐다. 그러다가 사태가 급박해져 혼자 숨어버린 것에 양심의 가책을 느낀다고 그는 술회했다.

놀라운 것은 30여 년 동안 이 사건이 묻혀 있었다는 사실이다. 처음 세상에 알려진 것은 1987년 6월 항쟁 이후였다. 사건 발생 38년 만인 1988년 전국언론노조연맹(언노련) 산하『말』지 12월호에 김태광 기자가 보도연맹 학살 사건을 다룬 것이 처음이었다.

『서중석의 현대사 이야기』에 따르면 그전에는 '양민 학살'이란 거창양민학살 사건 같은 것을 가리키는 용어로 인식되었다. 인민군이나 빨치산들이 한 짓으로 여겨져, 그것과 구별하기 위해 '민간인 학살'로 명칭이 바뀌었다.

죽은 이들의 자손도 같은 이유로 핍박을 받았다. 그 영향이 또 후세에 미치게 될 것이다. 언제까지 그들이 '빨갱이'라는 주홍글자의 고통을 겪어야 하는가.

미국 소설가 너새니얼 호손의『주홍글자』는 미국 보스턴 초기 이민 사회에서 간통죄를 저지른 여인의 가슴에 A자 마크를 달고 살게 한 이야기를 소재로 하고 있다. A는 간통(Adultery)이라는 단어의 머리글자인데, 주홍색으로 크게 새겨 평생 가슴에 달고 살게 하는 형벌을 가한 것이다. 미국 기독교 사회에서 간통은 큰 죄악이었다. 우리나라도 그랬다.

그러나 보도연맹 피학살자 가운데는 무고한 사람이 훨씬 많았다. 학살은 주로 군 특무대(CIC) 주도로 군과 경찰에 의하여 저질러졌다. 얼마나 많은 살육이 자행되었으면 사람 죽이는 일손이 부족하여 군인들까지 동원되었을까. 경황이 없는 후퇴길에서도 제 나라 백성을 쏘아 죽이는 일에 동원된 부대가 많았다. 북진의 발걸음이 바쁠 때에도 그러했다.

그렇게 희생당한 사람들이 묻힌 곳도 불명이고, 안다 하여도 유골 발굴이 아직 걸음마 단계에 머물러 있다. 유골을 발굴하여 인골탑을 쌓고, 외국인들에게 보여주는 캄보디아 사람들이 돋보이는 이유가 거기 있다. 부끄러운 역사일수록 깨끗이 청산하여 감정의 앙금을 씻어내야 한다. 그래야 피해자와 가해자 측의 화해가 가능하다. 그래야만 그런 비극의 재발을 막을 수 있지 않겠는가.

전국 각지에서 일어난 보도연맹 사건의 전모는 여태 오리무중이다. 누구의 명령과 지시로 그런 일이 저질러졌고, 얼마나 많은 사람이 죽었는지, 그 뒤 어떻게 처리되었는지, 국민이 궁금해하는 것들은 제대로 소명되지 않았다. 사건의 진상이 밝혀지고, 가해자 측인 국가가 사죄하고, 배상과 보상의 의무를 다하지 않는 한 합리적인 사건 청산은 불가능하다.

보도연맹 가입자들의 성분과 가입 백태

보리쌀 두 되에 혹하여 보도연맹에 가입한 처녀가 총 맞아 죽는 영화 한 장면이 관객들을 어리둥절하게 했다.

관객 1,100만 명을 기록했던 2004년대 최고 흥행작 〈태극기 휘날리며〉의 주인공 진태(장동건 분)는 후퇴하는 길에 잠깐 집에 들렀다. 반공청년단 젊은이들에게 끌려가는 약혼녀 영신(이은주 분)을 구출하려다가, 그마저 용공분자로 몰려 고역을 치른다. 관객들은 사복 차림의 청년들이 총을 들고 나타나 영신을 끌고 가는 장면부터 어리둥절했다. 경찰관이나 군인도 아닌 사람들이 민간인을 연행하는 장면이 너무 이상했던 것이다. 민간인들이 총을 휘두르는 영상도 마찬가지였다.

"보리쌀을 준다기에 보도연맹에 가입한 것뿐"이라고 울부짖는 영신의 항변도 그렇다. 보도연맹 가입이 왜 죄가 되는가. 설사 죄라고 해도 현장에서 총을 맞아 죽을 죄인가!

경위는 나중에 알게 되었지만, 그 후손들까지도 연좌제에 걸려 서러운 인생을 살아야 했던 까닭이 이해되지 않았다. 불과 70년 전의 일을 모르는 사람들은 아직도 그 사건의 배경과 경위에 고개를 갸우뚱거린다.

해방 공간에서 좌우익 대립이 극심했던 일을 모를 사람은 없다. 그렇지만 국가가 좌익 경력자를 보호 · 선도하겠다고 관변단체를 만들어놓고 가입자들을 살육한 까닭을 상상인들 하겠는가. '그들이 적에게 붙을지도 모른다'는 우려 때문에 그 많은 국민을 살해한 일이 어떻게 있을 수 있는 일인가!

보도연맹은 일제강점기 정치범 교화단체 대화숙(大和塾)을 본받아 1949년 설립한 관변단체였다. '전조선 사상보국연맹'이라고도 불린 대화숙은 독립운동 전력자 등 '요시찰(要視察)' 인물들의 사상을 개조하겠다고 조직한 기관이었다.

이승만 정권은 공산주의나 사회주의 사상을 가진 사람들을 등록시켜 정부가 '보호'하고 '선도'하겠다고 '보도연맹'이라 했다.

중앙조직인 연맹 총재는 김효석(金孝錫) 내무장관, 부총재는 내무 · 법무부 차관 및 대검 차장, 사무총장에 김종원(金宗元), 총재고문에 신성모(申性模) 국방장관 외 24명, 운영협의회 최고지도위원장에 이태희(李太熙) 서울지검장, 상임지도위원장에 오제도(吳制道) 서울지검 부장검사가 임명되었다. 핵심 인물 전체가 안보 관련 부처 장 · 차관과 고위 간부들인 사실이 단체의 성격을 말해준다. 눈여겨볼 인물은 사무총장 김종원이다. 그는 '백두산 호랑이'라는 별명이 더 유명했던 '좌익의 저승사자'였다.

보도연맹을 창설을 제안한 사람은 사상검사로 유명했던 오제도였다. 좌익 성향 인사들을 통제하는 수단으로 유효하겠다는 평가에 따라, 보도연맹은 1949년 4월 설립되었다. 그러나 맹원 확보가 부진했다. 정부는 그해 11월 한 달을 자수 기간으로 설정하여 전국에서 4만여 명의 맹원을 모집했다.

뜻밖에도 그 명단에 국문학자 이병기(李秉岐) 양주동(梁柱東), 인기 만화가 김용환(金龍煥), 소설가 염상섭(廉想涉) 황순원(黃順元), 시인 정지용(鄭芝溶), 문학평론가 백철(白鐵), 소설가 정인택(鄭人澤), 성악가 신막(愼幕) 등 유명 문화인들 이름도 끼어 있었다. 1949년 11월 5일자 『동아일보』 지면에 실린 정지용의 연맹 가입 감상이 시중의 화제가 되었다.

나는 소위 야반도주하여 삼팔선을 넘었다는 시인 정지용이다. 그러나 나에 대한 그러한 중상과 모략이 어디서 나왔는지는 내가 지금 추궁하고 싶지 않은데, 나는 한 개의 시민인 동시에 양민이다. 나는 23년이라는 세월을 교육에 바쳐왔다. 그래서 나는 집을 옮기는 동시에 경찰에 신변 보호를 요청했던 바 보도연맹에 가입하라는 권유가 있어 오늘 온 것이다. 그리고 앞으로는 우리 국가에 도움이 되는 일을 해볼까 한다.

첫 문장의 '소위'에는 소문이 사실이 아니라는 뜻이 함축돼 있다. 그것이 중상이고 모략이라는 말에 그런 소문의 폭력성이 드러나 있다. 집을 옮기고 경찰에 신변 보호를 요청했다는 말이 그 증거가 될 것이다. 보도연맹에 가입하라는 '권유'가 있었다는 것은 꾸준히 압박

정지용

을 받아온 사실을 말하는 것 같지 않은가.

정지용은 그 일 때문에 6·25 초기 서울 은평구 녹번동 집으로 찾아온 청년들과 함께 집을 나가 돌아오지 않았다. 그가 보도연맹 가입 권유를 받은 것은 남로당 선전기관으로 행세하던 조선문학가동맹에 가입해 있었기 때문이었다. 교수이고 언론인이었던 사람이 그 단체의 정체성을 몰랐을까. 아니면 피치 못할 사정이 있었던가. 그 일 때문에 정지용은 1980년대 중반까지 월북문인으로 취급되어 '정○용'이란 이름으로 표기되었다.

신문들은 '자수 실적 4만 명'이 놀라운 일이라 했으나 이승만 정권은 목표에 크게 미달이라고 난리를 쳤다. 남로당 당원만 20만이니 30만이니 했고, 산하기관과 각종 우호 단체 가입자를 합치면 좌익 인사가 100만도 넘을 것으로 보았던 것이다.

그래서 나온 조치가 시·군별로 가입 할당량을 매겨 가입자를 늘린 대캠페인이었다. 농어촌 지역 주민들에게는 좌익 경력과 관계 없이 아무나 가입을 환영한다고 떠들고 다녔다. 가입하면 쌀을 준다, 고무신을 준다, 비료도 준다고 미끼를 내걸었다.

할당제라는 것은 무서운 제도다. 잘하면 무사하지만, 못하면 책임과 처벌이 따르는 게 상식이다. 군수며 경찰서장들은 몸이 달아 면서기와 순경들을 마을마을로 내몰았다. 면서기, 순경들은 구장, 이장들을 시켜 가가호호 찾아다니며 미끼를 던지고 꼬드기라고 윽박질렀다. 인력이 부족하다고 대한청년단, 자주통일청년단, 서북청년회 등 우익 단체 회원들을 풀어 협박도 했다.

"당신 전력에 문제가 있소. 그렇지만 보도연맹에 가입하면 다 용서됩니다."

글자도 모르는 촌사람들은 겁을 주면 몸을 움츠렸다. 가입하면 괜찮다니까 너도 나도 도장을 내밀었다. 면서기, 순사들의 으름장과 유혹의 효과는 컸다. 논밭에서 일하던 사람들이 그 말을 듣고 면사무소로 지서로 달려갔다. 쌀 욕심에 두 번 가는 사람도 있었다.

두 번째는 쌀을 안 준다니까, 형 동생들에게 연락하여 가입시켰다. 나중에 쌀이 나올 것으로 기대했는지, 아이들 이름을 올린 사람도 있었다. 그래서 미성년 가입자가 많았다.

강제 가입 사례도 많았다. 1960년 4·19 직후 국회에 구성되었던 양민 학살 사건 진상조사위원회 조사에 증인으로 나왔던 이용수는 이렇게 말했다. "그 당시 면장하던 분이 미 군정 때 농민조합을 만들어 거기 가입했는데, 나중에 좌익계 조합이라 해서 다들 탈퇴했습니다. 그런데 그때 농민조합에 들었던 사람들은 전부 강제로 보련(보도연맹)에 가맹이 되었습니다."

증인 윤병한은 "멋도 모르고 도장을 찍으라기에 찍었던 사람이 많이 있었는데, 그 사람들 몇을 잡아 죽이고 총살을 하니까 겁이 나서 산으로 피하고 하니, 없어진 아들 또는 아버지를 잡아오라 해서 잡아오면 죽이고……." 하며 말을 잇지 못했다.

가족이나 일가 중 남로당원이 한 사람 있으면 그 가족은 모두 가입해야 했다. 월북자 가족도 마찬가지였다. 심지어 우익인 한국독립당 계열에 가까운 사람들까지 포함되었다. 한국독립당은 김구(金九) 선생이 이끌던 우익 정당이었다.

진실·화해를 위한 과거사정리위원회(진실화해위)가 2010년 신원이 확인된 보도연맹 사건 희생자 760명을 대상으로 조사한 학력별 분포를 보면, 문맹이 반수 가까운 363명이었다. 그다음은 국졸(초등학교 졸업) 268명, 중학교 이상이 97명, 서당 15명, 국중퇴 12명, 기타 5명이었다. 직업별로는 농업이 80.6%, 상업 2.7%, 교사 1.8%, 학생 1.4% 등이었다. 연령별로는 20대가 46.8%, 30대가 29% 등이었다.

문맹률이 47.8%이고 농업이 80%라는 사실이 이 사건의 성격을 잘 보여준다. 문자 해독을 못하는 사람들이 보도연맹이 무엇인지, 사상이 무엇인지 어떻게 알겠는가.

그렇게 끌어모은 맹원이 33만여 명이었다. 전쟁이 터지자 그들은 예비검속 대상 제1호가 되었다. 붉은 물이 든 그들이 전쟁을 틈타 적에게 붙을지도 모르니, 사전에 없애버리라는 지령이 떨어진 것이다.

6·25 그날 전국의 경찰관서와 군 정보·방첩기관에 일제히 요시찰인 검속령이 하달되었다. 제일 먼저 보도연맹원들이 잡혀 들어갔다. 평소 좌익인사로 분류되었던 지식인들도 붙잡혀갔다. 전국의 형무소와 경찰서 유치장이 이들로 차고 넘쳤다. 형무소, 창고, 교회, 공장, 심지어 학교와 공회당까지 임시 수용소가 되었다.

그리고 요식행위처럼 그들의 성분이 A, B, C, D 네 등급으로 구분되어 D급은 훈방, 나머지는 경찰서나 형무소로 보내졌다. 그리고 인민군 세상이 되기 전에 빨리 처치할 필요가 있으니 서두르라는 지시가 따랐다.

　제일 손쉬운 방법이 구덩이를 파고 그 앞에 줄 세워 일제사격을 가하는 일괄처형이었다. '일'이 끝나면 구덩이를 메우기만 하면 되었다. 경북 경산시 코발트광산 수직굴 같은 '천혜의 조건'을 갖춘 곳에서는 파묻을 일이 없으니 더 편했을 것이다. 경사가 급한 산골짜기도 처형장으로 많이 이용되었다.

　해안 지역에서는 포승줄로 팔을 뒤로 묶어 배에 태우고 나가 총 쏘아 바다에 던졌다. 진도, 완도, 해남 등 남해안 지역에서는 섬마다 시체들이 파도에 떠밀려와 주민들을 놀라게 했다.

얼마나 학살되었나

대체 죽은 사람이 얼마나 되었나? 이 물음에는 답변을 할 수 없다. 얼마나 죽었는지 정확한 인원 파악이 어렵다. 사건 발생 이후 자유당 정권은 한번도 조사를 하지 않았다. 사건 은폐를 위해 관련 서류를 불태우고, 관계자들은 사건 자체를 부정하거나 입을 다물었다.

4·19학생혁명으로 탄생한 민주당 정권 때 실종자 신고를 받고 조사가 시작되자, 유가족들의 피울음 소리가 밖으로 흘러나왔다. 그러다가 5·16쿠데타 후 유족 탄압이 시작되어 그 소리는 뚝 그쳤다. 통곡조차 허락되지 않은 시대였다.

2000년대가 되어서야 과거사 관련 법안이 제정되어 진상조사와 유해 발굴 사업이 시작되었다. 그러나 시효가 정해진 한시법이었다. 자료 부족, 조사요원 부족, 경험 부족, 관련 기관의 비협조 등으로 진상 파악 실적은 지지부진이었다. 그렇게 진상을 조사한 것이 두 차례였다.

조사 기간이 짧지 않았지만, 전모를 밝혀내기는 어려웠다. 조사 과정에서 드러난 추계와, 현대사 연구자들의 활동으로 나온 피학살자 추산이 10만이라고도 하고, 20만이라고도 한다. AP통신은 2008년 5월 진실화해위의 대전 골령골 학살 사건 조사 결과 발표 후 연속 기획물로 보도한 기사에서 "연맹 가입자 30만 명 가운데 최소한 10만 명 이상 학살된 것으로 추정된다"고 밝혔다. 국방부 전사편찬위원회 자료에는 6·25전쟁 전사자 및 실종 포로 등을 합쳐 군인 27만여 명, 민간인 76만여 명으로 돼 있다.

그러나 유족회 등 관계 단체나 학계에서는 달리 보고 있다. 앞에서 말한 여러 유형의 사건으로 죽은 민간인 수를 50만이라고도 하고, 100만이라고도 한다. 전쟁유가족회 측 자료에는 114만(추정)이라고 돼 있다.

그 가운데 보도연맹 사건 피해자가 제일 많다는 사실은 누구나 인정한다. 적과 싸우다 죽은 국군 전사자보다 민간인의 희생이 훨씬 많았던 것은 6·25의 한 특징이기도 하다.

2009년 11월 26일 진실화해위는 결산 기자회견을 열고 "6·25 기간 중 정부 주도로 국민보도연맹원 4,934명이 희생된 사실을 확인했다"고 발표했다. 유가족의 신청을 받아 조사한 결과 사실로 확인된 사망자 숫자다. 울산·청도·김해 지역에서는 보도연맹원 가운데 30~70%가 학살됐고, 각 군 단위에서 적게는 100여 명, 많게는 1천여 명이 살해된 것으로 추정된다고 밝혔다.

진실화해위 관계자는 "인민군에 점령되지 않은 경남·북 일부 지역의 희생자가 가장 많았으며, 국군이 후퇴하는 길목이었던 충청도

청원 지방에서도 많은 희생자가 나온 것으로 밝혀졌다"고 말했다.

경찰이 창고 등에 구금된 보도연맹원을 외딴곳으로 끌고 가 구덩이를 파게 한 뒤 일렬횡대로 세우고 총살한 사례가 많았다. "군산 등지에서는 전황이 급박해 창고에 갇혀 있는 사람들에게 기관총을 발사한 예도 있었다"고 했고, "보도연맹원 체포와 사살 명령 주체는 오랜 시간이 지나 확인할 수 없었다"고도 했다.

그러면서도 "당시 경찰서 사찰계나 육군 방첩대는 가장 정치적인 기관이었던 점을 고려할 때 정부 최고위층 어떤 단위에서 보도연맹원의 체포와 사살을 명령한 것으로 추정된다"고 했다.

학살 명령자는 누구였나

1950년 6월 25일 오후 2시 30분께 전국 경찰에 '불순분자 예비검속령'이 떨어졌다. 이날 대통령 긴급명령 제1호로 발령된 '비상사태하의 범죄 처단에 관한 특별 조치령'에 따른 조치였다. 당시 군경 사회에서는 범죄자=보도연맹원이라는 인식이 널리 퍼져 있었다. 그들의 범죄 행위가 없어도 처단하라는 '특별'조치였다.

김동춘의 『이것은 기억과의 전쟁이다』(사계절, 2013)에 따르면, 제주도 경찰관서에서 '불순분자 구속처리의 건'이라는 장석윤 치안국장 명의 전언통신문이 발견되었다. 내용은 "보도연맹원과 기타 불순분자를 구속하고, 별도의 지시가 있을 때까지 석방을 엄금한다"고 구체적으로 명시돼 있다.

비슷한 시기 '전국 요시찰인 단속 및 형무소 경비의 건'(城署査 제179호)이라는 비상통첩도 발견되었다. 내용은 '요시찰인 전원을 구금할 것'이었다. 추신에는 '요시찰인 중 특히 의식계급으로서 사찰 대상이 되는 자에 한하여 우선 구속하고, 성명 연령 주소를 명기하여 보고할 것'이라 적혀 있다. 일선 경찰의 요시찰인 명부에는 당연히 보도연맹원 명단이 들어 있었다.

이승만 대통령의 직접 지시라는 주장도 있다. 제일 먼저 서울을 버리고 떠난 이승만은 "보도연맹에 가입된 자들이 인민군 점령지역에서 인민군에게 협조하거나, 의용군으로 입대하고 있다"는 보고를 받는다. 보도연맹 가입자 중 최고 거물이었던 정백(鄭栢, 조선노동당 중앙대표최고위원)이 인민군에게 아부하는 거동을 주 내용으로 한 보고였다.(정백은 그 후 인공에 의해 배반자로 처단됨)

대통령은 곧 악명 높았던 CIC 특무헌병대장 김창룡(金昌龍)을 불러 보도연맹원을 처단토록 지시, 무차별 학살이 시작되었다. 그들은 이미 예비검속이 돼 있으니 일은 쉬웠다.

예비검속이란 일제가 조선인 독립운동가들을 탄압하기 위하여 사용하던 제도로, 말단 순사까지 영장 발부권을 가졌었다. 광복 후 미군정에 의해 제도는 폐지됐지만, 일제경찰 출신들은 명칭과 내용까지 그대로 '재활용'했다. 그 근거는 계엄법의 체포 구금 특별조치령이라 했다.

보도연맹 관계자들을 처단하라는 대통령 특명지시를 직접 받았다는 증언도 있다.

"6월 27일 헌병사령부를 통해 대통령 특명으로 분대장급 이상 지휘관은 명령에 불복하는 부대원을 사형시키고, 남로당 계열 및 보도연맹 관계자들을 처형시키라는 무전 지시를 직접 받았습니다." 1960년 국회 진상조사 때 헌병 6사단 김만식 상사가 털어놓은 증언이다.

이 지시와 관련된 것으로 보이는 군의 총살 집행 의뢰 문서도 제주도 성산경찰서에서 나왔다. 다른 경찰서에서는 군의 총살집행 의뢰가 다 수행되었는데, 성산경찰서에서는 서장 문형순(文亨順) 총경이 '부당하므로 불이행'이라고 회신, 다시 집행을 독촉한 공문서다.

예비검속자 총살집행 의뢰
해정참 제16호
단기 4283년 8월 30일
해병대 정모참모 김두찬(직인)
"부당하므로 불이행"

성산포 경찰서장 귀하
예비구속자 총살집행 의뢰의 건

수제(首題)의 건에 관하야 본도에 계엄령 실시 이후 현재까지 귀서에 예비구속 중인 D급 및 C급에서 총살 미집행자에 대하여는 귀서에서 총살집행 후 그 결과를 9월 6일까지 육군본부 정보국 제주지구 CIC 대장에게 보고하도록 자이 의뢰함.(김기진, 『끝나지 않은 전쟁: 국민보도연맹』, 역사비평사, 2002)

악명 높은 학살처, 경산 코발트광산

가장 처참한 학살은 아마도 경산 코발트광산 사건일 것이다. 그 끔찍함에 차이가 있으랴만, 총을 쏘아 시신을 100미터 지하갱 속으로 추락시킨 일은 상상만 해도 오싹하다. 인간의 탈을 쓴 자들의 짓이었다.

경북 경산시 평산동에 있는 코발트 폐광산 수직굴은 대구형무소 정치범 학살 암장처로 이용되었다. 수직굴 입구에 재소자와 보도연맹원들을 줄 세우고, 뒤에서 머리에 총을 쏘아 굴 안으로 떨어뜨린 기상천외한 학살이었다. 경산 말고도 전국에 산재한 수많은 폐광산 갱도들이 어김없이 암장처로 이용되었다.

"전쟁 발발 후 경산경찰서 관할 지서에서 보도연맹원을 포함한 좌익 협조사범들을 경산경찰서로 연행하여 경산경찰서 유치장에 구금했습니다."

당시 경산경찰서 직할파출소 순경이었던 길 아무개가 경산 지역에서 실시된 예비검속에 대해 2008년 진실화해위 조사에서 회고한 증언이다. 그의 말에 의하면 유치장이 좁아 약 50평 규모의 무도장에 200~300명 가량이 구금되었다고 한다. 그렇게 갇혔던 사람들은 가까운 코발트 폐광산으로 끌려 처형됐다.

"보도연맹 가입하면 쌀 준다, 고무신 준다, 비료 준다, 이러니 너도나도 갔지요. 그때 촌사람들 뭘 압니까. 주로 농민들이 속아서 지원했어요. 길거리 노동자들 하고. 보도연맹이라는 게 보호할 보에 인도할 도 자 아닙니까. 정부가 보호해준다 해놓고 잡아다 학살을 하니 세상에 이런 일이 있소?" 경산사건 희생자유족회 나정태 회장의 항변이다.

"수직굴 깊이가 100미터쯤 되는데, 그 구멍 앞에 여덟 명씩 포승줄 하나로 굴비 엮듯 묶어 세우고, 뒤에서 양옆 두 사람의 뒤통수를 쏘면 다 같이 굴 안으로 떨어졌대요. 그러면 흙을 뿌리고, 산 사람 있을까 싶어 휘발유 뿌려 불 지르고, 또 총 쏘아 죽였답니다. 다음 날 또 수백 명 처형하고 흙을 덮고, 그렇게 두 달 동안 3,500명을 죽였답니다. 냇물에 벌건 핏물이 며칠씩 흐르고……" 유가족 손계홍 씨는 말을 잇지 못했다.

"아버지가 이웃 사람과 둘이서 지서에 잡혀갔는데, 소 한 마리 값을 주면 풀어준다카드래요. 그래, 그날 돈을 가져간 이웃 사람은 나오고, 돈 마련이 안 돼 다음 날 어머니가 돈을 가지고 갔더니, 벌써 광산으로 실려갔다카더랍니다. 참! 애비 없는 자식, 빨갱이 자식 소리 많이 들었습니다. 저 애하고 놀지 말라카는데, 왜 그런지 까닭을 알아야지요. 커서는 연좌제에 걸려 취직도 못 하고……. 이런 일이 어떻게, 어떻게……, 내 아들 손자 세대라고 당하지 않는다는 보장이 있겠습니까."

"경산에 코발트광산 없었으면 그 많은 학살자를 어디서 어떻게 처리했겠습니까. 여기는 3,500명이지요? 대구 가창댐에는 8천 명 넘는 유골이 수장돼 있습니다. 대구 시민들이 그 물 먹는 겁니다. 골짜기 골짜기 학살터 아닌 데가 없답니다."

되풀이되는 그들의 하소연이 길게 이어졌다. TV 다큐멘터리 프로그램에 출연한 그들의 한은 풀어도 풀어도 한이 없을 것 같았다. 그 사태 이후 어렸던 그들이 겪은 설움을 어떻게 말로 다 하겠는가.

제대로 배우지 못하여 번듯한 직장을 가질 수 없었고, 열심히 공부해 공채시험, 입사시험에 합격해도 연좌제 벽에 부딪혀 좌절된 아픔을 무슨 말로 표현할 수 있겠는가!

나정태 회장의 아버지 나윤상은 대구 10 · 1사건으로 구속되어 복역하고 나와 대구역 직원으로 복직되었었다. 그런데 1949년 보도연맹에 가입한 것이 재앙이 되었다. 정부에서 시키는 대로 한 일이 일가 파멸을 초래한 것이다.

나윤상이 코발트광산에서 죽은 뒤 생계가 막막했던 아내는 개가하고, 네살박이 딸은 남의 집 천덕꾸러기가 되었다. 여섯 살이던 나정태는 큰집에 얹혀졌지만 오래 견디지 못했다. 열한 살에 섬유공장 사환이 된 그의 인생 행로는 끝없는 고난의 가시밭길이었다.

그의 큰아버지는 5 · 16 후 '동생의 억울한 죽음을 신고한 죄'로 군정보기관원 군홧발에 안방이 짓밟히는 고통을 당했다. 누명을 쓴 아버지의 죽음이 한 집안을 파탄 내고, 큰댁 식구들에게까지 화가 미친 것은 나윤상 한 사람의 특별한 사례가 아니었다.

경산시 평산동 야트막한 야산 정상에 가로 1.5미터, 세로 3미터 크기의 수직굴이 뚫려 있고, 그 위에 철망이 덮였다. 산복부에는 두 개의 수평굴이 있다. 수직굴은 광석 또는 자재 운반용 같았다. 그 입구에서 처형된 시신들은 100미터 깊이의 바닥으로 떨어져 켜켜

부위별로 정리된 충토 유골들

이 쌓였다. 오랜 세월 지하수가 처리되지 않아 지금은 소(沼)로 변한 수면 아래 수많은 유골이 뒤엉켜 있는 상태다. 빗물에 시신과 흙과 돌이 뒤섞여 수십 년 다져진 것이다.

4·19 이후 구성된 유족회의 청원으로 실시된 민주당 정부 진상조사는 대구형무소 재소자 1,402명과 대구형무소에서 부산형무소로 이감된 재소자 명단 중 누락분을 합친 1,800여 명이 희생된 것으로 보았다. 그러나 유가족 측은 집에서 붙잡혀 바로 이곳에 끌려온 사람도 많았던 사실을 근거로, 최소한 3,500명은 된다고 주장하고 있다.

그렇다면 아직도 물속에 3천 구 넘는 유골이 있다는 이야기다. 그동안 발굴된 유골은 360여 구에 불과하다. 발굴 당시 갱도 입구에서 완전한 형태의 유골 한 구가 발견되었다. 아비규환의 지옥에서 기적

경산시 코발트광산 수평굴 입구 ⓒ문창재

처럼 목숨이 부지되었던 사람이 기어서 입구까지 나왔으나, 철문에 막혀 뜻을 이루지 못한 것으로 추정되었다.

유골이 쌓여 있는 폐광! 밤이면 파란 인불이 떠다니는 마을! 귀신이 나온다는 마을은 인근 대학생들 사이에 담력 체험장으로 소문이 났다. 옛일을 모르는 젊은이들에게 이색 놀이터가 된 것이다. 소문이 소문을 낳아 지금은 전국적인 '명소'가 되었다.

지금 그 현장에서는 그 비극의 그림자를 찾아보기 어렵다. 그때는 인적이 없는 깊은 산중이었다지만, 지금은 왕복 6차선 대로에서 불과 500여 미터 거리다. 현장에서도 행길의 소음이 들린다. 도로변에는 새로 지은 고층 아파트 행렬이 상전벽해의 세상을 말하고 있다.

현장 바로 위에는 요양원이 들어서 차와 사람의 왕래가 잦다. 언덕 너머에는 인터불고 골프장이 있어, 골퍼들에게는 유명한 곳이기도 하다.

요양소로 올라가는 소로에
서 오른쪽 샛길로 들어서면 바
로 코발트광산 수평굴이다.
유족회가 컨테이너 박스를 설
치해 입구를 막아놓은 데가 수
평굴이다. 첫 수평굴은 그렇
게 막혀 있고, 나무계단을 따

4·19 직후 대구에서 열린
민간인 희생자 유족들 집회

라 내려선 곳에 수평굴이 또 하나 있다. 역시 철문으로 갱구가 폐쇄
돼 있다.

갱구 옆에 선 '코발트광산 이야기'라는 목제 안내판이 눈길을 끈
다. 일제 때 개설되어 광복 후 폐광되었다는 광산 연혁을 시작으로
학살 사건, 경위 조사, 유해 발굴에 관한 간략한 기사가 적혀 있다.
4·19 직후인 1960년 5월에 유족회가 결성되어 첫 합동위령제를 지
냈으나 5·16 이후 활동이 좌절되었다는 연혁 끝에, 60년의 공백기
를 건너뛰어 2000년대로 이어졌다.

2000년 3월 유족회 재결성 이후 세 차례 국가 차원의 유해 발굴이
있었고, 2009년 '군경에 의한 불법학살이었다'는 진실규명위원회 결
정이 있었다는 사실이 강조되었다.

지하수 배출구 오른편 평평한 대지에는 위령비도 섰다. 사건 이름
은 없이 '위령탑'이라고만 새겨진 백비(白碑)가 홀로 서 키 자랑을 하
는 것 같다. 널찍한 대리석 비면에 사건 이름도 없는 비석이 낯설었
다. 눈물방울 모양이 새겨진 비면은 원혼과 유족들의 눈물이 아직도

경산시 코발트광산 학살 현장에 선 위령탑. 무슨 사건이라는 이름도 없다. ⓒ문창재

마르지 않았음을 상징하는 것 같다.

빗돌 뒤편 벽면에는 신원이 확인된 희생자 127명의 이름이 새겨졌다. 지역별로는 경산 지역 78명, 청도 지역 43명, 영동 지역 6명이다. 그 옆에 지역 구분 없이 기별 과거사정리위원회 조사로 확인된 희생자와, 유족회 활동으로 밝혀진 희생자 70명의 이름이 새겨졌다. 20년 동안의 노력으로 확인된 인원이 200명도 안 된다. 나머지 1,600여 명은 아직도 누구누구인지 불명이라는 이야기다. 유족회가 주장하는 3,500명 이야기는 반영도 되지 않았다.

수평굴 앞 복숭아밭 목책에는 '미신고자 및 행불자 신고를 바란다'는 유족회 명의의 현수막이 걸려 있다. 불과 70년 전 사건을 아는 이가 100명 중 한 사람도 못 되는 게 현실이다. 현장에 와보고 신고를 할 사람이 얼마나 될지 잠시 추측해보다가 포기했다. 뜨끈뜨끈한 당장의 이슈도 며칠만 지나면 까맣게 잊혀지는 게 세상사 아닌가.

수평굴 바로 위에 있는 요양원 마당을 지나 조금 더 가면 제2수평굴이 있다. 아무 표지도 없고 굴 입구 철문도 열려 있지만, 조명등이 없어 들어가 볼 수가 없었다. 여기서 조금 떨어진 산마루 수직굴에는 철문에 시건 장치가 돼 있어 접근할 수 없었다.

바닷속에 가라앉은 원혼들

사후 처리가 더 간단하고 안전한 곳은 바다였다. 한반도 동·서·남해 해안과 제주도 등 바다를 끼고 있는 지역에서는 학살 수장이 있었다. 한밤중에 배에 태우고 나가 시신에 돌을 달아 바다에 던지면 감쪽같으리라 여긴 것이었다.

『끝나지 않은 전쟁:국민보도연맹』의 저자 김기진은 수장 종사자를 직접 만나 많은 이야기를 들었다. 해군헌병대 수석 문관이었던 이양조, 그는 자기 수중에 가지고 있던 처형 대상자만 800명이 훨씬 넘었다는 놀라운 사실을 어제 일처럼 털어놓았다. 어느 날 밤 그는 보도연맹원 등 48명을 동찬호에 싣고 나갔다. "이물(뱃머리)에 차례로 앉히고 뒤통수 숨골에다 '꽝' 하고 총을 한 방씩 놓아요. 쓰러지면 돌멩이를 달아 물속에 밀어 넣었는데, 내려다 보면 한동안 일렁일렁하다가 가라앉곤 했습니다."

그가 자랑처럼 떠벌인 이런 학살 수장은 2, 3일 간격으로 있었다. 처형당한 사람들 가운데는 학생들도 많았다. 그들은 주로 해병대에 의해 처형되었다. 때로는 공개 처형도 있었다. 멸치 포대를 머리에 씌우고 빨간 글씨로 '이적 행위'라고 크게 써붙여 통영 시내를 끌고 다니다가 죽었다는 이야기다.

마산 '괭이바다'라는 곳은 수장 학살처로 악명이 높았다. 이곳에서는 2020년 6월 13일 사건 70주년을 맞아 합동추모제가 열렸다. 배를 타고 현장에 나간 30여 명의 유족은 선상 추모제를 열고 바다에 꽃을 뿌리며 말라붙었던 눈물도 뿌렸다.

> 밤이면 바람소리와 함께 고양이 울음소리가 들린다는 이곳 괭이바다에 영장도 없이 끌려가 마산형무소에 구금되었던 1,681명 가운데 700여 명이 1950년 7, 8월 두 달 사이 4차례 미군 함정에 굴비두름처럼 엮여 실려와 야밤에 학살 수장을 당했던 곳입니다. …… 일제 때 독립운동 하신 분, 학생들 가르치던 선생님들, 남한 단독정부 수립 반대를 외치던 분, 농지개혁을 외치던 농민들, 심지어 어린 고등학생들까지 무차별 학살을 당하셨습니다. 그 슬프고 통탄스런 이야기를 어찌 다 말로 표현하겠습니까? (창원유족회 노치수 회장 추도사)

노치수 회장은 그 일들을 '슬프고 통탄스런 이야기'라 했다. 통탄이란 말로 그 피멍 든 아픔이 표현될 수 있을까. 언어의 한계를 이럴 때 느끼게 될 것이다.

유족들이 던진 진혼 꽃다발들은 그날의 시신처럼 한동안 제자리에서 일렁거리다가, 가라앉거나 멀리 흩어져갔다. 시신에 돌을 달아 바다에 던진다고 완전범죄가 되었을까. 해류를 타고 표류하는 시신은 언젠가는 떠오르기 마련이다. 아무리 돌을 단단히 달아매도 물살에 휩쓸려 움직이면 헐거워져 떨어져 나간다.

부산, 마산, 여수, 목포, 제주도 등 해안 지역에서 처치되어 바다에 떠다니던 시신들이 대마도와 규슈 해안까지 흘러갔다. 포승줄에 묶여 떠돌던 사체가 어부들 그물에 인양될 때마다 소동이 일어났다. 엽기적인 살인사건으로 인식되었던 것이다. 그런 일이 너무 많아 조업에 지장이 크다는 어부들 하소연이 『선데이 마이니치』『주간 아사히』 등 일본 시사 주간지에 자주 보도되었다. 그러다가 한국의 집단학살 시신들로 밝혀진 뒤로는 관심이 뚝 끊겼다. 대마도에서 어부들 어망에 걸려 올라오는 시신들은 경찰에 넘겨져 이즈하라(嚴原)시 무연고자 묘지에 묻혔다. 유해를 찾을 길이 없는 유족회 회원들은 해마다 이즈하라 묘지를 찾아가 진혼제를 올리고 있다.

대전 산내 골령골

　　　　　　중부지역의 집단 학살지는 대전이었다. 서울이나 수도권 지역에서는 피란이 급하여 대규모 학살은 없었다. 형무소별, 또는 시·군 경찰서별 학살은 전국 어디서나 있었다. 그러나 대전은 달랐다. 대전 함락(1950년 7월 20일)까지는 시간 여유가 있었던 것이다. 그래서 대전이 전국 최대 규모 학살지가 되었다.

　2000년 들어 비밀 해제된 미국 측 6·25전쟁 자료들이 많이 발굴되었다. 그 가운데 재미동포 이도영이 미 국립문서보관소에서 찾아낸 한 보고서에 1950년 7월 첫째 주 3일 동안 대전에서 정치범 1,800명이 처형되었다는 기록이 있다.

　주한 미 대사관 육군무관 밥 에드워드 중령이 작성한 그 보고서에는 "총살명령은 의심할 여지 없이 최고위층(Top level)에서 내려졌다"고 적혀 있다. 이 보고서는 대전형무소 형무관에 의해서도 확인되었다.

　『서중석의 현대사 이야기』 2권에는 1,800명의 재소자들 팔을 뒤

형무소에 수감되었던 좌익사범들이 트럭에 실려
처형지로 떠나는 광경

로 묶고 포승줄로 연결하여 트럭에 태웠다는 증언이 나온다. 그들은 미리 파놓은 200미터 길이의 구덩이 앞에 일렬로 세워져 총격을 받고 쓰러졌다. "신 중위와 정 경감이라는 자가 재소자들을 확인사살하는 것을 보았는데, 정 경감이라는 자가 트럭에서 내리는 사람을 일본도로 내리쳐 죽이기도 했다"는 증언도 있다.

처음 3일간 처형된 이들은 정치·사상범이었고, 그 후로는 인근 형무소나 경찰서에서 송치돼 온 보도연맹원과 좌익사범들이었다. 처형지는 대전시 동구 낭월동 산내 골령골. 피살자 수는 최소 3천 명에서 최고 7천 명까지로 추산된다. 첫 3일간 1,800명이 처형됐다는 보고서를 고려하면 7천 명이 과장된 숫자는 아닌 것 같다. 그런 일이 열흘 이상 계속되었다니까.

진실화해위 조사에 따르면, 당시 대전형무소 형무관들은 '윗선'의 지시에 따라 사형수와 무기수들을 군 헌병대나 경찰로 보냈다. 그들은 이첩 현장에서 트럭에 실려가 처형되었다.

대전형무소 특경대장이었던 이준영의 증언에 따르면, 대전 함락이 가까워지자 형무소장, 행형국장 등 형무소 간부들은 모두 도망치듯 피란을 떠났다. 형무소를 관할하는 검찰청 직원들도 마찬가지였다. 형무소 보안을 위한 아무런 조치도 없었고, 간다 만다 말도 없었다. 형무소에 남은 사람은 특경대원 22명뿐이었다. 그 중요한 안보시설에 주인은 없고 객만 남은 상황이었다. 언제 어떤 일이 일어나도 통제할 방안이 없었다.

걱정이 되었던 이 대장은 충남도경과 군에 SOS를 쳤다. 군경에서 각 1개 분대 병력이 지원병력으로 파견되어 왔다. 그러는 사이 7호 감방에서 소란이 일어났다. 제 시간에 밥을 주지 않으니 수감자들이 들고일어난 것이었다. 이 대장이 대원들을 소집해 적기에 대처하여 소요사태는 곧 진정되었다.

형무소에서 소란이 일어났다는 소식에 군은 즉시 달려와 '처리'를 서둘렀다. 줄지어 늘어선 트럭에 되도록 많이 태우기 위해 군인들이 적재함 위에서 총 개머리판을 휘둘렀다. 재소자를 짐짝처럼 쟁여 실은 트럭들이 줄지어 골령골 처형장으로 향했다.

너무 많은 사람들이 처형되어 묻을 곳이 없게 되자, 골짜기를 따라 올라가며 공터마다 구덩이를 팠다. 그런 암장지가 일곱 군데다. 군인들은 200미터 가까운 긴 구덩이 앞에 재소자들을 줄지어 엎드리게 했다. 머리를 구덩이 쪽으로 향하도록 윽박질러 전원 그 자세를 취하면, 뒤통수에 총을 쏘았다. 움직이지 못하도록 사수들이 피살자 허리를 밟아 누르고, 근접 발사했다. 등 뒤에서는 헌병 지휘관이 감시의 눈알을 번득였다.

처형이 끝나면 시신을 구덩이 속으로 밀어 넣고, 아직 살아 있는 사람을 찾아다니며 확인사살을 했다. 총소리와 비명이 뒤엉킨 아수라장이었다. 그리하여 '세상에서 제일 긴 무덤'이라는 말이 생기게 되었다.

목격자들이 전하는 그 장면은 말이나 글로 표현하기에 적합하지

옛 대전형무소 감시탑. 형무소 터는 주택가로 바뀌었다. ⓒ문창재

않을 만큼 끔찍했다. 그러나 학살의 실상 이해에 도움이 되기를 바라는 마음에서 그대로 옮긴다. 1992년 『말』지 2월호에 작가 노가원이 쓴 글의 한 토막이다.

"중위가 사격 개시! 하면 사수들은 방아쇠를 당기는 거지요. 보통 대각선으로 뒤통수를 쏘게 되는데, 사격을 하면 골이 튀어나와 사수의 온몸에 튕겨요. 정통으로 쏘면 머리가 박살이 나요." 떨려서 사격에 실수한 대원은 총살을 집행한 중위에게 경고를 받았다고 한다.

"만약 총알이 빗나가면 중위가 뒤에서 권총을 사격합니다. 사수의 발부리에 대고 발사하는 것이지요. 그러면 사수는 풀쩍 하고 한 길이

나 뛰어올라요."

총살 집행을 지휘한 중위는 20대 후반의 새파란 헌병장교 심용현(沈龍鉉)이었다.

시민기자 박만순이 2019년 6월 4일자 『오마이뉴스』에 쓴 기사 「박만순의 기억전쟁」에 학살 현장 에피소드가 전해진다. 심 중위는 단조로운 작업이 심심했던지, 학살 대상자 이관술을 불러 "죽는 마당에 대한민국 만세나 한 번 불러보라"고 했다.

골령골에서 피살된 이관술

이관술은 "대한민국 만세는 못 부르겠고, 조선민족 만세를 부르겠소."라고 대답했다. 그의 말이 끝나기도 전에 대기 중이던 사수의 손가락이 먼저 움직였다. 청년방위대원 2인 1조가 이관술의 시체를 큰 구덩이에 던져 넣었다.

심 중위는 1954년 헌병 중령으로 예편했다. 전역 후 서울 성신여자대학교 재단 이사장이 되었다. 대학 경영 능력이 뛰어났던지, 네 차례나 이사장직을 연임하며 교육자로서 화려한 경력을 쌓았다. 그의 딸도 근년 이 대학 총장을 역임했고, 교정에는 심 이사장 흉상까지 섰다.

골령골 유족들은 그가 교육자로 행세하는 것이 양두구육(羊頭狗肉)이라며, 그간 대학 측에 심 이사장의 민간인 학살 사건 책임을 추궁해왔다. 그러다가 『오마이뉴스』에 실린 박만순의 기사로 그 비인간성이 폭로되어, 2019년 6월 18일 마침내 공식 사죄를 받아냈다.

　　성신학원은 심용현 전 이사장이 산내 골령골 민간인 학살 현장 책임자였던 사실을 인정하고, 유가족들에게 머리 숙여 사죄합니다. 이 수치스런 일들이 발생하고 시정되지 않은 데 대해서도, 성신 구성원과 국민께 진심 어린 사죄를 드립니다.

　　황상익 성신학원 이사장이 설립자 이숙종(李淑鍾) 31주기 추도식장에서 낭독한 공식 사과문 일부다. 학살 관련자의 책임이 인정되고 후임자가 대신 한 간접 사과지만 사과라는 형식이 취해진 첫 사례다.
　　골령골이 주목을 받은 것은 1, 2기 과거사정리위원회 활동 기간 중이었다. 그로부터 10여 년이 지난 지금까지도 유해 발굴과 진상 규명이 미흡하여, 2020년 9월 '대전 산내 골령골 대책회의 대표자회의'가 결성되었다. 70년이 지나도록 대책회의만 거듭되는 현실이 이 사건 처리가 왜 그리 어려운지를 웅변한다. 보수세력의 저항과 방해 탓이다.

　　이 사건은 전쟁 중 영국 신문에 크게 보도되어 국제적으로도 유명해졌다. 1950년 영국『데일리 워커(Daily Warker)』지 앨런 위닝턴 특파원은 그해 8월「한국의 미국 벨젠(US BELLSEN IN KOREA)」이라는 기사를 보도했다. 미국이 한국의 민간인 학살을 주도하고 있다고 폭로한 기사였다. 미국 정치학자 브루스 커밍스의『한국전쟁(THE KOREAN WAR A HISTORY)』에 따르면, 기사 내용은 "주한 미군 고문단의 감독

군경이 매장도 못 한 채 후퇴한 뒤 주민들이 처참한 학살현장에 시신을 거두러 나왔다.
(The Archive of Korean Histoy)

을 받는 한국 경찰이 7월 2~6일 대전 인근의 한 마을에서 7천 명을 학살했다"는 것이다. 6·25 종군기자로서 한국 경찰을 따라 다니던 워닝턴은 7월 2일 현지인들에게서 길이 약 200야드(183미터)의 구덩이 여섯 개를 파게 했다고 증언한 20여 명의 목격자를 찾아냈다.

그들은 트럭에 실려온 정치범들이 "머리에 총탄을 박아 넣거나 검으로 목을 치는" 두 가지 방식으로 처형되어 그 구덩이 속에 마치 정어리처럼 겹겹이 쌓였다고 증언했다. 목격자들은 미군 장교들이 지프 두 대를 타고 와서 학살 현장을 지켜보았다는 말도 잊지 않았다.

벨젠은 독일의 나치 수용소 소재지다. 영국 공산당 당원이었던 그의 눈에는 한국의 보도연맹 탄압이 나치의 유대인 탄압과 비교되었을 것이다. 워닝턴은 1950년 9월 「나는 한국에서 진실을 보았다(I Saw the Truth in Korea)」라는 16쪽짜리 소책자를 발간하여 또 파장을 일으켰

앨런 위닝턴 특파원이
쓴 학살 고발 소책자
「나는 한국에서 진실을
보았다」

다. 골령골뿐만 아니라, 전국 곳곳에서 일어난 사건들에 포커스를 맞춘 폭로 책자였다.

진보적 사상을 가졌던 그의 보도로 입장이 곤란해진 영국 정부는 '날조된 기사'를 쓴 혐의로 그의 여권을 무효화했다. 영국으로 돌아가지 못하고 중국과 동독을 오래 떠돌던 그는 20년이 지난 후에야 겨우 귀국할 수 있었다.

오늘의 골령골은 대전 변두리 동네에 인접한 곳이다. 대전역에서 대전천을 건너 금산 방향으로 내려가는 국도변에서 1킬로미터 거리다. 대전시 동구 낭월동, 국도에 면한 산내초등학교에서 도보로 10분이면 닿는다. 낭월 주공아파트, e편한세상아파트 등 집합주택이 인접해 사람과 차량 통행이 번잡한 마을이다.

높이 596미터 식장산 골짜기 도로를 따라 좀 올라가면, 왼편 산자락에 쳐진 철판 울타리를 만나게 된다. 그 안쪽에 선 조그만 목조 가건물이 유해 발굴 사무소다. 2020년 9월에 착공된 발굴 사업이 마무리되고, 2021년 봄 작업 재개를 기다리는 동안 세인의 발길을 막은 울타리다. 그 뒤로 보이는 높다란 흙더미는 3개월여 발굴 작업에서 나온 흙이다. 울타리 틈새로 들여다보면 넓고 깊은 구덩이가 보인다. 유해 발굴지다.

2020년 발굴 성과는 놀라웠다. 3개월 사이 사방 10미터 면적 구덩이에서 무려 250구의 유해가 나왔다. 표토 30센티미터쯤 아래서부터 나오기 시작한 유해는 파면 팔수록 쏟아져 나와, 발굴대원들을 놀라

대전 동구 골령골 집단 암장지 표지석. 세상에서 제일 긴 무덤 현장이다. ⓒ문창재

게 했다. 한 겹의 시체층 위에 흙을 덮고, 또 한 겹 쌓고 흙을 덮는 방식이었다. 교실만 한 면적에 250명의 유해가 차곡차곡 쌓였다.

그것은 악질 범죄 집단의 소행이 아니다. 나라가 한 일이다. 한때 잘못된 길을 걸었더라도 전향했으니 보호하고 선도하겠다고 다 모이라 하여 그렇게 죽었다. 피해자들은 대부분 사상 같은 것, 주의주장 같은 것에 관심이 없는 순박한 촌사람들이었다.

그런 학살터가 여기만 일곱 곳이다. 긴 구덩이에 시체가 다 차면, 골짜기를 따라 올라가면서 구덩이를 여섯 곳에 더 팠다. 도로 왼편에 네 곳, 오른편에 세 곳. 학살지로 추정되는 곳마다 '제2학살터 추정지' 식으로 푯말을 세워놓았다. 2023년까지 토지를 매입하여 발굴 사업을 마치고, 제주 4·3평화공원 같은 '진실화해의 숲'을 건립할 계획이 서 있다 한다.

'골로 가는' 가창골

          대구직할시 달성군 가창면에 있는 주암산(846미터) 골짜기는 '골로 간다'는 속어의 발상지다. 가창골로 한번 들어가면 돌아오지 못한다는 뜻이다. 그 지역에서 은어처럼 통하던 말이 '불귀의 객'이 된다는 속어로 굳어졌다.

    그곳은 또 남한 최대의 민간인 학살지로 일컬어지기도 한다. 1950년 6월에서 9월 사이 대구형무소 수감자 2~3천 명, 각지에서 예비검속 당하여 온 보도연맹 관련자 5천여 명이 당시 달성군 가창면 주암산 골짜기 여러 곳에서 처형되었다.

    대구형무소 기결수와 미결수들은 주로 1946년 미군의 폭정에 항거한 대구 10 · 1사건, 1948년 제주 4 · 3사건, 여수 · 순천사건 관련자들이었다.

    가창골 입구 쪽에 생긴 댐으로 지금 골짜기는 호수가 되었다. 그들이 어디서 어떻게 죽어 어디에 묻혔는지, 형적을 찾을 길이 없다. 수몰이 되지 않은 학살지도 있다지만, 70년 넘는 세월 동안 수풀이

우거져 모든 것을 덮어버렸다.

7월 31일이면 해마다 관련 사건 희생자 유족들이 여기 모여 추도 행사를 연다. 학살지가 수몰되어 절을 올릴 방향을 잡지 못하여 수면을 지향할 뿐이다. 댐 입구 수변공원 데크에서 호수를 바라보며 절을 하고, 살풀이춤을 추고, 추도사를 낭독한다.

이곳에서 처형된 사람 가운데 사회주의 계열 독립운동가 유쾌동(柳快東) 선생이 포함되어 있다. 그는 아들과 함께 경찰서에 끌려갔는데, 미성년자였던 아들은 천우신조로 풀려나고, 아버지만 가창골 원혼이 되었다.

유쾌동·유병화 부자는 일제 때에도 대한민국 때에도 탄압을 받고 산 '불행한 세대'의 전형이다. 아버지는 독립운동 혐의로 늘 쫓기는 삶을 살았고, 광복 후에는 보도연맹 가입자라는 '죄'로 처형되었다.

아들은 일제 시기 대구상업학교에 입학했으나 독립운동가 자식이라는 이유로 퇴학을 당했다. 광복 후에는 아버지처럼 보도연맹 가입 혐의로 끌려갔지만 기적적으로 목숨을 보전했다. 빨갱이 딱지를 주홍글씨처럼 이마에 붙이고, 평생 요시찰인 인생을 살았다.

생존해 있을 당시(2014년 10월 1일)에 『영남일보』와의 인터뷰에서 유병화는 "억울하게 죽은 사람을 살려내라. 그동안 재산 없어진 것도 보상하라"고 울분을 토했다. 보도연맹 사건 처리 의견을 구하는 질문에 답한 말이다. 죽은 사람을 살려내라는 말이 엉뚱하게 들릴지 모르지만, 얼마나 원한의 골이 깊었으면 그런 말을 했겠는가.

그는 1950년 7월 초 보도연맹 가입 혐의로 대구형무소에 수감되었다. 며칠 후 아버지도 잡혀 들어왔다. 대구 10·1 사건 관련자에, 보도연맹 가입자였던 아버지다. 어느 날 감방 동료에게서 "너희 아버지 이름이 호명되어 끌려나가는 것을 보았다"는 말을 들었다.

아들은 몇 달 후 풀려났다. 아직 미성년이었고, 대구경찰서에 근무하는 교도관이 친척의 지인이라 힘을 써주었다.

"남은 사람들은 모두 가창골 중석광산 수직굴에 생매장되었다"는 소식을 친척에게서 들었다. 전쟁이 끝난 뒤 군대 생활을 마치고, 물어물어 가창골 중석광산 갱구를 찾아갔다. 안에서 무언가 썩는 냄새가 진동하여, 도저히 들어가볼 수가 없었다. 그곳에서 아버지를 포함한 많은 사람이 죽었다는 말을 믿을 수 있었다.

그렇게 고통을 덮어두었다가 2010년 가창호반에서 열린 합동위령제 때 처음 절을 올리면서, 오래 맺힌 한이 폭발하여 통곡을 했다.

가창골 학살 현장을 목격한 서상일 옹은 2016년 6월 '민중의 소리' 등 여러 매체 기자들에게 "이 일을 입에 담으면 죽는다는 협박이 두려워 평생 입을 닫고 살았다"고 말했다. "왜 그동안 침묵했느냐"는 기자들 질문에 나온 말이다.

"사이렌 소리가 나면 주민들 통행을 금지시키고, 그리고 차가 올라왔어요. 전원 앉혀놓고 경찰이 이쪽에서 총을 쏘면 개울가로 떨어져 내려갔습니다. 죽어서 시체가 드러난단 말입니다. 시체 위에 폭발을 시켜가지고 묻게 했습니다. 그렇게 해놓고 또 그 위에다 죽이고, 또 죽이고……. 총을 쏴서 죽였으면 그냥 놔두면 될 것 아닌가? 그런

데 몇 발을 더 쏘았기 때문에 창자가 터져 나오고 골이 부서진 사람
도 있고, 그걸 이제 암매장을 하라고 해서 했어요. '입만 떼면 같이
죽인다' 해요. 너무 무서웠어요. 나이 많은 사람들도 두려워서 말을
못 했어요, 여기는 사람이 안 와요. 귀신이 나온다 해서."

"여기서 몇 명이나 죽였나요?"

"한 120명, 네 트럭 가까이 죽였어요. 그렇게 죽어가면서도 인민
공화국 만세 하는 소리는 못 들었어요. 그러니까 우리들은 속으로 사
상가가 아니다, 진실하게 사상가가 아니다, 하는 그런 판단이 들었
지."

"가창 댐 건설공사 당시 굴착기로 땅을 파내자 수많은 유골이 출
토되었습니다. 사방에서 그런 일이 벌어져 어떤 굴착기 기사는 도저
히 일을 못 하겠다고 떠났다 합니다."

함종호 10월항쟁유족회 자문위원이 『영남일보』 취재팀을 현지로
안내하면서 한 말이다. 함 위원은 숲이 우거진 곳을 가리키며 "중석
광산 화약고 자리에서 학살이 자행되었다"고 설명했지만, 묻힌 자리
까지 가지는 못했다.

호반공원에서 오래 제사를 지내는 모습을 본 현지 주민이 또 다
른 학살지를 제보해주었다. 4·19 직후 유해 발굴 사업 초기 300여
구의 유해가 발굴된 곳이었다. 1960년 국회 특별조사반이 가창댐 부
근, 파동, 상원동, 대한중석 달성광산 등지를 집중 조사할 때였다.

이때 경북도청 사회과에 신고된 피해신고 건수만 해도 4천 건이
넘었다. 그러다가 이듬해 5·16 쿠데타가 터져 사회 분위기가 싸늘

하게 얼어붙었다. 유족회 간부들이 붙잡혀 구속되고 재판을 받는 분위기 속에, 진상조사니 유해 발굴이니 하는 말은 입밖에 낼 수도 없었다. 다시 입을 열 수 있게 되기까지 반백년, 그 사이 현장은 수몰되거나 밀림이 되고 말았다.

지금 가창호 일대에서는 그 사건을 떠올려줄 어떤 흔적도 표시도 없다. 가을이 한창 무르익어가는 10월 22일, 그곳은 소풍객들 차량으로 붐볐다. 용계천을 댐으로 막아 대구 수원지로 쓰는 가창호 입구에서부터 사건 관련 표지판이나 기념물이 있지 않을까, 눈여겨 살피며 천천히 차를 몰았다. 그런데 뒤따르는 차들이 용납해주지 않았다.

도리 없이 규정 속도를 지키며 20킬로미터 가까이 호반 길을 달려가며 찾아보았지만 허사였다. 다시 차를 돌려 내려오면서 또 살펴보아도 마찬가지였다. 길가에 드문드문 식당이나 카페, 미술관 같은 시설이 있고, 건너편 호반에 스위스 휴양지를 연상케 하는 전원주택 마을이 눈길을 끌었다. 길가의 벚나무 가로수가 꽃잔치를 벌이는 봄이면 좁은 도로가 주차장이 되어버린다 했다.

세상이 이렇게 변할 줄을 그들은 꿈이나 꾸어보았을까. 혹시 그런 사람이 있었다면 얼마나 그 죽음이 원통했을까, 얼마나 나라가 원망스러웠을까, 이런 생각에 초행자도 미안해져 풀어진 옷깃을 여미게 되었다.

사력댐의 제방 초입에 차를 세우고, 50여 평 돼 보이는 데크에서 쉬는 사람들에게 말을 붙여보았다. 때가 되면 위령제도 열리는 장소여서 혹시 아는 사람이 있지 않을까, 하는 기대를 품고.

젊은이들이 뜨악한 반응을 보일 것은 각오했다. 그런데 나이 좀

호수로 바뀐 가창골 암장지 ⓒ문창재

들어 보이는 이들도 마찬가지였다.

"그런 일이 있었다고예? 금시초문입니더."

대구 토박이라는 50대 아줌마 셋이서 이구동성처럼 하는 말이었
다. 그러면서 "언제예? 어데서예?" 하고 되물었다. 간략하게 사건 개
요를 말하니까 표정이 굳어지면서 "설마예!" 했다.

그렇다. 70년 세월의 무게가 이렇다. 그 부피의 그늘이 이렇게 짙
다. 당사자들이 입을 닫고 산 세월이 길었고, 언론과 관계 연구자들
이 코앞의 일에만 정신이 팔려 있었던 세월도 그에 못지않았다. 근래
에 잠시 간헐적으로 뉴스가 되기도 했건만, 나와 관계 없는 일에는
괘념치 않으려는 풍조도 한몫했을 것이다.

가창골에서 남쪽으로 1킬로미터쯤 떨어진 중석광산 일대는 골프
장과 테마파크가 조성된 '대구숲'으로 변하여 더욱 흔적을 찾기 어렵
다. 광산사무소와 사택촌이 있었던 마을은 아파트촌으로 변했다.

취재를 마치고 돌아와 가창골 합동위령비 제막 기사를 신문에서 보았다. 2020년 11월 초 대구시 달성군 가창면 용계리 용계체육공원에서 열린 가창골 희생자 위령비 제막 행사 보도였다. 1946년 10월 미 군정의 식량 공출 정책에 반발해 일어난 10·1 사건, 1950년 국민보도연맹 사건, 대구형무소 재소자 사건 등 한국전쟁 전후 국가폭력 희생자들의 원혼을 달래는 합동 위령비라 했다.

제주도 '백조일손' 무덤의 기막힌 사연

제주도 여행 중 학살지 유적을 보고 충격을 받은 일이 있다. 섬의 서남쪽 끄트머리 송악산 올레길을 지나, 섯알오름을 넘어갈 때였다. 일제가 시설한 고사포 진지 유적을 둘러보고 발걸음을 서두르다가, 왼편으로 큰 구덩이 두 개가 시야에 들어왔다. 지름이 10미터는 돼 보이는 커다란 구덩이 한 곳에는 물이 고여 있고, 그

제주 대정읍 섯알오름 집단암장지 ⓒ문창재

주변에 호화로운 석물들이 둘러서 있었다.

　발걸음을 재촉해 내려가보니 6·25 예비검속 희생자 진혼비였다. 구덩이 앞에 거대한 위령비가 따로 서 있고, 그 앞 제단에 검정 고무신 몇 켤레가 놓였다. 긴 설명문을 다 읽은 뒤에야 사건의 성격이 파악되었다.

　4·3의 광풍이 잦아들 무렵, 뭍에서 불어닥친 전쟁 폭풍에 휩쓸려 사라진 원혼들을 위한 추도 시설이었다. 보도연맹 가입자, 4·3사건 입산자 가족 등 요시찰인들이 경찰서 유치장과 고구마 창고 등에 수용되었다. 그들은 오래지 않아 이곳에 끌려와 처형되었다는 설명이었다. 검정 고무신은 피검속자들이 이곳으로 실려오면서, 가족에게 행방을 알리려고 벗어 던진 것이라 했다. 실물은 아니지만, 불안에 떠는 가족에게 소식을 알리려는 다급한 심정을 짐작게 했다.

　모슬포 변두리 인적이 없는 그곳은 일제시대 제주도 주둔 일본군 수비부대 탄약고 자리이다. 광복 후 탄약고를 철거하느라고 폭약을 터트려 생긴 커다란 구덩이가 무고한 백성들의 처형장이 된 것이다. 1950년 8월 20일 새벽, 제 나라 군인들의 총질로 죽어간 212명의 원혼이 서린 곳이다.

　1960년 유가족들 손으로 구덩이가 파헤쳐졌을 때의 모습은 처참했다 한다. 엎쳐지고 덮쳐진 유골들은 차마 눈 뜨고 볼 수 없었다. 온전한 모습을 한 것은 거의 없고, 해골과 팔다리가 뒤엉킨 뼈 뭉치들이 돌과 나뭇가지와 흙으로 버무려져 있었다. 어느 것이 뼈고 어느 것이 나뭇가지인지 구별이 안 되었다. 내 아버지, 내 형의 유골 찾기를 포기하고 합동으로 안장하는 방법밖에 없었다.

제주도 대정읍에 자리한 백조일손 무덤

새로운 밀레니엄 2000년, 좋은 세월이 열렸을 때 나머지 유골을 더 발굴하여 초기 발굴분까지 모아 대정읍 상모리 널찍한 터에 모셨다. 이름하여 '백조일손 무덤'이다.

"조상이 각각 다른 132위의 할아버지들이 한날한시에 돌아가시어 뼈가 엉켜 하나가 되었으니 한 자손이 아니냐."

어떤 유족의 제안이 채택되어 백조일손(百祖一孫) 묘가 되었다.

석양에 멀리 산방산과 한라산 실루엣이 희미해질 무렵, 132개의 묘가 줄지어 있는 모습은 열병식을 연상시켰다. 죽어서까지 겁먹은 신병처럼 줄지어 묻힌 것 같다면 너무 나가는 것인가!

학살 현장 안내문에 따르면, 당시 제주도에서 검속당한 사람은 모두 1,200여 명이었다. 그중 500여 명이 제주시 용문동 정뜨르 들판(지금의 제주국제공항)에서 처형당했다. 나머지는 분류되어 처형되거나 육지 형무소에 분산되었다. 일부는 수장당했다는 목격담도 있다.

2007년부터 시작된 제주국제공항 유해 발굴 작업에서 지금까지 384구의 유해가 나왔다. 완전한 형태의 유해들은 한결같이 팔이 뒤로 철사줄에 묶여 있었다. 뼛조각도 1천여 점이 출토되었는데, 팔다리뼈 어깨뼈 같은 것들이 뒤엉켜 정확한 숫자 파악이 어려웠다.

33쪽에서 잠깐 이야기한 대로 성산경찰서 문형순 서장은 예비구속 중인 보도연맹 관계자들을 총살하라는 명령에 '부당하므로 불이행'으로 항명했다. 그 덕분에 성산경찰서 관내에서는 사전에 이첩된 6명만이 처형되었을 뿐, 다른 피해자는 없었다. 한 사람의 의인이 적어도 100명 이상의 목숨을 살린 것이다.

문형순 서장이 그 후 어떻게 되었는지는 많은 주민들의 관심사였다. 그는 한직을 전전하다가 전쟁이 끝난 1953년 9월 15일 경찰을 떠났다. 명령을 어긴 대가였으리라. 생계가 막연했던 그는 제주시 대한극장(지금은 현대극장) 매표원으로 일하며 근근이 생계를 이어가다가, 1966년 70세로 기구한 운명에 종지부를 찍었다.

일제시대 우리 민족이 만주에 세웠던 신흥무관학교 출신인 문형순은 국권회복 운동에 몸을 던졌던 독립투사였다. 국민부 중앙호위대장, 조선혁명군 집행위원으로도 활약한 그는 광복 후 고향 평안도로 돌아왔다. 그러나 김일성 공산주의 도당의 분탕질에 실망하여 바로 월남했다.

경찰에 투신하여 제주경찰서 기동대장으로 부임한 것이 제주도와의 운명적 인연이 되었다. 제주 도민들은 2003년 그의 연고지인 서귀포시 상모리 4·3 기념비 옆에 문형순 서장 공덕비를 세워 그 의기를 기리고 있다.

경찰도 그 의거를 높이 평가하여 2018년 '올해의 경찰영웅'으로 그를 선정했다. 그해 11월 1일 제주경찰청 마당에 세워진 흉상 제막식에는 그때 살아난 사람들이 다수 참석했다.

2018년 경찰영웅으로 선정된
문형순 서장의 흉상

"문형순 서장이 베푼 은혜가 아니었다면 하늘나라에 계신 부모님께서 편히 눈을 감지 못했을 것입니다. 그리고 저의 직계가족 22명도 이 세상에 존재하지 않았을 겁니다."

90세가 넘어 휠체어에 몸을 싣고 참석한 한 노인이 토로한 고마운 마음이다.

형무소마다 벌어진 '피의 제전'

1948년 제주 4·3사건과 여수·순천사건을 계기로 정부는 국가보안법을 제정, 대대적인 좌익 척결에 나섰다. 군에서는 숙군 수사가, 민간에서는 좌익 색출 수사가 회오리바람을 일으켰다. 1948년 가을부터 1949년 봄까지 그 선풍에 검거된 사람이 수만 명이었다.

피검거자 대다수가 기소되어 80% 이상이 유죄 판결을 받고 전국 형무소에 수감되었다. 당시 전국 형무소 수용 능력은 1만 5천 명 정도였는데 수감자가 4만 명에 이르렀다. 형무소마다 수용 시설 확보에 비상이 걸렸다. 형무소 내 공장, 창고, 교회가 모두 검거된 사람들로 넘쳐났다.

국회에서 과밀 수용이 문제가 되어 정부도 시설 확충을 서둘렀다. 1949년 10월 부천형무소와 영등포형무소가 신설되었지만 별 도움이 되지 못했다. 또한 검찰과 법원의 업무도 폭주하여 수사와 재판을 제대로 감당할 수 없을 정도였다. 이런 상황에서 전쟁이 터져 예비검속이 시작되었다.

경미한 범죄자들을 석방하고 중형자들을 솎아내 여유 있는 곳으로 이감하는 방식으로 중요 도시 수용 능력을 늘렸다. 이감 중 도주자가 발생해도 붙잡을 생각을 하지 않았다. 특히 인민군 점령 지역에서 부산이나 대구 지역 형무소로 이감되는 일이 많아 더욱 어수선했다.

서울 · 경기 · 강원 지역 형무소

피란이 급박했기 때문에 서울에서는 보도연맹원을 처형할 시간적 여유가 없었다. 그들은 전쟁 발발 당일부터 경찰에 소집되어 피란민 수용 업무를 돕고 있었기 때문에 처형할 수도 없었다.

서울 함락 후에는 인민군들이 옥문을 열어 수형자들이 모두 풀려났다. 서대문형무소에는 당시 1,700여 명이 수용되어 있었다. 아무리 경황이 없어도 거물간첩 혐의자 김삼룡(金三龍)과 이주하(李舟河)는 그대로 둘 수 없었다. 군경은 그 둘을 처단하고 후퇴를 서둘렀다.

6월 27일과 28일 서빙고 한강변에서 200여 명의 형무소 재소자가 총살당했다, 28일 수도사단 군인들이 서대문형무소에서 나오는 재소자들을 쏘아 죽였다, 하는 목격담이 회자되었다.

진실화해위에는 "전쟁 전 구속되어 서대문 형무소에 수감되었다가 행방불명되었다"는 신청 사건이 접수되었지만, 관련 기록과 목격자 등 참고인이 없어 희생자의 신원은 확인할 수 없었다.

마포구 공덕동에 있었던 마포형무소에는 당시 3,500여 명이 수용되어 있었다. 서울 지역의 장기 수형자들을 수용하는 중구금 시설이었다. 여기서도 형무소 직원들이 다 피란을 떠나 재소자들이 모두 출옥했다. 이들 중 일부는 남행 중 수원에서 검거되어 처치되었다.

인천소년형무소에는 1,300여 명이 수용되어 있었다. 이 중에는 여·순사건 관련 소년 재소자 200여 명이 포함돼 있었다. 아직 인민군이 들어오지 않았는데도 직원들이 피란을 떠나자, 재소자 탈주가 시작되었다. 국군 지휘부의 탈주자 체포 명령과 직원 복귀 명령으로 탈주자들은 다시 체포되어 재수감되었다.

며칠 후 사태가 급박해져 형무소 직원들이 떠나고, 다시 탈주극이 일어났다. 이들 중 일부가 수원 일대에서 검거되어 희생되었다.

부천과 영등포형무소 직원들은 6월 29일과 30일 재소자들을 모두 석방하고 피란을 떠났다. 출옥한 재소자 일부는 수원에서 검거되어 수원농장에 구금되었다가 한꺼번에 처형되었다.

춘천시 약사동 춘천형무소에는 1,250여 명이 수용되어 있었다. 직원들은 6월 28일 후퇴명령이 내려오자 장기 재소자 184명을 제외한 모든 재소자들을 일시 석방했다. 184명은 임시 수용 시설인 수원농장으로 이감되었다.

이 시기 정부가 마련한 좌익사범 처리 지침에 따라 수원농장 재소자, 서울·경기 지역에서 붙잡힌 출소자, 춘천형무소에서 이감된 184명 등 1,800명이 미군 입회하에 수원에서 CIC와 육군형무소 헌병들에 의해 집단 학살되었다.

미 공군 전시정보국 OWI(Office of War Information) 요원 도널드 니콜스 소령이 회고록 『How Many Times Can I Die』에 기록한 바에 의하면, "두 대의 불도저가 계속 움직이면서 구덩이를 파고 사형수들을 태운 트럭이 도착하면 사형이 집행되었다. 그들의 손은 뒤로 묶여

있었다. 그들은 새
로 만들어진 무덤가
로 급하게 일렬로 세
워졌고, 재빨리 사살
되어 구덩이 안으로
빨려 들어가듯 묻혔
다. 일단의 요원들이
확인사살을 했다."고

총살이 끝나고 지휘관의 명령에 따라
확인사살을 하러 가는 사격병들

한다(「단독입수 심층취

재 4」, 『주간한국』, 2015.8.29). 그는 "내가 본 가장 끔찍하고 잔인한 장면"
이었다고 회고했다.

부산 · 경남 지역 형무소

당시 부산형무소 형무관 증언에 그때 상황이 잘 드러난다. 부산형
무소는 수용 능력이 1,500명 정도였다. 7월이 되자 갑자기 수용자가
늘어 수용 능력을 크게 넘어섰다. 전쟁이 터진 후 전국 형무소에서
보도연맹원과 좌익사범들이 대거 부산형무소로 이송되어 왔던 것이
다. 재소자가 너무 많아 수용 능력이 한계에 달하자, 일반범들은 가
석방이나 특사로 풀려났다.

국가보안법 위반 중형자와 보도연맹원들이 제일 먼저 살해되었
다. 정부 방침이 그랬으니 오는 대로 처리할 수밖에 없었다. 그 와중
에 콜레라까지 유행하여 죽어 나가는 사람이 더 많았다. 시신을 처리
하기가 어려워지니까 형무소 당국자가 "무조건 내다 버리라 했다"고

부산형무소 형무관은 증언했다.

매일 밤 100~200명씩 데리고 나가 학살했고, 형무소 마당 한쪽에 설치한 가건물 교수대에서도 사형 집행이 있었다(김기진, 『끝나지 않은 전쟁 : 국민보도연맹』).

부산형무소 재소자 학살은 특무대(CIC)와 헌병대에 의해 주도되었다. 재소자 대부분은 예비검속된 보도연맹원과 국가보안법 위반 사범이었다. 사하구 구평동 화신아파트 뒤 동매산, 부산터널 위, 암남동 혈청소 앞바다 등지에서 최소 1천 명 이상 학살된 것이 확인되었다.

재소자 숫자가 날짜에 따라 들쭉날쭉한 것을 보면 피학살자 수를 어림짐작할 수 있다. 매일매일 재소자 수를 기록하는 부산형무소 '일표'에 따르면 1950년 1월부터 7월 사이 평균 재소자는 2천 명이었다. 그런데 8월 들어 3천 명을 넘어섰고, 9월 25일경에는 5,900명으로 늘어났다. 바로 다음 날인 26일에는 1,460명으로 줄어들더니, 11월 이후에는 전쟁 이전 수준으로 돌아갔다.

수용 능력이 1,500명 정도인 형무소에 5,900명이 수용되었다가, 하루 사이에 1,460명이 된 것은 무슨 뜻인가. 4,400명은 어디로 '증발'한 것인가.

기록에는 9월 25일 대구형무소로 1,450명을 이감한 것으로 돼 있지만, 이들의 명단은 대구형무소에서 확인되지 않았다. 당시 형무관들에 따르면, 3년 이상 형을 선고받은 기결수들은 매일 100~200명씩 암남동 혈청소 앞으로 끌려나갔다.

또 다른 부산형무소 형무관은 "사람을 너무 많이 죽인 게 문제가 되었는지, 9·28 수복 무렵 경남 도청 뒤 대통령 관사에서 처형을 중단하라는 지시가 왔다"고 증언 했다. "미국이 대통령에게 문제를 제기한 때문이라는 소문이 돌았는데, 그 소문을 듣고 '그러면 대통령 지시도 없이 그 많은 사람을 죽였나' 하는 생각이 들었습니다."

1950년 9월 1일, 부산형무소에 수감 중이던 재소자들이 학살 현장으로 끌려가기 직전, 트럭에 태워지고 있다.

그 전화가 왔다는 날에도 몇 대의 트럭에 팔을 뒤로 묶인 사람들이 실려 있었다. 처형 중단 전화 한 통으로 그 사람들은 다 살았다. 이 증언은 전국에서 학살이 일시 중지되었던 여러 지역의 경우와도 맞아떨어진다.

진실화해위는 "7월부터 9월 사이 최소한 1,500명의 재소자와 보도연맹원들 법적 절차 없이 살해되었는데, 일부는 군법회의에 회부되어 총살되었다"고 밝혔다. 집행 주체는 부산지구 CIC와 헌병대였고, 처형지는 사하구 구평동 동매산 능선, 해운대구 장산 골짜기, 오륙도 인근 해상이었다고 한다.

마산형무소에서는 7월부터 9월 사이 4차례 최소 717명의 재소자들과 보도연맹원들이 마산육군헌병대에게 인계되어 집단 살해되었다. 이 중 신원이 확인된 사람은 358명이었으며, 대다수 재소자들은 법적 절차 없이 집단 살해되었다. 군법회의에 회부되어 사형 언도를 받고 총살된 사람도 일부 있었다.

대구 · 경북 지역 형무소

한국전쟁 전후 민간인학살진상규명범국민위원회가 펴낸 『다 죽여라, 다 쓸어버려라』에 따르면, 대구형무소 피학살자는 1,402명이다. 1960년 제4대 국회 양민학살진상조사특별위원회 조사 결과를 인용한 숫자다. 2002년 민주당 전갑길 의원실 조사로는 당시 대구형무소에서 부산형무소로 보냈다는 1,172명의 행방이 확인되지 않았다. 이들도 이감 도중 학살되었다는 것이 관련자들 진술로 확인되었다.

이들은 대부분 달성군 가창계곡, 또는 경산군 코발트광산에 끌려가 죽은 것으로 추정된다. 그 밖에 칠곡군 덕곡마을 신동고개, 대구 송인동 상인동 일대, 동산면 동화사 입구 계곡 등 처형지로 전해져온 곳마다 어김없이 유골이 확인되었다. 유골 가운데는 정수리에 대못이 박힌 것도 있었다. 사형(私刑)으로 피살된 경우로 보인다.

진실화해위도 대구형무소에서 1950년 7월 7일 이후 두 차례 1,400여 명의 재소자와 보도연맹원 및 예비검속자들이 살해된 것으로 보았다. 재소자는 제주 4 · 3사건과 여 · 순사건 장기수 또는 무기수, 중형이 예상되는 좌익 미결수들이었다.

1950년 7월 김천과 안동 지역에 대한 인민군 공격이 격화되어 대구가 위태로워지자, 대구형무소는 남은 재소자들을 진주형무소로 이감한다고 1,193명을 헌병대에 인계했다. 이들도 모두 살해된 것으로 보인다. 같은 시기에 연행된 보도연맹원들은 형무소 내 공장과 교회 등에 구금되었다가 재소자들과 함께 사살되었다. 신원이 확인된 사람은 86명이다. 처형지는 경산시 평산동 코발트광산, 대구시 달성군 가창골짜기, 칠곡군 신동재, 대구시 달서구 본리동 송현동 등이었다.

김천형무소에는 전쟁 발발 당시 1천여 명의 재소자가 수용되어 있었다. 이 중 349명(군형법 기결수 84명, 2년 이하 좌익 기결수 217명, 일반사범)을 대구형무소로 이감시키고, 형무관들은 후퇴했다.

후퇴 직전 김천형무소 내 공장, 창고 등에 구금되었던 보도연맹원들, 형량 3년 이상의 좌익수, 8년형 이상의 일반 재소자, 미결수 등 650명이 사살되었다. 피살된 보도연맹원 중 신원이 확인된 사람은 48명이다. 처형지는 김천시 구성면 송죽리 돌고개, 구성면 광명리 대뱅이재, 대항면 직지사 계곡 등지였다.

안동형무소에서는 7월 15일 후퇴 직전까지 5년형 이상의 좌익수 200여 명과 보도연맹원 400여 명이 살해되었다. 또 7월 15일 대구형무소로 이송할 재소자 116명이 헌병대에 인계되어 처형되었고, 7월 16일 부산형무소로 이송된 323명도 희생된 것으로 확인되었다. 처형지는 안동시 남후면 수상리 청골과 도둑골, 와룡면 태리 기름땅 등지였다.

대전·충청 지역 형무소

대전 형무소 수용 정원은 1,200명이었다. 그렇지만 1950년 7월 초 실제 인원은 약 4천 명 정도였다는 것이 당시 형무관들 증언이다. 전체 수용자의 50%가 제주 4·3사건과 여·순사건 관련자, 예비검속으로 잡혀온 보도연맹 가입자들이었다.

그 가운데 7월 6, 7일 양일간 분류된 사람들이 8, 9, 10일 대전 동구 낭월동 산내 골령골로 끌려가 미군과 지역 유지들이 참관한 가운데 처형당했다. 처형 종사들과 인근 주민들은 그 후에도 7일간 같은 일이 계속되었다고 진술했다.

비밀이 해제된 미군 자료에는 피학살자가 총 1,800명으로 돼 있다. 그러나 유가족 단체는 3천 명 이상으로 추정하고 있으며, 영국 종군기자 앨런 위닝턴 특파원은 7~8천 명으로 보도했다.

형무관들 진술에 따르면 7월 1일 대전지검 검사장은 "공산당 우두머리들과 좌익 극렬분자들을 처단하라"는 전문을 형무소 당직주임에게 하달하고 피란을 떠났다.

충청도 일원에서 가장 컸던 공주형무소에서는 학살이 없었던 것으로 여겨져왔다. 그러나 2001년 6·25 종군기자 출신 언론인이 신문에 기고한 글이 단서가 되어 조사가 시작되었다. 1950년 7월 7일 군경이 말미재에서 남녀 800여 명을 무차별 학살했다는 내용이었다. 이를 근거로 시작된 관련 단체의 발굴조사 결과는 놀라움 그 자체였다. 지표면에서 불과 30센티미터 밑에서부터 유골과 탄피들이 쏟아져 나온 것이다. 50년 단절의 거리가 불과 30센티미터였다. 그 오랜 세월 그 많은 원혼의 울부짖음이 팔꿈치 하나 간격으로 차단되었던 것이다.

현장 부근 주민들은 아침부터 밤까지 하루 종일 총성이 울렸다고 증언했으며, 50~60명씩 탄 트럭이 15대 왔었다는 목격자도 나왔다. 그 사실이 반세기 동안 시체와 함께 파묻혀 있었다. 사람과 사람 간 단절의 거리가 수십만 킬로미터도 넘는다는 사실을 말해주는 발굴이었다.

진실화해위 조사에 따르면 공주형무소 재소자는 1천여 명이었는데, 군경합동수사본부가 좌익 및 보도연맹원 등(인원 불상)을 예비검속하여 공주형무소로 보냈다. 이들은 감방에 수용되지 못하고 소내 공장 시설에 감금되었다. 잡혀오는 사람이 늘어나자 형기가 얼마 안 남은 일반 재소자들은 석방되었다.

7월 9일 CIC 공주분견대는 여·순사건 관련자 등 정치사상범과 보도연맹원 인도를 요구, 오전부터 해 질 녘까지 왕촌 살구쟁이에서 사살 매장했다. 최소 400여 명의 보도연맹원이 살해된 것으로 추정되는데, 이들 중 신원이 확인된 희생자는 45명이다. 이들은 모두 법적 절차 없이 희생되었다.

청주형무소에는 약 1,600여 명이 수용돼 있었다. 반수 이상이 포고령 위반자였다. 예비검속 당한 청주·청원 지역 보도연맹원 400여 명은 7월 5일 청주형무소에 수감되었다. "재소자 처리는 군의 지휘에 따르라"는 충남북위수사령관 지시에 따라 30일 새벽 충북지구 CIC와 제16연대 헌병대에 여·순사건 관련 재소자들이 인계되었다.

이들은 청원군 남일면 화당교 일대에서 사살되었다. 7월 2일부터 5일까지 잔여 여·순사건 관련자 등 800명이 청원군 분터골 등지에서 처형되었다. 또 7월 6, 7일에는 청주형무소 보도연맹원 400여 명이 희생되었다. 6월 30일부터 7월 5일 사이 처형된 사람은 약 1,200명으로 추정된다. 처형지는 청원군 남일면 분터골, 남일면 화당교 남일면 쌍수리 야산, 낭성면 도장골, 가덕면 공원묘지 등이었다.

광주·전라 지역 형무소

광주시 동명동 광주형무소에는 1,700여 명이 수용되어 있었다. 전황이 악화되어 다른 형무소에서 이송되어 온 재소자와 포고령 사범의 증가로 수용 인원이 이내 3천 명을 넘어섰다. 형무관 등 참고인 진술에 따르면, 광주형무소 재소자와 예비검속되어 온 보도연맹원들은 7월 들어 광산군 비아면 산동교 인근 야산 등지에서 제20연대 헌병대에 의해 피살되었다. 이중 진실화해위 조사로 신원이 확인된 희생자는 55명이다.

목포시 산정동에 있던 목포형무소에는 1천여 명이 수용되어 있었다. 7월 23일 해군경비사령부의 소개 명령에 따라 일반 수형자는 일시 석방되고, 직원들은 부산으로 철수했다. 형무관 진술에 따르면 "사상범은 군에 인계하고 잡범은 석방하라"는 법무부 지시에 따라 소속 불상의 군인들에게 포박하여 인계했다. 그들은 트럭에 실려간 후 종적이 확인되지 않았다.

진실화해위는 석방 재소자들이 모두 경제사범이었다고 기록했다. 군인들에게 인계된 재소자들은 목포시 인근 바다에서 소속 불상의 군인에게 희생된 것으로 추정된다. 참고인 진술 등을 통해 신원이 확인된 희생자는 39명이다.

전주형무소에서는 6월 26일부터 군과 경찰이 3년형 이상 좌익 사상범들을 끌어내 학살했다. 2차는 7월 4일부터 14일까지, 3차는 18일, 4차는 20일부터 후퇴 시까지 총 4차례 학살이 있었으며, 연인원은 1,400여 명으로 추산된다.

이 사실은 당시 형무관들에 의하여 확인되었는데, 참관인 중에는 미군도 있었다. 처형지는 전주 인근 황방산, 건지산, 솔개재 등 4곳이었다. 현장에서는 다량의 유골이 발굴되었다.

6월 28일에는 국군 3사단 헌병대가 서대문형무소 복역자 158명을 인솔해 왔다. 이들도 전주형무소 일반사범들이 미리 파놓은 구덩이 앞에서 모두 처형되었다. 처음에는 좌익사범 중 장기 복역자들을 골라 처형했지만, 후퇴가 임박해서는 일반 기결수와 미결수까지 불러내 처형했다.

군산형무소에는 900여 명이 수용되어 있었다. 한국 교정사에 따르면 7월 16일 일반 수형자들은 일시 석방되었고, 중형 기결수들은 광주형무소를 거쳐 부산형무소로 이송되었다. 당시 군산형무소 형무관에 따르면, 일반사범들은 일시 석방되었고, 일부는 광주형무소로 이송되었다. 잔여 재소자 가운데 10년형 이상 장기수, 무기수 및 사형수들은 군산비행장에서 헌병과 경찰에 의해 처형되었다.

인민군으로 위장한 경찰의 학살

신기철의 『국민은 적이 아니다』(헤르츠나인, 2014)에 따르면, 국군은 6·25 초기 인민군에 쫓겨 후퇴하면서, 곳곳에서 크고 작은 보도연맹 학살 사건을 일으켰다. 2004년 의문사진상규명위원회, 2006~2010년 진실화해위에서 조사팀장으로 활동한 그는 부대별 후퇴 경로에서 발생한 사건들을 날짜와 장소별로 분류, 사건 개요를 정리했다.

먼저 강릉에서 대구로 이동했던 국군 8사단이 제천에 주둔 중이던 7월 6일, 제천군 한수면 동창리에서 보도연맹에 가입한 혐의로 검속돼 있던 주민 50여 명이 군인들에게 학살당한 사건이 일어났다. 또 후퇴길인 7월 13일부터 16일 사이 예천읍 고평나들, 개포면 경진나들, 용궁면 원당고개 등에서 발생한 150여 명 예천 보도연맹원 학살 사건이 밝혀졌다.

이 모두가 소속이 밝혀지지 않은 "백골부대 1개 소대"의 만행이었다. 백골부대라는 명칭은 뒤에 3사단 전유물이 되었지만, 전쟁 전후에는 여러 부대가 그렇게 불렸다. 당시 예천에 주둔한 부대는 8사단 뿐이었다.

8사단은 7월 31일 낙동강방어선 영천 전선에 배치되었다. 전투가 한창이던 8월 7일부터 11일 사이 예비검속된 영천 지역 주민 400여 명이 임고면 수성리 골짜기에서 총살당했다.

춘천 방어에 공을 세운 6사단도 원주-충주-상주를 거쳐 낙동강 전선에 이르기까지, 전투가 없는 날은 보도연맹원 죽이기에 동원되었다. 횡성, 원주, 충주, 음성, 괴산, 문경, 청원, 상주 등 8개 지역에서도 보도연맹원 처형에 병력이 차출되었다.

피해 규모로는 800여 명이 희생당한 괴산 사건이 유명하다. 충북 보은에서 경북 문경으로 후퇴하는 동안 6사단 7연대 헌병대가 괴산 지역 보도연맹원들을 청원군 북이면 옥수리, 감물면 공동묘지, 청암면 조천리 솔티재, 괴산읍 남산 등지에서 '처치'했다.

2012년 8월 대법원 보상 판결을 받아낸 청원군 오창창고 학살 사건도 유명하다. 진실화해위 조사에 따르면, 헌병과 경찰이 오창창고에 구금돼 있던 보도연맹원 전원을 학살하려는 것을, 지역 유지들이 말려 창고 문을 잠그고 후퇴했다. 후퇴 전 경찰은 주동자급 10여 명을 미리 살해했고, 창고 주변을 경비하던 군인들도 주동자 및 도주자로 파악된 14명을 총살했다.

뒤에 이 지역을 통과하던 6사단 19연대가 나머지 처리에 동원되어 창고에 갇혀 있던 보도연맹원들이 모두 학살되었다. 뒤이어 미군 폭격기 피해까지 겹쳤다.

유가족들은 2007년 '315명의 희생이 있었다'는 진실화해위 공식 결정을 계기로, 국가에 손해배상청구소송을 제기했다. 2010년 1심 판결은 "정부의 주장이 현저히 부당하거나 불공평한 권리 남용에 해당되지 않는다"고 정부 측 손을 들어주었다. 그러나 2심 재판부는 "손해배상청구권 시효가 소멸되었다는 정부의 항변은 신의성실의 원칙에 반한다"며 원고들의 한을 풀어주었다.

상주에서는 7월 17일부터 23일까지 경찰관서 유치장에 감금되었던 보도연맹원들이 낙동면 성골, 구잠리 부치데이골짜기 등에서 학살당했다. 수도사단, 2사단, 7사단 후퇴 경로에서도 여러 건의 보도연맹 학살 사건이 있었다.

보은에서는 정보참모부(G-2) 소속 군인들이 보도연맹원과 요시찰인들을 잡아들이고 있었는데, 이들은 미리 보은에 철수해 있던 수도사단 병사들에 의하여 살해되었다. 7월 14일부터 17일 사이에는 2사단에 의한 안동형무소 사건이 일어났고, 15일에는 수도사단에 의한 보은 보도연맹 사건이 있었다.

7월 22일부터 30일 사이에는 수도사단에 의한 안동 보도연맹 사건, 24일에는 수도사단으로 추정되는 의성 보도연맹 사건, 27일에는 수도사단에 의한 청송 보도연맹 사건이 일어났다.

인민군과 국군의 전선이 형성되지 않았던 호남 지방에서도 보도연맹원 학살 사건이 사방에서 일어났다. 특이한 것은 경찰이 인민군으로 위장하여 환영대회를 열고, 주민들이 모이면 변복하여 참석자들을 빨갱이로 몰아 도륙한 사건들이다.

7월 16일과 22일 해남에서, 17일과 23일 완도에서, 경찰은 보도연맹원들을 학살하고 부산 방면으로 후퇴했다. 그런데 25일 인민군으로 위장한 나주 경찰부대가 해남에 들이닥쳤다. 이들은 신분을 숨기고 인민군 환영대회를 열었다.

전날까지 후퇴하던 경찰에게 가족을 잃은 사람들은 긴가민가하면서 행사장에 나갔다. 사람들이 다 모이자 갑자기 국군으로 변복한 군인들이 나타나 '인민군 만세'를 부른 주민들을 도륙했다. 이런 수법에 속아 25일 해남에서도 60여 명이 희생되었다. 26일에는 완도중학교에 모인 주민들을 그렇게 해쳤고, 화순과 청산도에서도 유사한 사건이 발생했다.

보도연맹원 학살에 원한을 품은 주민과 유족을 유인하여 다시 학살을 자행하다니……. 그들에게는 사람 목숨이 파리 모기 목숨같이 보였던가. 그렇게까지 할 이유가 무엇이었을까.

진실화해위도 이 사실들은 밝혀냈지만 그 까닭이나 경과는 파악하지 못했다. 경찰청은 2006년 6월 자체 과거사진상규명위원회 조사로 사건 발생 사실을 확인했다. 그 까닭은 오인 사격이었다고 밝혔지만, 유가족 측은 고의적 사건이라고 주장한다. 경찰부대가 인민군 복장으로 출현한 까닭은 경찰도 해명하지 못하고 있다.

화순군 북면 맹리에서는 인민군으로 위장한 국군의 '유도 학살' 사건이 있었다. 1950년 11월 10일 오후 4시 무렵, 마을 입구에 인민군 군가 소리가 들리기 시작했다. 주민들은 늘 들어온 소리여서 크게 신경 쓰지 않았다.

인공기를 앞세우고 인민군 복장을 한 사람들 10여 명이 동네에 들이닥쳐, 집집마다 다니며 사람들을 끌어 모았다. 그러고는 인민공화국 만세를 부르라고 다그쳤다. 팔을 들고도 입을 벌리지 않는 사람들은 폭행을 당했다. 전날 마을에 머물던 빨치산 부대로 생각한 주민들은 눈치를 보며 손을 치켜들고 만세 흉내라도 내야 했다.

그 모든 것이 함정임을 알아채는 데는 오랜 시간이 필요하지 않았다. 오래지 않아 1개 중대 병력이 마을을 에워싼 가운데, 빨갱이 색출이 시작되었다. 군인들 몇몇은 짐짓 뒷주머니 꽂힌 태극기를 보여주었다. 그것을 본 주민들이 대한민국 만세를 외쳤다. 그런 사람들은 다 열외가 되어 살았다.

강요된 인민군 만세를 부른 사람 40여 명은 수양산 산속으로 끌려갔다. 땅거미가 내리기 시작한 오후 6시가 지나 중대장의 사격 개시 명령과 동시에 줄 세워진 사람들은 제자리에 고꾸라졌다. 잠시 후 확인사살 명령이 떨어져 또 한 차례 총성이 골짜기를 울렸다.

그때 자지러지는 어린아이 울음소리가 귀청을 찔렀다. 또다시 확인사살 명령이 떨어졌다. 세 번째 총소리가 들린 뒤로는 어두운 골짜기가 적막강산이 되었다. 아이의 울음이 멈추었던 것이다.

이로써 최정휴(당시 61세) 일가 7명은 몰살되어 대가 끊겼다. 울음의 주인공은 돌도 되지 않았던 손녀 최경례 아기로 파악되었다. 어머니 등에 업혀 와 이름이 호적에 오르기도 전에 세상의 버림을 받은 것이다.

이 가족의 비극은 국군을 인민군으로 알았던 할아버지(최정휴)가 가족을 살리려고 자기 숙부가 보도연맹 사건으로 피살된 사실을 말한 탓이었다. 군인들은 그 일가를 좌익분자 가족으로 단정, 모두 쏘아 죽인 것이다.

이와는 반대로 사살 명령을 어기고 480명의 보도연맹원을 전원 석방한 경찰서장도 있었다. '한국의 쉰들러'로 불린 구례경찰서장 안종삼(安鍾三)이 그 의거의 주인공이다. 정찬대의 『민간인 학살의 기록 ―호남 제주편』(한울, 2017)에 따르면, 안 서장은 1950년 7월 24일 구례경찰서 유치장과 상무관에 갇혀 있던 보도연맹 480명 전원을 석방했다.

인민군 남진에 쫓겨 퇴각하기 전 '상부'에서 그들의 총살 집행 명령이 하달되었다. 안 서장은 그날 오전 11시 보도연맹원들을 연병장에 집합시키고 단상에 올라 마이크를 잡았다.

"여러분을 오늘 모두 방면하겠습니다. 내가 반역으로 몰려 죽을지 모르지만, 혹시 내가 죽거든 내 혼이 여러분 각자 가슴에 들어가 지킬 것이니, 새사람이 되어주시기 바랍니다."

이들은 800여 명의 피검속자 중 '혐의가 경미한 자'로 선별된 사람들이었다. 이 사실은 2009년 진실화해위원회 조사에서 처음 밝혀졌다. 반대 의견이 없었던 것도 아니었다. 몇몇 간부가 반대했지만 인민군이 남원에서 구례로 밀고 내려온다는 소식에 논쟁을 벌일 겨를이 없었다.

안 서장은 그냥 '좋은 일'을 한 사람이 아니었다. 반역으로 몰려 죽게 될 것을 각오하고 의로운 일을 감행한 용기를 생각해보라. 전시에 명령 불복종자는 즉결처분 대상이다. 웬만한 의기로는 꿈도 꾸지 못할 일이다.

안종삼 동상

저자 정찬대는 안 서장의 아들 안국순을 찾아 만나보았다.

"아버지가 여·순사건 때 민간인들이 학살당하는 것을 보고 많은 것을 느끼신 것 같았습니다."

아들은 아버지 의거의 계기를 이렇게 말했다. 지역 유지들의 힘이 컸던 것도 사실이다. "여·순사건 같은 피의 보복을 막아야 한다"는 유지들 건의를 수용한 것이었다.

지금 구례경찰서에는 안 서장 추모관이 있다. 구내에 그의 동상도 서 있다. 명령이라고 곧이곧대로 시행한 사람들과, 반역으로 몰려 죽을 각오로 의거를 결행한 사람의 차이를 말해주는 표상이다. 그 후손이 대대로 자랑스러운 조상으로 기억하게 하는 것도 의기를 굽히지 않은 신념의 결실이었다.

'빨갱이 가족'이라는 주홍글자

보도연맹 사건이 일어나고 꼭 10년을 맞은 봄, 1960년 4·19학생혁명이 터졌다. 조직적이고 노골적인 3·15부정선거에 성난 학생들과 민중의 힘으로 이승만 정권을 몰아내고, 민주당 정권이 들어섰다. 전국 각지의 유가족들이 오래 억눌렸던 울분을 토해내기 시작했다. 특히 피해가 심했던 경남·북 지역에서 활발한 움직임이 일었다.

마을별로 읍면별로 자연발생적으로 생겨난 유족회가 시군별로 뭉쳐 큰 소리를 내기 시작했다. 학살자 처벌을 요구하는 시위도 곳곳에서 벌어졌다. 민주당 정부는 이들의 '소리'를 적극 수용했다. 지역별 합동 위령제도 열렸다. 지방 정부가 그 비용을 댄 곳도 있었다. 유해 발굴, 진상조사도 착수되었다. 지역별 유족회는 전국유족회라는 연합 세력으로 커졌다.

'빨갱이 가족'이라는 주홍글자가 지워지게 된 것만도 꿈같다고, 유족들은 오랜만에 가슴을 펴게 되었다. 1960년 서울 견지동 자유당 중앙본부 회의실에서 전국유족회 결성대회가 열렸다. 노현섭 마산유족회 대표가 전국유족회 회장에 추대되었다. 회가(會歌)를 채택하고, 학살 책임자 처벌을 내용으로 한 특별법 제정을 정부에 촉구하는 청원안이 의결되었다.

좋은 세월은 딱 거기까지였다. 1961년 5·16쿠데타가 발생하자 분위기는 급속하게 얼어붙었다. 반공을 국시로 내건 쿠데타 세력은 유족들을 다시 빨갱이로 몰아붙여, 닥치는 대로 잡아들였다. 피학살자 합동 묘지가 파헤쳐지고 위령비는 도끼질에 깨져 땅속에 묻혔다.

특수범죄처벌에 관한 특별법이라는 것이 생겨났다. 빨갱이 유골을 발굴하여 국가보안법상 반국가 단체인 '북괴'를 이롭게 했다는 혐의가 적용되어, 유족회 간부 28명이 혁명재판에 넘겨졌다. 혁명재판의 서슬은 무서웠다. 대구유족회장 이원식에게 사형이 선고되고, 징역 15년 3명, 징역 10년 4명, 징역 7년 2명, 징역 5년 2명, 집행유예 3명 등 모두 15명에게 유죄 판결이 났다.

혁명재판에 회부된 28명의 공소장은 희생자 유족을 규합하여 '선동'한 것이 국민을 분열시켜 사회 혼란을 획책한 범죄라고 규정했다. 이원식 등에 대한 혁명재판 공소장 일부 내용을 소개한다.

4·19 이후 장(張) 정권의 부패 무능으로 인한 정치 경제 사회 문화의 각 분야에 걸쳐 방종적인 자유와 혼란, 반공체제의 이완된 기회를 이용한 북한 괴뢰는 라디오 방송으로 또는 대량의 간첩을 남파하여 대한민국의 시책을 사사건건이 트집 잡아 비방하고 허위사실의 날조 유포 및 북한 괴뢰의 동조자, 특히 과거 보련원 및 그 유족들을 규

합 선동 이용하는 등 수단 방법을 가리지 아니하고 국민을 분열시켜 사회 혼란의 조성 및 군관민을 이간시켜 대한민국을 자멸케 하여 적화를 노리는 간첩 침략의 책략을 하고 있음을 인식한 피고인 등은 국내 정세에 편승 이용하여 반공 국시에 위배하여 6·25 동란 시 사망한 국민 중 보련원 및 국가보안법 관계 기·미결수 등 북한 괴뢰를 환영 동조할 수 있는 유족들을 규합하고, 사망한 보련원 및 국가보안법 관계 기·미결수를 애국자인 양 찬양 선전하고⋯⋯

독해 불능의 이 공소장이 사람을 죽이고 옥에 가두어달라는 요청의 근거였다. 공소장이란 구체적으로 범죄 사실을 적시하고, 왜 처벌해야 하는지 근거를 밝혀 재판관을 납득시키는 공문서다. 우리말로 씌어 있기는 하지만, 이 공소장은 글이 아니다. 종지부가 없어 무엇을 말하려는 것인지 알 수가 없다.

유족을 규합하여 단체를 만든 것이 왜 이적 행위인지, 피의자별 구체적 범죄 사실이 무엇인지도 적시되지 않았다. 논리적 근거도 없이 불문곡직 북괴를 이롭게 했다고 단정하고 있다.

시작과 끝이 없이 하고, 하여, 함으로써 같은 말들이 무한정 이어지는 반공독본 같은 문서, 주어와 서술어 목적어가 무엇인지 구별되지 않는 비문(非文)이 사람을 죽이라는 요청의 근거였다니⋯⋯!

다행히도 이원식의 사형선고는 집행되지 않았다. 까닭 없이 무기징역으로 감형되었고, 또다시 10년형으로 감형되어 얼마 후 출옥했다. 쿠데타 주역 박정희의 대구사범학교 선배라는 인연이 작용했을 것이라는 추측이 그럴듯하게 들렸다.

출옥의 기쁨도 잠시, 이원식은 얼마 후 교통사고로 숨졌다. 자기를 대신해 끌려가 죽은 아내 곁으로 홀연히 떠나간 것이다. 그는 옥중에서 쓴 일기에 "13년 전 무덤도 없이 죽은 아내와의 애정 때문에 사형수가 되었다"고 토로했었다. 6·25 직후 예비검속 대상이 되어 몸을 숨긴 사이, 아내가 대신 끌려가 가창골에서 죽은 것이다. 그가 사형수가 되었을 때는 아들까지 끌려가 고문을 당했고, 딸은 자살을 하고 말았다. 그가 짊어졌던 운명적 채무를 저 세상에서 얼마나 갚았는지, 알아보고 싶은 사연이다.

유족 탄압은 이것으로 끝이 아니었다. 아니, 수십 수백만에 이르는 그 가족과 후손들에게까지 붙은 '빨갱이 자식' '빨갱이 손자'라는 딱지 때문에 아무도 사람 노릇을 하지 못했다.

아무리 시험 성적이 좋아도 공무원이나 공기업, 또는 대기업 직원이 될 수 없었다. 해외 출장도 여행도 갈 수 없었다. 연좌제라는 제도는 취업 제한에만 그치는 것이 아니었다. 요시찰인이 되어 늘 감시를 당했다. 평생 죄인 같은 멍에를 지고 살아야 했다.

피학살자가 언제 어디서 어떻게 죽었는지를 모르니 사망신고를 할 수가 없었다. 그러니 호적 정리가 불능했다. 사망신고를 하려면 실종신고를 내거나 법원의 판결을 받아야 했다.

그런 사람과 결혼한 사람들에게까지 불이익이 미쳤다. 신원조회를 하여 처가 또는 본가 쪽에 그런 사람이 있으면 공무원은 승진을 할 수 없었고, 민간회사 직원이라도 요직에 오를 수 없었다.

1980년 연좌제가 폐지되었지만, 그 유령은 쉽사리 사라지지 않았다. 언제 어디서 빨갱이 가족이라는 유령이 불쑥 튀어나올지 몰라 불안해하는 유족들은, 후손들에게까지 그 사실을 숨기고 살았다.

경북유족회에는 고 박정희 대통령의 형수도 끼여 있어 세인의 주목을 끌었다.

"빨갱이는 함부로 죽여도 되는교?"

'몸뻬'(일본 여성 작업복) 입은 한 여성이 이렇게 따져 묻는 소리에, 회의를 진행하던 경주유족회장 김하종은 할 말이 없었다.

조귀분(오른쪽)

"내 남편이 법을 위반했으면 재판을 해서 죄가 있으면 처벌하지, 왜 재판도 없이 사람을 죽이는교?"

똑같은 희생자 유족 모임에서 망자가 공산주의자라고 유족회에서 배제하려다가 당한 일이다. 1946년 대구 10·1사건으로 죽은 박상희(朴相熙)의 처 조귀분의 항변은 논리정연했다.

"부산 군수기지 사령관으로 있는 내 시동생(박정희)이 울산에서 유해를 발굴하는데, 차량 지원도 해주었다 아인교."

선산유족회 조귀분이 경북유족회 임원이 되면 곤란하다고 여긴 것이 사달이었다. 조귀분은 경북유족회 임원이 되지는 못했지만, 유족회 탄압 때 처벌을 받지는 않았다.

그의 남편 박상희는 구미·선산 지역의 좌파 지식인이었다. 대구사건이 일어난 지 사흘 만에 그는 구미 지역에서 봉기한 2천 명 군중의 선두에 서서 구미경찰서를 습격했다. 주동자로 수배되어 숨었다가, 며칠 만에 발각되어 경찰의 총에 사살당했다.

그를 아는 사람들은 그가 공산주의자는 아니었고 중도좌파 정도였다고 말한다. 그는 일제 때 『동아일보』 구미 주재기자 겸 지국장을

박상희

하면서 독립운동에도 관여했다. 부인 조귀분도 일제 때 여자고보를 나와 야학운동에 참여했던 신여성이었다.

박상희·조귀분 부부는 1남 5녀를 두었는데, 장녀 박영옥은 고 김종필(金鍾泌) 총리의 부인이 되었다. 박정희, 김종필은 형수와 장모가 하려는 일을 탄압한 결과가 되었다. 특히 박정희는 가장 믿고 따랐던 형의 유지를 배반한 셈이 되었다.

대구 10·1사건은 굶주림에 지친 농민들이 쌀을 달라고 외친 생존투쟁이었다. 배급을 골고루 해준다고 농민들에게서 쌀을 공출해 간 군정 당국이 배급을 주지 않았다. 양식이 끊긴 농민들이 굶게 되었다. 거기에 콜레라까지 창궐하여 민심이 극도로 흉흉한 때였다. 이런 시기에 전국노동자평의회(전평) 주도로 철도 노동자들의 총파업이 시작되었다.

1946년 10월 1일 대구역 광장에 모인 농민들이 쌀을 달라고 외쳤다. 당국이 이를 진압하는 과정에서 시민 한 명이 경찰의 총격으로 죽었다. 10월 2일 흰 마스크를 쓴 의대생들이 시신을 실은 들것을 앞세우고 시가 행진을 벌였다. 여기에 중·고생들과 시민들까지 합류하여 대대적인 미 군정 저항운동이 일어났다.

손호철이 『한국일보』 2021년 2월 1일자에 기고한 「대구는 진보도시였다」에 의하면, 대구항쟁은 "대구시민의 반이 참가했다"는 주장이 있을 만큼 많은 사람이 참가한 항쟁이었다. 즉, 일부 세력의 폭동이 아니라 "누적된 미 군정에 대한 불만과 노동자의 사망에 대한 분노가 시민들에 의해 자연발생적으로 터져 나온 민중항쟁"이었다는 것이다.

대구역 시위에서 노동자가 사망한 것에 분노한 군중이 경찰을 공격했고, 이에 경찰이 사격을 가하여 17명이 사망했다. 평소 친일 경찰에 억눌려 있던 민중이 들고일어나, 수십 명의 경찰이 죽고 140여 명이 행방불명되었다. 일부 군중들은 부잣집과 친일파들의 집을 습격하여 생필품과 식량을 가져다가 나누었다.

10월 2일 저녁 미 군정이 개입했다. 그들은 장갑차를 동원해 대구 경찰서를 탈환하고 대구 지역에 계엄령을 선포했다.

계엄령이 떨어지자 대구·경북 지방에 검거 선풍이 불어닥쳤다. 대구 지역에서만 2,250명, 경북에서 7,400명이 검거되었다. 이들은 경찰서별로 분류되어 일부는 훈방되고, 대다수는 국가보안법 위반 등의 혐의로 기소되었다. 형식적인 재판 끝에 대구형무소 등에 수감되었다.

　　역사에서 보면 항상 정의는 이겼습니다. 때로는 시간이 걸리기도 했지만, 진실은 밝혀지는 것을 보았습니다. 저는 그 이유 때문에 이 나이에라도 밝혀보자 싶어 말하지 못한 아버지의 죽음과 관련된 개인사를 이렇게 털어놓는 것입니다. 바라는 것은 다른 게 아닙니다. 이 사건의 진실규명과 아버지를 비롯해 억울하게 돌아가신 분들의 명예회복과, 그리고 재발 방지를 위한 사회적 합의를 이끌어내는 것입니다.

그런 다음에 억울하게 돌아가신 넋들을 위로하고, 살아 남아서 고통스러웠던 유족들의 가슴을 어루만져 여생이나마 마음 편히 살다 갈 수 있도록 하고 싶습니다. 그렇게 하는 것이 아직도 실체를 밝히지 못하고 불법적 살인에 참여한 이들의 가슴속 불안과 죄의식을 조금이라도 덜어주는 일이 될 것입니다.

2020년 6월 출간된 진주 민간인학살 유족 증언록『학살된 사람들, 남겨진 사람들』이란 책의 뒤표지 글이다. 진실화해위 조사 당시 한 유족이 토로한 말이라고 한다. 이 증언록에는 수많은 유족들의 피맺힌 사연들이 얽혀 있다.

"우리 엄마가 그러는데 아무 죄 없이 갔다고 해요. 엄마 따라 밭에나 논에 갈 때 윗마을 구장이 엄마보다 열 살 정도 많은 분인데, 길에서 만나면 그 할배가 우리 엄마한테 인사를 45도로 굽혀서 하는 걸 봤어요. 우리 엄마는 새파란 나이였는데도 인사를 받기는커녕 고개를 획 돌려버렸어요. 지나고 나면 '더런 놈, 나한테 인사를 해? 저놈 때문에 죄 없는 사람이 많이 죽었다'고 했습니다. '죄 없는 사람 도장 받아 가서 다 죽게 만들었다고……. 지는 도망 나와삐고, 인사가 멋이고? 더런 놈' 이랬어요. 논이나 밭에 따라 나갈 때 그 아저씨가 자주 만나지더라고요. 저는 나이 든 사람이 인사를 하는데 엄마가 이상하고 나빠 보였어요. 볼 때마다 그래서 엄마의 반응이 이해가 안 되었어요. 엄마가 그 사람만 보면 이를 갈더라고요. 그때는 자세한 사연을 몰랐고, 나중에 제가 처녀 때에야 그 사연을 들었어요."

그 사연이래야 뻔해 보인다. "동네 사람들 도장 받아 가서 다 죽게 만들었다"는 말 속에 다 들어 있으니까. 자기도 보도연맹에 가입은 했지만 나중에 혼자 빠져나와 화를 면한 정황까지 분명하지 않은가.

"아버지가 없다는 걸 알게 된 것은 너댓 살쯤 됐을 겁니다. 다른 집에는 아버지가 있는데 왜 나만 없을까 생각했지요. 엄마한테 물으면 애들은 알 것 없다고 하셨어요. 아버지가 없다는 사실은 혼자서는 안 풀리는 문제였어요. 그리고 다른 집에는 논도 있고 밭도 있고, 가을이면 곡식도 거두어들이는데 왜 우리 집은 아무것도 없을까, 수수께끼처럼 풀리지 않는 문제였습니다.

근데 좀 크고 보니까 큰집에서 우리가 분가할 때 우리 아버지 몫으로 아무것도 안 주었다는 걸 알게 되었어요. 내가 어느 정도 커가지고 서울 갔다가 돌아와서, 큰아버지 큰어머니 할머니께 우리 아버지 앞으로 논 두 마지기가 있었는데 왜 안 주었습니까, 주십시오, 이랬더니 이제 자기들도 자식들 공부시키고 장가 보내고 없다는 거죠. 그래도 줄 건 주어야죠, 이러면서 한바탕 싸우고 진주로 이사를 나와버렸어요."

가장을 잃고 헐떡이며 살아온 유가족의 고난을 떠올리게 하는 하소연이다. 돌봐주어야 할 식구를 외면한 어른들의 경계심이 이 집안만의 특별한 사례였을까. 빨갱이 자식 취급받는 친족을 가까이 두기 꺼렸던 시대의 산물이다.

유족 박남숙은 진주 본성동에서 철 공장을 하던 아버지 박사근불(당시 28세)이 대한청년단원이었는데, 7월 초 어느 날 새벽 사복경찰에게 붙잡혀가 죽었다고 말했다. 청년단 일을 보고 새벽에 들어온 사람을 잡아가겠다고 가족에게 권총을 들이대면서 "박사근불이 나오라"고 했다는 것이다. 그 길로 아버지는 진주형무소로 끌려갔다.

이모가 교도관이어서 아버지 옷을 이모 편에 받고 넣어주곤 했지만, 손을 쓸 수는 없었다. 트럭에 실려 가면서 대한 독립 만세를 외치다가 경찰에 이마를 맞아 다쳤고, 이모가 속치마를 뜯어 이마를 처매어주었다는 에피소드도 털어놓았다.

"사람 실은 트럭이 명석면 용산리로 갔다는 것을 이모 편에 듣고, 할아버지 어머니 고모부 셋이서 시신을 찾으러 갔어요. 비는 오고 시신은 찾을 길이 없어 돌아왔는데, 고랑에 핏물이 많이 흘러가데요."

대한청년단 단원이었고, 새벽까지 일하고 퇴근해 자리에 든 사람을 그렇게 한 까닭은 알 길은 없다. 청년단이 하는 일은 경찰업무의 보조였을 터인데, 왜 그랬는지 이해할 수도 없다. 경찰과 청년단의 알력, 또는 개인적 갈등을 탓이 아니었을까.

1987년 6·10 민주화 항쟁 이후 반짝 새 세상이 오는 듯했지만 보수정권이 들어서면 주홍글자 유령이 되살아났다. 유족 대다수가 그런 경험을 가져, 아직도 입을 닫고 사는 사람이 많다.

새 밀레니엄 시대는 이전과는 비교할 수 없는 세상이었다. 흘겨보는 사람은 있어도 내놓고 타박하지는 못했다.

2000년 9월 7일 서울 기독교연합회관에서 '한국전쟁 전후 민간인 학살 진상규명과 명예회복을 위한 범국민위원회'라는 이름의 단체가 출범했다. 학살의 주체와 성격과 시기는 달라도 전쟁 기간 전후 억울한 죽음을 당한 민간인 단체라는 정체성의 표현으로 이렇게 긴 이름이 되었다. 이들의 활동 결과는 제1기 의문사진상규명위원회, 제2기 진실·화해를위한과거사정리위원회(진실화해위) 탄생으로 나타났다.

재심 및 손해배상 소송과 판결

　　　　　　　보도연맹 사건 희생자 유족들이 억울한 죽음의 한
을 풀어달라는 손해배상청구 및 재심청구가 전국의 여러 법원에 제
기되어 있다. 이 가운데 제일 먼저 마산, 창원 지역 희생자들에 대한
무죄 판결이 났다. 만 70주년을 몇 개월 앞둔 2020년 초봄의 일이다.

　2월 14일 창원지방법원 마산지원 형사부(재판장 이재덕)는 한국전쟁
민간인희생자유족회 창원지회 노치수 회장 등 6명에 대한 재심사건
선고 공판에서 "희생자들이 이적 행위를 한 증거가 없다"는 이유로
무죄 판결을 내렸다. 유가족들이 제기한 여러 종류의 청구소송 중 형
사사건에 대한 무죄 판결은 이것이 처음이다.

　지난 4차례 공판에서 국가 측을 대리한 검찰은 희생자들이 위법
행위를 했다는 증거를 제시하지 못했다. 이날 공판에서도 마찬가지
여서, 이재덕 부장판사는 "과거 공소장에는 이들이 6·25 초기 북한
군에 협력한 이적 행위를 했다고 돼 있으나 이를 입증한 근거를 찾을
수 없었다. 이는 범죄 증명이 없는 경우에 해당하므로 무죄"라고 선

고 이유를 밝혔다.

이 사건 희생자들은 1950년 6·25전쟁 발발 직후 영장도 없이 경찰에 체포되었다. 국방경비법 위반 혐의로 계엄고등군법회의에 송치되어 마산형무소에 수용되었다가, 재판도 받아보지 못하고 끌려나갔다. 총살되어 암장당하거나, 먼바다에 끌려가 수장되었다. 유족들은 2013년 재심을 청구, 대법원이 수용함으로써 2019년부터 '재판다운 재판'이 시작되었다.

노치수 회장은 판결 후 "당시 돌아가신 분들은 논을 매다가 잠시 보자고 해서 불려갔거나, 도로 부역 나오라고 해서 나갔던 분들이다. 70년 만에 한을 풀어 좋기는 하지만 가슴이 먹먹하다"고 말끝을 흐렸다.

무죄 판결이 나자, 뜻밖에도 이를 반기는 지자체 기관들의 반응이 일어났다. 김경수 경남도지사는 "국가폭력으로 말미암은 모든 고통이 이번 무죄 판결을 계기로, 조금이나마 치유되기를 기원한다. 민간인 피해자 유족의 아픔을 달래고 명예를 회복하는 일에 앞장 서겠다"는 성명을 냈다. 경남도의회 김지수 의장도 판결을 환영하는 성명을 냈으며, 허성무 창원시장은 성명을 통해 "역사적으로 의미 있는 판결"이라고 평가했다.

2020년 11월 20일, 같은 법원에서 같은 성격의 다른 사건 유가족들의 승소 판결이 또 나왔다. 올해 96세인 황점순 할머니 등 원고 15명이 국가를 상대로 낸 재심청구 사건에서 창원지법 마산지원 형사 제1부(재판장 류기인)가 무죄 판결을 내렸다. 재판부는 노치수 등 6명의 유가족이 낸 재심 사건과 같이, "희생자들이 이적 행위를 한 근거가 제출되지 않아 범죄 증명이 없는 경우에 해당하므로 무죄를 선고한다"고 밝혔다. 2020년 11월 6일 결심공판 때 검찰도 무죄를 구형했다.

판결 소식을 들은 황 할머니는 "그래도 볼 수 없다 아이가." 하고 눈을 감았다. 남편(이용순)을 그렇게 잃고, 두 아들까지 미군 폭격으로 잃은 뒤 70년 넘게 혼자 살아온 한이 사무치는 소감이었다.

"오래됐는데 무슨 할 말이 있겠노?"

온몸이 노쇠한 지금, 그는 사회복지시설 수용 생활을 하고 있다. 시설로 찾아온 창원시 관계자에게서 재판 소식을 듣고 나서, 소감을 묻는 그들에게 혼잣말처럼 내뱉은 말이 들릴 듯 말 듯했다 한다.

유가족들의 손해배상청구소송(민사)으로 대표적인 사건은 2012년 4월 13일 판결이 확정된 울산 보도연맹 사건이다. 이 재판에서 법원은 보도연맹이 사실상 관변단체이고, 강제로 연행하여 처형·암매장하고도 이를 숨겨 법률상 시효를 따질 수 없으므로 그들에게 입힌 정신적 손해를 배상해야 마땅하다고 설파했다.

대한민국 정부가 좌익 관련자들을 전향시키고 관리·통제하기 위하여 설립한 보도연맹의 총재는 내무부 장관, 고문은 법무부 장관 및 국방부 장관, 검찰과 경찰 간부들이 지도위원장 또는 지도위원을 맡아 관변단체의 성격을 띠었고, 1950년 6·25가 발발하자 내무부 치안국장은 전국 각 도 경찰국에 요시찰인과 보도연맹원 등을 즉시 구속하고 형무소 경비를 강화할 것을 내용으로 한 '전국 요시찰인 단속 및 전국 형무소 경비의 건'을 무선전보로 긴급 시달했고, (중략) 울산경찰서 사찰계 경찰들과 국군정보국 소속 울산지구 CIC 대원 및 관할지서 경찰들은 1950년 7월 초부터 8월 초순까지 울산군연맹 맹원들의 자택 및 직장을 방문해 연행하거나 소집을 통보하여, 지서나 초등학교 면사무소 등에 임시 구금했다가, 좌익사상 정도에 따라 A, B, C 등급 중 A, B 등급은 유치장, C 등급은 연무장에 구금하여 조사했다.(노치수 등 유가족 손해배상청구소송 판결문 '기초사실')

판결문은 학살 경위에 대하여 "1950년 8월 5일부터 총 10차례에 걸쳐 울산군 온양면 운화리 대운산 골짜기, 청량면 삼정리 반정고개로 이송하여 집단 총살했다"고 밝혀 사건 발생 사실을 인정했다.

그 후의 경과에 대해서는 "1960년 4·19혁명 이후 유족회가 결성되어 당시 희생자들을 수송한 운전수 이정희 등이 현장 확인에 나서 17개의 구덩이를 발견했으며, 1960년 8월 유해 발굴에 나서 825구의 두개골을 발굴했지만, 1961년 5·16 쿠데타가 발생하여 유족들이 처벌받고 합동묘지가 해체되었다"고 했다.

그 뒤 진실화해위 법에 따른 조사 결과, 울산 지역 보도연맹 사건 희생자가 총 407명으로 인정되었다. 재판부는 국가의 보상의무 소멸 시효가 만료되었다는 주장에, 처형자 명부 등을 3급 비밀로 지정하여 민간인이 확인할 수 없게 했고, 소멸시효 만료를 주장하며 채무 이행을 거절한 것이 "현저히 부당하고 신의성실의 원칙에 반하는 것으로서, 허용될 수 없다"고 못박았다. 이에 따라 희생자들에게는 각 8천만 원, 그 배우자들에게는 각 4천만 원, 부모와 자녀들에게는 각 800만 원, 형제자매들에게는 각 400만 원씩 손해 배상금을 지급하라고 선고했다. 이 사건은 2009년 서울중앙지법의 첫 판결 이후, 원고와 피고 측의 두 차례 항소를 거친 뒤 2011년 대법원의 상고기각에 따라 서울고법 민사 제13부(재판장 문용선)가 내린 최종 결론이다.

누구나 물을 것이다. 새파란 나이에 그렇게 스러져간 죽음의 값이 겨우 8천만 원이라니! 70년을 싸워 흑역사를 밝혀낸 수고와 위로금이 고것뿐이냐고.

혹자는 말할 것이다. 70년 세월을 가슴속에 숨겨온 비밀을 털어놓아 국가로부터 억울한 죽음을 인정받았으니 되지 않았느냐고.

소송을 제기한 사람들은 그렇게나마 마음의 위안을 얻었다. 그러나 소송에 참여하지 못한 나머지 대다수 피해자들은 어떻게 해야 하나? 억울하다고 일일이 소송을 제기해야 하나?

그럴 수는 없다. 그래서 이 문제는 나라가 떠안게 된 '정치'의 과제가 되었다. 객관적으로 사실이 인정되는 사람들 모두에게 보상과 현충원 안장을 허용하는 6·25 참전 전사자 처우처럼, 폭넓은 수용력을 가진 정치가 절실하다.

제 2 장

나라가 군인을 죽이다니

국민방위군 사건

해골들의 행진

이 사건에 대한 이야기를 대체 무슨 말로 시작해야 할지, 며칠을 생각해도 마땅한 어휘가 떠오르지 않았다. 이토록 어휘력의 한계를 느끼게 하는 사건이 20세기 대명천지 대한민국에서 일어났다.

한홍구 교수는 『대한민국사』 2권에서 이 사건을 다루면서, '거지중의 상거지, 해골들의 행진'이라는 챕터명을 달았다. 강준만 교수도 『한국 현대사 산책』 1권에 '9만 명을 죽인 해골들의 행진'이라고 했다. 두 사람의 제목을 합치면 거지보다 더한 행색의 국민방위군 9만 명이 행진 끝에 떼죽음을 당했다는 말이 된다. 두 책에 '해골들의 행진'이라는 말이 일치하는 것을 보고, 그들도 많이 고민한 것을 알게되었다. 얼마나 고심했으면 이런 우연이 발생했을까, 하는 생각이 들어 고개가 끄덕여졌다.

죽을 곳을 제 발로 찾아갔다는 말밖에는 그 참상을 표현할 길이 없었을 것이다. 국민방위군 행로의 종착지는 죽음이었으니까. 그 죽

신성모

음은 누가, 언제, 어디서, 어떻게, 무슨 까닭으로 죽었는지 알 수도 없고, 그 주검들이 어디에 묻혔으며, 죽게 한 최종 책임자가 누구였는지도 알 수 없는 개죽음이었다.

그래서 한홍구는 '학살'이라는 말을 사용했다. 일부러 죽인 것은 아니지만, 결과적으로는 그렇게 되었다는 뜻에서, '미필적 고의에 의한 학살'이라 했다.

포로라도 그렇게 하면 야만이다. 하물며 국민이라는 이름이 붙은 제 나라 군대를 그렇게 했으니, 그때도 "이게 나라냐" 하는 여론이 들끓었다. 그런데도 실무자급 다섯을 서둘러 총살하고는 사건을 덮어버렸다.

그래서 그 억울한 죽음의 숫자가 얼마나 되었는지조차도 알 수 없게 되었다. 그때 국방부는 사망자를 1,234명이라고 발표했다. 뒷날 국회 조사자료와 연구자들 추산으로는 최소한 5만 명에서 9만 명, 많게는 살상 20~30만으로 보는 설도 있다. 이런 사건에 대하여 정부의 공식 발표가 그러했으니, 대체 국민을 무얼로 보았던 것인가!

사건의 배후에는 국무총리 서리 겸 국방부 장관 신성모가 있었다. 그 뒤에 숨은 사람은 이승만 대통령이었다. 그들은 이 사건을 덮어버리려고 온갖 수단과 방법을 다 동원했다. 사건의 배후를 따지고 드는 국회의원들을 협박하고, 회유하고, 단심제인 군사재판을 두 번이나 열었다.

그 바람에 '이승만 다음의 권력자'였던 신성모가 날아갔다. 그 자리에 이기붕(李起鵬)이 앉았다. 제2의 이승만 자리를 노리다가 4·19 학생혁명 며칠 후 자식의 총에 맞아 일가가 절멸된 비극의 서막이었다(일가 자살로 공식 발표되었지만 아직 진실은 규명되지 않았다. 설득력 있는 타살설도 유포돼 있다).

국민방위군의 탄생

1950년 9월 낙동강 전선의 반전과 맥아더 장군의 인천상륙작전 성공이 거의 동시에 이루어졌다. 성공 확률이 5천 분의 1이라던 상륙작전과 국군의 반격은 파죽지세였다. 10월 1일 밀물처럼 삼팔선을 넘어가, 그달 말에 국군은 압록강 물을 수통에 담을 수 있었다.

바로 그때 중공군 참전으로 전세가 역전되어, 다시 쫓기는 신세가 된 것이 1951년의 1·4후퇴다. 두 번째 서울 함락이 멀지 않았던 1950년 11월 20일, 정부는 국민방위군 설치법안을 국회에 제출했다.

6·25 때 피란을 가지 못해 인공치하에 놓였던 젊은이 수십만이 '의용군'으로 인민군에 끌려간 일이 뼈 아픈 교훈이 되었다. 그들을 전원 제2국민병에 편입시켜 국민방위군으로 훈련시킨다는 게 국민방위군법안 발의 취지였다.

법안 제정 설명을 위해 국회에 나온 장경근 국방부 차관은 "그동안 사설 단체에 불과한 청년방위대가 후방 예비군의 역할을 해온 까닭에 잡음과 부작용이 많았다"고 인정한 뒤 "그런 기형적인 형태를 없애고 법적 근거를 만들기 위해 국민방위군을 두려는 것"이라고 입법 취지를 설명했다.

이런 경위로 탄생한 국민방위군법의 요지는 다음과 같다.

1. 군인, 경찰, 공무원이 아닌 만 17세 이상, 40세 이하의 장정을 제2국민병에 편입시킨다.
2. 제2국민병 가운데 학생을 제외한 자는 지원에 의해 국민방위군에 편입시킨다.
3. 육군참모총장은 국방부 장관의 지시를 받아 국민방위군을 지휘·감독한다.
4. 국민방위군은 지역을 단위로 하여 편성함을 원칙으로 하며, 군사행동을 하거나 군사훈련을 받는 이외에는 정치운동, 청년운동과 일반 치안에 관여할 수 없다.

분명히 '지원에 의하여 편입시킨다'고 돼 있지만 실제는 그렇지 않았다. 지원자는 많지 않았고, 대다수는 일방적인 소집영장에 끌려 갔다. 군 당국은 역전 광장이나 버스 터미널 같은 곳에 진을 치고 지나가는 젊은이와 대학생, 심지어 중·고교 학생들까지 잡아들여 강제로 트럭에 실어 끌고 갔다.

정치운동, 청년운동을 할 수 없다는 조문이 이채롭다. 각종 우익 단체를 정치활동에 이용한 이 대통령을 의식한 국회의 견제였을 것이다.

언제 피란을 떠나야 할지 모를 어수선할 때여서, 내용을 아는 사람은 드물었지만, 정부와 군은 바빴다. 예비군 성격의 방위군 조직과 편제 정비 및 예산 배정, 부대 운영을 맡을 실무조직 구성, 기간요원 교육훈련 준비 같은 기본 업무가 일사천리 주먹구구식으로 처리되었다. 그것도 신성모가 군과 측근들을 시켜서 한 일이었다. 놀랍게도 그는 자신의 심복 김윤근(金潤根)에게 별 계급장(준장)을 달아주어 국민방위군 사령관으로 임명했다.

그것이 만악의 근원이었다. 민간인 김윤근은 또 자신을 '신하'처럼 따르는 윤익헌(尹益憲)을 부사령관(대령)에 앉혔고, 산하 참모들은 거의 청년방위대 간부들로 채웠다. 처음부터 신성모의 사병(私兵) 조직이었던 셈이다.

함경남도 함흥 출신인 김윤근은 17세 때부터 씨름 귀재로 이름을 날렸다. 함흥 영생고보와 도쿄 체조학교를 나와 연희전문학교에 스카우트되었다. 전조선 씨름대회에서 여덟 차례나 우승한 '씨름의 대명사'였다. 일제 말에는 일본군에 징집되어 사병으로 복무했는데, 광복 후 우익 청년단체에서 두각을 나타내 이승만의 눈에 들게 된다.

정치적 기반이 약했던 이승만은 우후죽순처럼 생겨난 여러 우익 청년단체를 통합하여 대한청년단을 조직했다. 이를 모체로 설립된 것이 청년방위대였다. 초대 대한청단장은 광복군총사관 출신 지청천(池靑天) 장군이었다. 두 번째 단장 자리에 김윤근, 부사령관에 윤익헌이 앉았다. 이승만의 사조직이라는 소문이 날 만했다.

부사령관 윤익헌 또한 희대의 모사꾼이었다. 경성 제일고보 재학 중 동맹휴학 사건을 일으켜 일제 경찰에 쫓기게 된 그는 중국 상하이로 건너갔다. 황포(黃浦)군관학교를 나와 지청천 장군 밑에서 독립군

으로 활동한 투사였다. 귀국
후 그는 여러 우익 단체 총무
국장 자리를 전전하여 우익계
에 이름이 높았다. 김윤근이
그를 부사령관으로 추천한 것
은 "돈을 만들어내는 재주가
그와 맞먹을 사람은 없었기 때

대한청년단 전남도단 결성식에 몰려든 인파

문"이라고 실토했을 정도로 수완이 좋은 모사꾼이었다.

　이 수뇌부 면면만 보아도 국민방위군의 운명을 짐작할 만하다. 민간 우익 단체 우두머리에, '돈 만드는 귀재'의 조합이었다. 역시 군 경력이 없는 신성모는 그런 사람들에게 병정놀이처럼 불쑥 별과 국화(영관) 계급장을 달아주었다.

　수뇌부 조직이 그렇게 급조되었고, 하부 행정조직은 육군에서 차출된 소수의 현역 장교 및 사병들에게 맡겨졌다. 경남·북 중요 시·군마다, 그리고 제주도에 국민방위군 교육대가 생겨났다.

　모두 51개 교육대가 급조되었다. 지역별로 징집해 정해진 곳으로 인솔했으니, 명단이야 있었을 것이다. 그런데 그것마저도 공식 기록으로는 남아 있지 않다. 조직폭력단과 다를 게 없다. 얼마나 철저하게 증거 인멸을 했던가를 말해주는 증거다.

　다만 서울에서 끌려간 사람이 50만여 명, 각 지방 출신을 합쳐 60만이 넘었다는 추계와 신문기사가 있을 뿐이다. 피란국회이기는 했지만 엄연히 국회가 있었는데, 예산을 심의했다는 말도 없었다. 나중에 사건이 되어 국회가 조사한 바에 따르면, 그들의 예산 횡령액이 무려 70여억 원으로 추산되었다.

　국민방위군 작전처장이었던 이병국(李炳國)의 증언에 따르면 1만 명 가까운 병력을 후송하는데 쌀 한 톨 군복 한 벌 안 주고 언제까지 집결하라는 것도 없이 막연히 '착지(着地) 부산구포'라는 작전명령을 육군본부로부터 하달받았다고 한다. 대신 양곡권이라는 것이 지급되었다. 행군 도중에 대열 책임자가 이 양곡권을 경유지의 시장이나 군수에게 보이고 급식을 해결하라는 것이었다.(한홍구, 『대한민국사』 2권, 한겨레신문사, 2003)

　그런데 신성모의 국방부와 조병옥(趙炳玉)의 내무부가 서로 양곡 지급권을 갖겠다고 다투었다. 내무부에서는 각 시장 군수에게 양곡 지급을 중단하라고 지시했다. 인공 치하에 인민군 의용군으로 끌려갔다가 탈출해 국민방위군에 자원입대한 5대 국회 민의원 서태원(徐泰源)은 "의용군 시절에는 주먹밥이나마 하루 세 끼를 거른 적이 없지만, 국민방위군으로 남하할 때는 병자와 아사자가 속출해도 아는 체하는 사람도 없었다"고 토로한 바 있다. 바로 이 한마디에 사건의 성격이 압축되어 있다. 피란 중에도 그 알량한 이권을 놓고 국방부와 내무부가 싸우느라 양곡 지급이 중단되었던 것이다. '미필적 고의에 의한 학살'이라는 말이 지나치다 할 수 있을까. 엄동설한에 장거리 행군하는 군대에 양곡 지급을 끊다니……. 고의라고 해도 할 말이 없을 것이다. 양곡에 관련된 업무를 놓고 싸운 까닭은 무엇이었을까. 그 많은 양곡을 다루는 일이 아니었어도 그랬을까. 국난을 맞아서도 '떡고물'에만 혈안이 되었던 부패 공무원 군상이 눈앞에 어른거리는 것 같다.

국민방위군 예산이 국회에서 통과된 것은 1951년 1월 29일이었다. 1~3월분 예산이 209억 830만 원으로 책정되었다. 국민방위군 장병수를 50만 명으로 잡고, 최소한의 식량과 취사용 연료대, 잡비로만 짜여진 내역이었다. 인원을 어림잡아 계상한 손가락 구구셈 예산이었다. '최소한의 식량'을 산정한 식량의 기준이 1인당 쌀 4홉이었다. 전쟁포로도 하루 5홉 5작인데, 명색이 군대의 예산이 그랬다. 다른 항목도 그렇다. 취사용 연료대는 하루 40원, 잡비는 하루 10원이었다.

이 예산에 사령부 및 51개 교육대 본부 운영비, 장병 월급과 피복비, 의료비, 후생비는 없었다. 장교와 기간병에 대한 봉급이 포함되지 않았으니 무얼 먹고 살란 말인가. 방위군에 배속된 하사관 조교 등 기간사병 정원이 9만 1,608명, 소대장 중대장 대대장 교관요원 등 장교요원 정원이 2만 1,287명이었다. 그들에게 교육대 예산을 뜯어먹도록 시킨 것과 다를 바가 무언가. 그 많은 인원을 남쪽으로 인솔해 갈 수송 예산과 이동 중의 숙식비 피복비 같은 예산은 항목조차 없었다.

예산안 제안 설명에 나선 각료들은 우선 예산을 통과시키는 데만 급급하여 "어려운 국가재정을 감안하여 불가피하게 최소한도로 책정했다"고 했다. 예산액이 많으면 국회가 까다롭게 굴 터이니 빨리 통과시키고 보자는 것이었다.

남으로, 남으로… 죽음으로 가는 길

국민방위군설치법이 공포된 날(12월 21일) 방위군사령부가 있는 서울 창경궁에 1만여 명의 방위군 제1진이 소집되었다. 1950년 한국의 겨울은 유난히 추웠다. 꽁꽁 얼어붙은 한강에서 스케이트를 타는 사진에서 알 수 있듯, 12월 하순은 혹한이었다. 그해 초겨울 함경남도 장진호까지 진격했던 미 해병1사단의 후퇴 중 동사자가 많이 나온 것도 혹한 탓이었다.

그런 날 소집된 방위군의 복색이 이채로웠다. 대부분 흰 바지 저고리에 조끼 차림이거나, 가벼운 점퍼를 입었다. 모자를 쓰지 않은 사람이 태반이었다.

추운 날 먼 길 떠나는 사람들 복색이 왜 그랬을까. 그것이 아사, 동사의 원인이 될 줄을 예상인들 했겠는가. 당연히 두툼한 방한 군복에 방한모가 지급될 줄 알고 가볍게 입고 나왔던 것이다. 군복을 껴입기 좋게 하려고 두터운 옷을 입지 않은 사람이 많았다. 군복으로 갈아입고 벗은 옷을 버리기도 아깝고, 집에 보내기도 마땅치 않을 것으로 여겼을 것이다. 신발도 마찬가지였다. 버려도 아깝지 않은 고무신이나 낡은 운동화 차림이었다.

인원 파악이 끝나고 여러 가지 지시 사항, 심득 사항, 훈화가 지루하게 이어져 모두들 추위에 떨었다. 군복과 방한모, 군화는 지급되지 않았다. 모두 홑바지와 얇은 저고리 차림으로 온 것을 후회했지만 다른 방도가 없었다. 곧 제1제대 출발 행렬이 홍화문을 나섰다. 두리번거리며 웅성거리는 사이 차례가 와서 어찌해볼 수 없이 떠나야 했다.

교통수단? 그런 건 애당초 없었다. 제1진에 이어 서울 곳곳에서, 도시별로, 혹은 마을별로, 먼 남쪽에 있다는 교육대를 찾아가는 대이동의 수단은 도보였다. 열차나 트럭 같은 교통수단을 이용한 수송은 어디에도 없었다.

유엔군이 모든 기간도로의 민간인 통행을 막았기 때문에, 한적한 지방도로를 이용해야 했다. 지름길로 간다고 험한 고개를 넘기도 했다. 서울의 경우는 집결지에서 덕소–양평–여주–괴산–이화령(혹은 새재)–문경–상주–신녕(영천)을 거쳐 경산에 도착해 신체검사를 받았다. 그 결과에 따라 건강한 사람은 현역병, 또는 국민방위군 기간병으로 선발되었다. 불합격자는 재편성되어 부산 마산 진주 방면으로 갈려 각 교육대로 향했다.

제주도로 배정된 사람들은 인천까지 도보로 가서, 부두에서 바닷바람에 떨다가 해군 수송선(LST)을 타고 갔다. 길거리에서 맨몸으로 잡혀 온 사람도 많았는데, 제대로 끼니를 주지 않아 모두들 먹을 것에 눈이 벌겠다. 개중에는 지니고 온 미숫가루를 팔다가 굶주린 사람들에게 집단폭행을 당하는 촌극도 벌어졌다.

후줄그레한 차림새의 국민방위군 병사들

나중에라도 지급되겠지, 학수고대했던 군복은 끝끝내 나오지 않았다. 그것이 수많은 동사자를 발생시킨 첫째 원인이었다. 둘째는 급식과 숙소. 강추위 속을 종일 걸어온 대원들에게 끼니로 지급된 것은 주먹보다 크지 않은 주먹밥이었다. 반찬이 따로 있을 리 없었다. 소금물을 묻힌 주먹밥이나마 뒤에까지 차례가 오지 않는 일이 비일비재, 나중에는 밥덩이가 계란 크기로 줄어들었다. 숙소가 따로 있는 것도 아니었다. 대부분 초·중등학교 교실이 숙소로 제공되었다. 군이 징발하여 쓰고 떠난 빈 교실마다 폭격을 당했거나, 그 진동으로 성한 창유리가 없었다. 그런 창에 신문지를 발랐지만, 다 찢어져 너덜거렸다. 지급된 침구라는 것이 두 사람당 가마니 한 장씩이었다. 둘이 발만 넣고 자라는 것이었다. 사람들은 체온을 유지하려고 서로 껴안고 잠을 이루어보려 애썼지만 허사였다. 한 교실에 200~300명이 웅성대는 대혼잡 속에 잠이 오겠는가. 지붕과 벽이 있는 학교 건물에 수용된 사람들은 그나마 행운이라 했다. 그런 곳이나마도 차지하지 못한 후발대는 창고나 남의 집 헛간, 또는 처마 밑에서 잤다.

국민방위군에 끌려갔던 정진석(鄭鎭奭) 추기경은 2016년 『평화신문』에 기고한 회상기를 통해 "김밥을 사 먹을 수

가마니를 깔고 앉아 저녁식사를 하는 방위군 병사들

있어서 목숨을 부지할 수 있었다"고 술회했다. 그 역시 오랜 행군 끝에 경남 함안군 어느 초등학교에 도착해 교실 맨바닥에 지푸라기를 깔고 잤는데, 며칠 지나고부터 자고 나면 아침에 옆자리에 동사자가 생겼다고 한다.

식사는 하루 세끼 소금 뿌린 주먹밥이 다였다. 크기는 테니스공만 했다. 얼마 후에는 작은 주먹밥조차도 배식이 잘 안 돼 굶어 죽는 사람들이 나오기 시작했다. 그런 와중에 주먹밥 반 개를 잘라 담배 한 개비와 바꾸어 담배를 피우는 이들도 있었다. 그런 사람들은 오래지 않아 죽었다.

굶어 죽는 사람이 부지기수로 나오자 개인적으로 돈이 있거나 값

어치 있는 물건을 지닌 사람들은 철조망 근처에서 김밥이나 떡 등 요 깃거리를 사다가 연명했다. 그에게도 어머니가 피란 가면서 남기고 간 재산 1호(?) 재봉틀을 판 돈이 있었다.

행군을 처음 시작할 때부터 동네 친구 한 명이 같이 생활했는데 친구는 몸이 빠르고 성격도 쾌활하고 임기응변이 강했다. …(중략)… 친구에게 돈을 주면 철조망 근처에 가서 김밥을 한 줄씩 사왔다. 그래서 둘은 살았다. 재봉틀은 그렇게 유용하게 두 생명을 살렸다.(『평화신문』 2016.9.16)

2006년 추기경이 되어 가진 기자회견 때 정 추기경은 "행군 중 수 많은 죽음을 목격한 것이 죽음에 대하여 평생을 천착하게 된 계기였다"고 말했다. 그는 양평에서 얼어붙은 한강을 건너다가 얼음이 꺼져 바로 뒤를 따라오던 일행이 익사하는 장면을 목격했다. 앞서가던 일행이 지뢰를 밟아 떼죽음이 일어난 현장도 보았다.

『껍데기는 가라』의 시인 신동엽(申東曄)도 이때 방위군에 차출되었다. 1951년 봄 방위군이 해산되어 부여로 귀향하던 중, 굶주림을 못 견뎌 민물 게를 잡아 생으로 먹었다. 그래서 간디스토마에 감염되었고, 간염이 간암이 되어 1969년 39세로 요절했다.

경산군 자인교육대에서 교육을 받은 임동원(林東源) 전 국정원장은 17세 때인 1950년 12월 말 노량진에서 국민방위군으로 거리 징집을 당해 기차로 남하한 특별한 경험의 소유자다. 그러나 교육대 사정은 여느 교육대와 다르지 않았다. 바닥에 가마니가 깔려 있는 창고마다 60~70명 정도 수용되었다. 아무런 난방기구도 없이 내내 추위에 떨어야 했다. 낮에는 훈련받는 것도 아니고, 양지바른 곳에 모여 앉아 햇볕을 쬐며 이를 잡던 기억이 난다고 했다.

처음에는 주로 보리밥에 소금국이 나왔으나, 나중에는 소금물을 뿌린 주먹밥으로 대체되었습니다. 입대할 때부터 환자인 대원들도 있었고, 추위와 기아로 환자들이 날로 증가했어요. 경우에 따라 지방 의원에서 진찰을 받기도 하는 것 같았으나 역부족이었습니다. 밤새 환자들의 신음 소리를 들으며 지냈지요. 병들어 죽어가는 환자도 생겼는데 사망자를 어떻게 처리했는지는 모르겠다.(진실화해위, 『종합보고서』 3권, 2009)

한 국회의원이 방위군 실태조사차 갔다가 거적을 뒤집어 쓰고 지나가는 거지 형색의 방위군 병사를 보고 걸음을 멈추었다.

"어디로 가는 길입니까?"

"김일성한테 간다, 왜!"

이 한마디 대화가 널리 회자되었다. 악에 받친 방위군 장정이 김일성을 들먹인 무서운 이야기다.

"50만 벌의 방한복을 한꺼번에 구할 길이 없는데 예산을 배정해서 무엇 하겠습니까."

뒷날 수사에서 방한복을 준비하지 않은 이유를 추궁받은 군수 책임자가 했다는 이 말도 유행했다. 그럴 줄 알고 예산 배정도 하지 않았다는 그 말 속에, 국민을 사람으로 보지 않고 물자의 하나로 여겼던 그들의 인식이 숨어 있다.

쏟아지는 증언들

경기도 화성(현 수원) 출신으로 방위군에 징집되었던 유정수 씨는 일기로 그때의 고통을 증언했다. 『한국전쟁과 국민방위군 사건—초등학교 교사 유정수의 일기』에 따르면, 화성군 양감면에서 친척 청년들과 함께 징집된 그는 1950년 12월 23일 지정된 수원 공설운동장으로 갔다.

오전 8시에 집합하여 오후 5시에야 경북 청도를 향하여 길고 긴 행렬이 구불구불 움직였다. 그 아홉 시간에 대해 그는 "얼음이 깔린 운동장에서 서성거리니 1만 명 사람의 온기로 얼음이 녹아 물구덩이가 생겼다"고 썼다. 점심이라고는 가래떡 하나였다.

첫날 목적지는 용인군 김량장. 밤늦게 도착은 했으나 숙소 배정 때까지 또 두 시간을 한데서 떨었다. "김량장 얼음 깔린 길 위에서 두 시간 동안 서 있는 동안의 고생은 형용 불능, 필설로 표현하기 어렵다. 길가 짚더미를 헐어 모닥불을 놓았다. 숙소에 들어간 때는 24일 오전 2시 반이었다. 저녁을 먹은 때는 아마 4시쯤일 것"이라고 했다.

오산에서는 분대원 10명이 200원씩 돈을 거두어 쇠고기 두 근을 사다가 아침에 국을 끓여 먹었다. 그는 따로 한 근을 사다가 구워 보따리에 넣고 행군 중에 먹었다. "연대장이 22일 여기서 동사자가 3명 났으니 너희들도 정신 차리라는 훈화가 있었다"고 쓴 날도 있었다.

출발 1개월이 넘어 목적지에 도착한 날(1월 29일)에는 "제1대대 병사(兵舍)에서 첫날 밤을 잤다. 춥고, 춥고, 춥다. 병사는 양잠실인데, 문은 너풀너풀 찬바람이 든다. 주먹밥에는 소금도 없다"고 썼다. 2월 19일자에는 "식사는 오늘부터 1식에 1홉 1작으로 줄고 국도 없어, 어느 때는 멸치 여남은 마리, 또는 된장 한 숟가락, 때로는 갈치 조기 같은 것을 5~6인에 한 토막씩 준다. 국을 끓여준대야 맨 된장국이라, 간을 안 쳐서 맹물 같은데 그나마 한 사발밖에 안 준다."라고 썼다.

"기 중대장이 몹시 아픈데 교육대 의무실에서 시약(施藥)하나 효력이 적고, 딴 데서 약을 사다 써야 하는데 돈이 없다는 말을 듣고, 대원 중 모 군이 발의하여 임의로 금전을 내라고 하여 100원을 냈다." 이것은 날씨가 '모진 북풍'이라 적힌 1월 11일자 일기다. 그 불쌍한 사람들 주머니를 털어먹은 중대장이라니……

거지 중의 상거지 꼴이 되어 보름이나 한 달 만에 남도에 도착하여 교육대라고 찾아가면, 이른바 '돌려치기'가 시작되었다. 우리는 아직 수용 준비가 안 되었으니 진주로 가보라, 마산으로 가보라, 김해로 가라, 가는 데마다 손을 내저으며 뺑뺑이를 시켰다. 그러는 사이 교육대 간부들은 이들을 모두 수용한 듯이 인원수를 부풀려 보고하고, 비용을 받아 착복했다.

노골적으로 장사를 하는 하급 간부들도 있었다. 통영 제3교육대에 있었던 박상규는 진실화해위 조사 때 통영에서의 경험을 다음과 같이 진술했다.

"통영 진남학교(도남학교)에 무더기로 집어넣고 신체검사를 하고 불합격자는 귀가시키고 합격자는 재배치하더라고. 거기서 대대로 넘어갔더니 거기가 3교육대여. 백여 명이 이동해서 도착한 곳이 외딴 섬이야, 풍화리라고. 도남학교 있을 때는 밥덩이가 주먹만 했는데, 3교육대는 계란만 해. 또 바닷물에다 고구마 줄거리를 넣고 끓인 국이라고 주는데, 그것도 건더기는 하나도 없어. 그냥 바닷물 끓인 것만 준단 말이야."(진실화해위, 『종합보고서』, 2009)

그런데 놀라운 일이 벌어졌다. 부대 철조망 밖에서 계란만 한 밥덩이 하나를 100원씩에 팔고 있는 것이었다. 중대장이 팔아먹는 거라고들 했다. 병사들에게 지급될 몫에서 덜어낸 밥이라는 것이다.

이렇게 한 달을 보냈더니 다리가 뒤틀려서 걷지를 못하겠더라고 그는 증언했다. 하루는 옆에 있는 젊은 사람이 낮에 바닷가에서 무슨 해초 같은 걸 뜯어 먹었는지, 밤새 배가 아프다고 난리를 치다가 아침에 죽었다. 밥 한 사발에 반찬 좀 올려놓고 전부 다 서서 초상을 치르고 학교 뒤 산비탈을 파고 묻었다. 그러고 나서는 제사 지낸 밥을 서로 먹으려는 싸움이 일어났다.

"개, 돼지보다도 못한 꼴이지 뭐…… 어느 날인가 운동장에 나갔더니 사람들이 왔다갔다 난리야. 어떤 사람이 운동장에 쓰러져 있는데,

옆구리에서 이보가 터져서 하얗게 이가 쏟아져 나와. …(중략)… 그때 전염병 환자가 생기면 옹기 굽는 굴에다 집어넣었어. 그리고 죽 같은 걸 쒀서 그 앞에다 갖다 놓아요. 풍화리에 있었던 사람들도 아마 몇십 명은 족히 죽은 것 같아."(진실화해위, 『종합보고서』, 2009)

교육대에 입소해서도 '해골들의 행진' 시대와 사정이 다르지 않았다. 월급을 받지 못하는 교육대 장교와 기간사병들은 내놓고 부정을 저질렀다. 대원들 급식비와 피복비 같은 예산이 책정은 되었겠지만, 대원을 위해 그것을 쓰는 교육대는 없었다.

자고 일어나면 훈련이라고 밖으로 내몰았다. 밖에 나가서 구걸을 하든지, 도둑질을 하든지, 알아서 구해 먹으라는 것이었다. 언론인 출신 고 이영희(李泳禧) 교수는 그때의 목격담을 이렇게 기록했다.

단테의 연옥도, 불교의 지옥도, 그럴 수는 없었다. 단테나 석가나 예수가 한국의 1951년 초겨울 참상을 보았더라면 그들의 지옥을 차라리 천국이라고 수정했을지도 모를 일이었다.(한홍구, 『대한민국사』 2권, 한겨레신문사, 2003)

진주 시내 모든 학교 건물과 운동장에 해골 같은 인간들이 바글바글 들어찬 모습을 보고 느낀 소감이다. 누더기 옷을 걸치고, 천리길을 오는 동안 신발은 다 닳아서 맨발로 얼음판 위에 서 있는 몰골은 말 그대로 거지 군상이었다. 혹시 몇 가지 몸에 지녔던 것이 있었더라도 감자 한 알, 무 한 개와 바꾸어 먹은 지 오래여서, 몸에 지닌 것이라고는 아무것도 없었다.

미군 통역장교였던 이영희는 어떻게든 그들을 도와주려고 애썼다. 미군 장교를 앞세워 각 기관 단체에 식량이나 의약품, 널빤지 같은 것들을 제공해달라고 부탁하고 다녔으나 반응은 시원찮았다.

『조선일보』 논설고문을 지낸 문학평론가 홍사중(洪思重)은 방위군 장교 생활을 하면서 그 참상과 교육대의 부정부패를 적나라하게 경험한 사람이다. 기막힌 경험담이 소설보다 극적이다.

> 처음에는 그래도 구보 훈련도 시켰다. 그러나 한 달이 지나 모두가 영양실조에 걸리자 이를 제대로 할 수 없게 되었다. 그때부터는 고작 한다는 게 군가 부르기였다. 날씨가 포근하면 기간사병들이 장정들을 남강으로 데리고 가 몸을 씻게 하고 이를 잡게 했다. 이는 손으로 한 마리 두 마리 잡는 게 아니라 발가벗겨 몸을 빗자루로 쓸어내는 것이었다.(진실화해위, 『2010년도 상반기 보고서』, 2010)

그의 회고에 의하면, 어느 날인가 재무감실(財務監室)인가에서 감사반이 나왔으나 사전에 그 정보가 누설되어 경리과 문관들이 며칠 밤을 새워 이중장부를 만들어냈다고 한다. "새 장부책을 낡은 것처럼 일부러 흙을 묻히고, 손때가 묻게 하는 솜씨가 비상했다"고 그는 말했다. 교육대장은 감사반을 밤마다 극진히 대접했고, 결국 감사는 하는 둥 마는 둥하고 감사반은 돌아갔다.

3월 말에 이르러 군 수사기관에서 방위군 사건을 극비리에 수사하고 있다는 소문이 났다. 어느 날 군수처장이 황급히 그를 불렀다. 함께 도망가자는 것이었다. 왜 내가 도망을 가야 하느냐고 물으니까, "모든 돈은 다 경리과장의 도장이 찍혀서 나갔다. 자네는 군수처 보좌관 아닌가"라고 했다. 자신도 모르는 사이에 그는 보좌관이 돼 있었던 모양이다. 어떻게 도망갈 수 있느냐고 되묻자 처장은 종이 한 장을 주었다. 병사구사령관의 직인까지 찍힌 귀향증이었다. 즉시 처장의 지프차에 함께 타고 출발하여 대구로 갔고, 거기서 처장은 연락 장소를 알려주고는 차를 몰고 사라졌다.

진주교육대에 국민방위군으로 수용되었던 김광식은 진실화해위 조사에서 고통스러웠던 당시의 경험을 다음과 같이 진술했다.

> "처음에는 진주사범학교에서 잤는데, 사람이 많아지니까 일렬로 사람을 세워서 그대로 눕게 합니다. (나는) 뒷사람 배를 베고 자고, 앞사람은 내 배를 베고 자고 그런 상황이지요. 식사는 한 끼에 소금주먹밥 하나씩인데 나중에 비하면 훨씬 나은 것이었습니다. 그래도 그때는 견딜 만했습니다."(진실화해위, 『종합보고서』 3권, 2009)

사람이 늘어나자 4개 소대 200명으로 1개 중대씩 편성되었다. 새벽 5시에 출발해 하루종일 걸어 밤 8시쯤 지리산 자락 어느 허름한 학교에 도착했다. 그곳에서 4개월을 보냈는데, 거기가 어딘지 지금도 아는 사람이 없다. 민가와 멀리 떨어져 먹을 것을 얻으러 갈 수가 없었다. 먹을 것에 눈이 벌건 피교육생들은 소나무 새순을 따 먹고, 콩나물같이 생긴 메뚜기도 캐 먹었다. 배급되는 식사는 죽지 않을 정도의 안남미 밥뿐인데, 그 와중에 중대장이 가족을 데려와 살기까지 했다. 규정상 하루 식량은 쌀 4홉씩인데 교육생들에게 배급되는 건 한 2홉 정도 되는 것 같았다고 했다.

3월 말 4월 초쯤부터 기상 시간에 일어나지 않는 사람들이 한 명씩 생겼다. 가까이 가보면 온몸이 뻣뻣하게 굳어 있었다. 매일 한두 사람씩 그렇게 죽어나갔다. 시체들은 가마니에 둘둘 말려 산속에 묻혔다. 밥을 훔쳐 먹다 맞아 죽은 사람도 있었다.

김광식의 중대는 어느 날 다시 진주 본부로 이동했다가 LST를 타고 제주도로 이동했다. 그가 제주도에서 겪은 일도 상상하기 힘들 지경이다. 해변에 내려서 교육대까지 걸어가다가 눈에 띄는 마늘밭마다 '아귀 떼'의 습격을 받아 아무것도 남지 않았다.

중대는 모슬포 제1훈련소까지 걸어가서 신체검사를 받았다. 너나 할 것 없이 앙상한 갈비뼈가 다 드러난 처참한 몰골이었다. 98% 정도가 불합격이었다. 그때 그의 체중은 37㎏ 정도였다. 키가 커서 뼈 무게가 있는 몇 사람은 합격이었지만 그들도 해골 같기는 마찬가지였다. 그곳에서 신체검사에 불합격 판정을 받은 김광식 일행은 부산 동래를 거쳐 귀향하게 되었다. 신체가 너무 허약한 것으로 판정되었기 때문이다.

그런 사람들에게서 간부들이 교육생 돈을 빼앗는 일까지 벌어졌다. 방위군 사건이 문제가 되자 제주도 전역의 국민방위군을 한곳에 모으고 제주시 도두리 현 제주공항 자리에 수용소를 설치했다. 성산포 신산리국민학교와 서귀포국민학교에서 교육을 받던 인천중학교 5학년생 심재갑은 그 당시 상황을 다음과 같이 진술했다.

하루는 국민방위군 장교가 운동장에 모이게 하더니 돈을 모두 내놓으라고 호통이었다. 이 돈 때문에 제주도에 인플레이션이 발생한다면서 윽박질렀는데, 모두들 조용히 있자 한 사병을 불러내서 주머니와 내복을 뒤졌다. 돈이 발견되자 마구 몽둥이질을 해대면서, 나머지 모두의 옷을 뒤지겠다고 하는 말에 모두 질겁을 하고 가진 돈을 다 내어놓았다.(진실화해위『종합보고서』3권, 2009)

빼앗긴 돈이 어떻게 처리되었는지는 언급이 없다. 분명한 것은 수많은 사람들이 목숨처럼 아끼던 돈을 빼앗겼다는 사실 하나다. 인플레를 막는다고 보호해야 할 피교육생들 돈을 빼앗은 일을 들어본 일이 있는가. 개인적으로 알겨먹은 사례는 있지만 공개리에 폭행과 협박으로 갈취한 이 사례는 기네스북에 오를 일이다.

깻묵장사로 배를 불린 하사관도 있었다. 깻묵 한 주먹을 먹으려고 내복을 벗어주는 사람도 있었다니까 돈은 좀 벌었을 것이다. 그 돈이 나라에 붙잡혀 온 장정들의 피라는 것을 그들은 알았을까.

피교육생들이 주민의 기피 대상이 된 것은 당연한 일이었다. 교육이란 형식뿐이었고, 급식을 준비하지 않은 부대에서는 야외교육이랍시고 방위군 장정들을 아침부터 밖으로 내몰았다. 춥고 허기진 그들은 마을을 찾아들게 마련이었다. 빈집이면 부엌에 들어가 솥단지와 시렁 위를 뒤져 먹을 것을 찾아냈고, 주인이 있는 집에서는 구걸을 했다. 한두 사람이 아니라 수십 수백 명이 한꺼번에 들이닥치니 마을마다 비명이 넘쳐났다. 더럽고 냄새나는 거지 행색의 남정네들이 나타나면 아낙네들은 코를 싸잡고 달아났다. 아이들은 구경 났다고 그들 뒤를 따라다니며 깔깔거렸다.

한홍구의『대한민국사』에는 잔칫집 습격 사건이 슬픈 코미디처럼 소개되었다. 대원들이 떼지어 몰려 다니다가 잔칫집을 만났다. 고약한 냄새가 진동하는 거지 떼가 들이닥치자 잔치에 모였던 사람들은 혼비백산 사방으로 달아났다. 잔칫상은 거지들 차지가 되었다. 집주인은 잔치를 망쳤다고 대성통곡이고, 그 소리에 아랑곳하지 않고 거지들은 간장 종지까지 싹싹 비웠다.

그날 밤 교육대 변소마다 난리가 났다. 한 달 이상 굶주린 배에 기름진 음식이 들어가니 토사곽란이 일어난 것이다. 밤새워 변소를 드나들던 대원들이 한 사람 두 사람 탈진해 드러눕더니, 아침에 시체로 변했다.

희생자가 가장 많았던 경산군 압양면 일대에는 비 오는 날이면 강가에서 '고향 가자' '고향 가자' 하는 소리가 들렸다 한다. 원혼들의 울음소리라 했다.

경산 제23교육대 본부는 지금 경산여중고 자리에 있었다. 압량면과 남산면 등에도 제2국민병이 수용되었다. 경산교육대는 규모가 가장 큰 교육대였던 데다가, 후송 장정이 제일 많이 통과하는 곳이어서 사상자도 많이 발생했다.

본부에서 몇 킬로미터 떨어진 압량면 당리리에도 중대 규모가 수용되었다. 이 마을 주민 이산희 씨는 아래와 같이 당시 상황을 진술했다.

"동네 몇몇 사과창고에 50~100명씩 수용되었는데, 봄이 되어 기어 나온 사람들이 '밥 좀 줘요, 밥 좀 줘요' 했어. 우리도 살기가 굉장히 곤란했거든. 창고에서 살아 나간 사람이 얼마 없었어. 내려올 때는 다들 괜찮았지, 좀 있으니 죽기 시작하는데, 누가 그걸 치우겠어. 그 시체 처리를 우리 마을 반 단위로 배정을 시켰어요. 시체를 가마니에 싸가지고 가서 그냥 묻고 덮고 마는 거지."(진실화해위, 『2010년 상반기 보고서』, 2009)

그런데 이변이 있었다. 시체를 처리하던 사람들이 죽은 줄 알고 발로 툭 찼는데, "나는 살았어요" 하는 말소리가 들린 것이다. 그래서 마을로 옮겨 보살펴주었는데, 그 사람은 그 동네에 정착해 살다가 편안히 일생을 마쳤다 한다. 경산에는 황해도와 인천 피란민이 많았는데, 그 사람은 고향이 황해도 연안이었다.

김해교육대 임쾌동(林快童)의 증언은 그들이 얼마나 굶주리고 떨고 병고에 시달렸는지를 고발한다.

1951년 1월 20일에 김해교육대에 들어갔는데 소대장들은 군사훈련을 가르치는 것이 아니라, 밥 얻어오는 요령을 습득시켰어요. 아침식사 시간에 맞추어 찾아가 슬슬 눈치를 보다가 밥을 슬쩍하여 뛰라는 거지요. 주민들은 밥상을 차려놓고 먹다가도 우리가 나타나면 밥상을 다락에 넣고 피해버리더군요.(한국언론자료간행회, 『한국전쟁 종군기자』, 1987)

몇 달씩 이발이나 목욕을 못 한 그들의 몸에서는 악취가 풍겼다. 주민들은 그들이 나타나면 코를 막고 도망쳤다. 학식이 있고 좀 똘똘한 축들은 밥을 얻으러 나갔다가 사라져 돌아오지 않았다.

3월 중순, 몇몇 교육생들이 조개를 주워 먹겠다고 강변에 나갔는

영천에 세워진 국민방위군 추모비

데, 마침 새로 건조한 어선에서 무당이 굿을 하고 있었다. 그들이 불문곡직 제사상을 통째 들고 나와 삽시간에 다 먹어치워 버렸다.

그런 거지 군상이 현역 장성의 눈에 띈 일이 있었다. 목격자는 헌병사령관 최경록(崔慶錄) 준장이었다.

1951년 1월 중순경 헌병사령관에 취임한 나는 동래의 포로수용소를 시찰하고 대구로 가던 길에 가마니를 뒤집어쓴 군인들이 거지처럼 서성이는 것을 목격하게 되었다. …(중략)… 혼내주려고 소속을 물었더니 반항하는 눈매로 빤히 쳐다보는 것이었다. 뭐하는 놈들이냐고 호통을 쳤더니 한 녀석이 "각하에게 보여드릴 게 있습니다" 하면서 학교로 들어가자고 하길래 가서 보니 교실마다 5~6명씩 거적을 쓰고 누워 있는 자가 있는데, 자세히 보니 굶고 병들어 죽은 시체들이었다.(국방부 군사편찬연구소, 『한국전쟁사의 새로운 연구』)

진실화해위 조사보고서에 따르면, 그런 비위생적인 식생활과 굶주림, 추위와 불결한 개인 위생 탓으로 발진티푸스 같은 유행병이 급속히 번졌다. 방역과 치료에 필요한 약재와 장비가 없는 개별 훈련대로서는 손을 쓸 길이 없었다. 환자가 생기면 창고 같은 곳에 격리시켰다가, 죽으면 아무 데나 묻어버리고 표시도 하지 않았다.

그런 개죽음을 두려워한 사람들이 탈영하여 거대한 집단을 이루어 단체로 움직였는데, 방위군 장교와 장정들이 함께 울었다는 드라마 같은 이야기도 있다. 이병국 방위군사령부 작전처장(중령)의 경험담이다.

어느 날 미군 헌병대에서 이 중령에게 전화가 걸려왔다. 거지 떼 같은 수만 명의 장정이 문경 새재를 넘어가고 있다는 탈영 제보였다. 즉시 현장에 출동해보니, 그들은 이미 새재를 넘어 충청북도 쪽으로 내려가고 있었다.

이 중령이 마이크를 잡고 설득을 시작하자, 군중 속에서 "우리를 다 죽이려는 겁니까" 하는 소리가 터져 나왔다. 그 말에 이 중령이 한순간 울컥하여 울음을 터뜨렸다. 그러자 장정들이 모두 따라 울어, 새재 골짜기에 대성통곡이 메아리쳤다. (『동아일보』 1974.2.11)

장정들이 통곡했다는 이야기는 또 있다. 국회 진상조사단이 부산 장병 집결지에 조사를 나갔을 때였다. 마침 점심 때여서 장정들이 연병장에 모여 앉아 고깃국에 식사를 하고 있었다. 본부에서 눈속임을 하려고 그렇게 꾸며놓은 것을 모를 리 없는 조사단이 "애로사항이 있으면 말해보라" 하여도 묵묵부답, 밥만 먹을 뿐이었다.

"여러분이 이러면 도와줄 수가 없다. 다 알고 왔는데 이러니 어떻게 도와주겠는가."

조사단장의 말에, 장내 한구석에서 흐느끼는 소리가 들려왔다. 울음소리는 조금씩 옆으로 번지더니, 마침내 온 연병장이 대성통곡의 장으로 변해버렸다.

『경인일보』 편집국장 출신 이창식(李昌植)의 증언도 방위군 실상 이해에 도움이 된다. 다음은 그가 방위군 사건 70주년인 2020년 6월 신문사 후배들에게 들려준 이야기다.

"1950년 12월에 평양에서 단신 월남해 대구에 떨어졌을 때 일이오. 거리마다 제2국민병 모집이라고 나이 든 사람을 붙들어가더라구. 후방에서 근무하니까 안전하겠다 싶어 자원입대했지. 51년 1월 엄청 추운 날이었어. 맨바닥에 가마니만 깔아놓은 강당 같은 데서 밥을 주는데, 주먹밥을 야구공처럼 던져주는 거야. 잘못 받아 떨어져 깨진 밥에는 지푸라기가 잔뜩 붙었지만 안 먹을 수도 없잖아."(『경인일보』 2020.6.19)

부산으로 이동해 죽창 하나씩을 들고 제식훈련과 총검술을 배웠는데, 그게 장난 같았다는 것이다. "이건 원! 조선시대도 아니구……." 그 말 끝에 그는 한참 혀를 찼다.

수사와 재판

    소문은 파다했지만 딱 부러지는 단서를 찾지 못하고 있을 때, 때 정치 지망생 이철승(李哲承)이 등장했다.

    1951년 1월 어느 날 부산 초량동에서 피란살이 중이던 이철승에게 친구가 찾아왔다. 문을 열고 들어선 친구는 푹 쓰러져 신음소리를 내뱉었다. 자초지종을 묻는 그에게 "방위군 교육대에서 맞아 골병이 들었다"고 했다. 의사인 이철승의 부인이 진찰해보았더니, 맹장염이 악화해 복막염이 된 상태였다.

    소문으로 떠돌던 방위군 부정의 실상을 알고 증거 수집에 나선 이철승에게 또 한 사람의 지인이 나타났다. 김대운이라는 한량 같은 친구였다. 장구의 달인이었던 그는 말쑥한 장교복에 번쩍이는 대령 계급장을 달고 있었다. 대폿집으로 자리를 옮겨 자초지종을 풀어놓으면서 그는 방위군사령부 정훈공작대 대장 명함을 내밀었다.

    바짝 구미가 당긴 이철승에게 김대운이 털어놓은 이야기는 놀라웠다. 방위군 간부들이 돈을 흥청망청 가마니떼기로 쓴다는 것이었다. 정치에 뜻을 두었던 이철승은 광복동에 있던 민국당 연락사무소로 달려가 이 사실을 제보했다. 국회에서 철저히 조사하여 폭로해야 할 일이라고 흥분했다.

이런 경위로 소문을 확인하게 된 민국당은 1월 15일 부산극장 피란국회에서 이 의혹을 제기했다. 국회가 발칵 뒤집혔다. 즉시 비상대책위원회를 구성하고 신성모 장관과 김윤근 사령관을 불러 책임을 추궁했다. 김윤근은 낭설이다, 제5열의 책동이다, 하며 극구 부인했다.

이 소식이 신문에 보도되자 여론이 들끓었다. 다급해진 김윤근은 1월 21일 기자회견을 자청하여 "백만 국민병을 훈련 중에 있는데, 불순분자들이 여러 가지 루머를 퍼트리고 있어 유감"이라 했다. 신성모 장관도 거듭되는 국회의 추궁에 "최후의 승리를 위해서는 돌발적 사태임에도 불구하고 희생이 적었다는 것은 다행한 일이다. 제5열의 책동에 동요되지 말기 바란다"고 답변했다. 이동 중 일부 희생이 있었음을 인정하는 듯한 답변 끝에, 야당의 주장을 제5열의 책동이라 했다(부산일보사, 『임시수도 천일』).

3월 국회에서 특별조사위원회가 구성되었다. 1개조에 3~4명씩 5개조로 편성된 국회 조사단이 1개월간 조사 끝에 5월 7일 결과를 발표했다. 『한국전쟁의 새로운 연구』에는 그 내용이 이렇게 적혀 있다.

수용 인원 허위 보고에 의한 현금 횡령 : 23억 5,126만 원
인원수 허위 보고에 의한 양곡 횡령 : 20억 4,710만 원
공제액이란 명목의 예하부대 공금 횡령 : 28억 8,328만 원

이상 합계액 : 72억 8,164만 원

특별조사위 조사 실무를 맡았던 태완선(太完善) 의원이 『중앙일보』 「민족의 증언」에 밝힌 바에 따르면, 매일매일 보고된 유령 인원의 합계는 무려 7,058만 2,800여 명이었다.

태완선의 증언에는 고향을 떠나 교육대로 가는 동안의 중도 낙오자가 50% 가깝다는 놀라운 사실이 들어 있다. 사망자를 5만이라 치고 총원을 60만으로 잡으면, 낙오되어 귀향했거나 방위군 해체 후 귀향자 수가 30만 가깝다. 귀향자의 80%가 '노동력을 상실한 폐인'이라 했으니, 24만 명이 상병자(傷病者)였다는 이야기다. 여기에 사망자 수(5만 명)를 더하면 사상자가 30만 가까이 된다.

방위군 본부가 돈을 떼먹은 수법은 너무 노골적이었다. 예하 부대에 예산을 내려보낼 때 30% 이상을 선이자처럼 떼고 주었다. 한 교육대 예산은 책정상으로는 대략 월 9천만 원 정도였다. 그렇지만 받아오는 돈은 6천만 원 안팎이었다. 그 돈은 또 교육대 장교와 기간 사병에게 뜯기고 나머지로 한 달을 살아야 했다.

이 사건 조사를 맡았던 101헌병대장 송효순(宋孝淳) 중령의 증언은 충격적이다. "횡령액 수십억의 행방이나 용도에 대해서는 관련자들이 대부분 현존하고 있어 밝히기 곤란했습니다. 돈 흘러간 곳이 아주 광범위해서 각계 요로에 거의 다 미쳤다는 것만은 말할 수 있어요. 그 죄상은 천인공노라 할 만했습니다."

당시 수사대 주변에서 흘러나온 이야기로는 대부분이 정치자금이나 상납금으로 나갔는데, 3분의 1 정도는 국회의원들 정치자금, 3분의 1은 관계 요로에 뿌려졌다. 물론 군 장성들도 예외는 아니었다.

장성들에게 순금 군번표를 돌렸고, 경무대 비서관에게 지프차를 사주었다는 소문도 파다했다. "방귀깨나 뀌는 사람 치고 방위대 돈 안 먹은 사람 없다"는 말이 유행어가 되었다.

이승만의 계속되는 실정에 더 이상 참을 수 없게 된 이시영(李始榮) 부통령은 1951년 5월 9일 항의 표시로 부통령직 사임을 발표했다. 사임서에서 그는 "3년간 시위소찬(尸位素餐)에 지나지 않았다"고 자조했다. 시위소찬이란 하는 일 없이 높은 자리에 앉아 국가의 녹만 먹었다는 뜻이니, 이승만 정권에서 철저히 소외당한 소회였다.

나는 정부 수립 이래 오늘에 이르기까지 고관의 지위에 앉은 인재로서 그 적재적소에 배치된 것을 보지 못했다. 그러한 데다가 탐관오리는 가는 곳마다 날뛰어 국민의 신망을 상실케 하며, 나아가서는 국가의 존엄을 모독하여서 신생민국의 장래에 어두운 그림자를 던지고 있으니 이 얼마나 눈물겨운 일이며 이 어찌 마음 아픈 일이 아닌가.

그러나 사람마다 이를 그르다 하되 고칠 줄을 모르며 나쁘다 하되 바로잡으려 하지 않을 뿐만 아니라 이것의 시비를 논하는 그 사람조차 관위에 앉게 되면 또한 마찬가지로 탁수오류에 휩쓸려 들어가고 마니 누가 참으로 애국자인지 나로서는 흑백과 옥석을 가릴 도리가 없다. 더구나 그렇듯 관의 기율이 흐리고 민막(民瘼)이 어지러운 것을 목도하면서도 워낙 무위무능 아니하지 못하게 된 나인지라 속수무책에 수수방관할 따름이니 내 어찌 그 책임을 통감하지 않을 것인가.

그러한 나인지라 이번에 결연코 대한민국 부통령직을 사임함으로써 이 대통령에게 보좌의 책임을 다하지 못한 부끄러움을 씻으려 하

사임서를 발표하는 이시영 부통령

며 아울러 국민들 앞에 과거 3년 동안 아무 업적과 공헌이 없었음을
사과하는 동시에 일개 포의로 돌아가 국민과 함께 고락과 생사를 같
이 하고자 한다.(이시영 부통령,「사퇴 담화문」중에서, 1951.5.9)

퇴임 부통령의 강도 높은 비판이 큰 화제가 되었다. 한 나라의 부
통령으로서 이승만 대통령을 비판했으니 어찌 조용히 넘어갔으랴!

군 자체 조사는 최경록 헌병사령관 책임 아래 실시되었다. 조사
결과는 현금 부정 24억 2,111만 원, 군량미 부정 1,887가마였다. 국
회 조사단 발표와 큰 차이가 나는 것은 부정 액수 계산 방법의 차이
라 하지만, 사건을 축소 은폐하려는 대통령과 국방 당국의 압력 탓으
로 보아야 할 것이다.

이선근

보고를 받은 이승만 대통령은 "김윤근 준장은 구속하지 말고, 국회에 보고하지 말 것이며, 더 이상 사건을 확대시키지 말라"고 지시했다. 그렇게 일단락이 된 수사 결과에 따라 군사재판이 열렸다. 처음부터 신성모 장관은 "김윤근만은 절대 건드리지 말라"고 억눌러, 그는 형식상으로만 기소되었다. 김윤근은 신 장관 친구의 사위였다.

군사재판에서 김윤근 무죄, 윤익헌 부사령관 징역 3년 6월, 그 나머지 1년 반 안팎의 징역형이 떨어졌다. 이때의 재판장은 국방부 정훈국장 이선근(李瑄根) 대령이었다. 그는 김윤근, 윤익헌 등과 잘 아는 사이였다. 대한청년단 시절부터 동료 관계였던 것이다.

재판 결과가 신문에 보도되자 여론이 펄펄 끓었다. 서둘러 덮어버리려다 일이 더 커졌다. 다시 재판을 하려니 일사부재리 원칙 위반이고, 그냥 넘어갈 수도 없었다. 이승만이 택한 길은 읍참마속(泣斬馬謖)이었다. 때마침 터진 거창 양민학살 사건 책임까지 묻는 형식으로 신성모를 자를 수밖에 없었다.

사건 초기부터 조병옥, 윤보선(尹潽善) 등이 여론 악화를 염려하여 국방장관 경질을 요구했으나 들은 체도 않던 이승만은 여론 앞에 무릎을 꿇고 말았다. 후임 장관은 이기붕이었다.

이기붕은 영리한 사람이었다. 민심을 달래는 방법은 관련자 극형

뿐임을 알았다. 그렇게 하여 빨리 '방위군 정국'에서 벗어나는 것이 정권 안정에 도움이 된다고 대통령을 설득했을 것이다. 재수사와 재심이 결정되었다.

이번에는 김윤근이 빠져나갈 수 없었다. 신성모 없는 김윤근은 바로 구속되었다. 재심 법정은 7월 5일 대구 동인국민학교 강당에서 개정되었다. 군사재판은 비공개가 원칙이지만, 이례적으로 일반에 공개되었다. 방청객이 구름처럼 몰려들었다. 법정에 다 수용되지 못한 방청객을 위해 확성기까지 설치되었다.

제대로 하는 재판을 보여주겠다고 정일권(丁一權) 참모총장까지 참고인으로 불러왔다. 검찰관 김태청(金泰淸) 중령은 정 총장을 향하여 "무슨 이유로 일등병 경험도 없는 김윤근에게 별을 달아주고 사령관 자리에 앉혔느냐"고 힐문했다. 정 총장은 곤혹스러운 표정을 짓다가 "이승만 대통령 지시였다"고 털어놓았다. 나머지 네 가지 질문에도 그런 투로 대답했다.

책임 회피라고 여긴 전시 특명검찰관 김석원(金錫源) 준장이 "이봐! 지금 답변이 그게 뭔가. 당장 계급장을 떼어버리게!" 하고 호통을 쳤다. 엄청난 하극상이었다. 그렇지만 나이나 군 경력으로 보면 김석원이 대선배였다. 정일권이 일본군 대위였던 데 비해, 김석원은 대좌 출신이었다. 김석원은 곧 경호장교들에게 제지당했고, 정 총장은 말없이 법정을 떠났다.

선고공판은 7월 19일이었다. 김윤근(사령관), 윤익헌(부사령관), 강석한(姜錫漢, 재무실장), 박창원(朴昶元, 조달과장), 박기환(朴基煥, 보급과장) 등 방위군 간부 5명에게 사형이 선고되었다. 민심은 이것도 못 미

더워했다. "이승만 대통령이 김윤근을 외국으로 빼돌린다더라" 하는 루머가 돌았던 것이다.

"군수물자 3억 원어치를 빼돌려 마련한 자금이 경무대 비서관에게 뇌물로 제공되었다"는 국회의원 김종회(金從會)의 국회 발언이 있었고, "이승만 지지 세력과 정부 고위층에 거액의 정치자금이 흘러 들어갔다"는 시중의 쑥덕임이 보도된 탓이었다. 대한청년단 출신 신정동지회 소속 국회의원 20여 명에게 수억 원이 흘러갔다는 최경록 헌병사령부 발표도 있었다.

이런 여론을 잠재우려는 듯 정부는 형 집행 현장까지 공개했다. 8월 13일 대구 교외 화원(花園) 야산에서 사형이 집행되었다.

> 우리가 올라가니까 그들은 산기슭에 앉아 있었다. …(중략)… 헌병이 한 사람씩 맡아가지고 땀을 씻어주며 지키고 있었다. 헌병이 물을 떠다 먹였다. 담배도 주었다. …(중략)… 그들은 말뚝에 동쳐 묶인 채로 묵묵히 세례를 받았다. 대기했던 헌병들이 기계같이 움직였다. '패앵' 자못 요란한 소리가 충천했다. 붉은 피가 흘렀다. 나는 아찔하여 땅에 주저앉았다.(『대구매일』1950.8.14)

이 글을 쓴 작가 최정희는 관 뚜껑에 '터엉 텅' 박는 은정 소리가 하늘에 닿는 듯 높았다고 했다. 구경꾼들 가운데는 "잘 먹고 잘 놀다 죽었다"는 사람도 있었고, "죽음으로 청산했으니 이제 더 말할 것이 없을 것"이라는 사람도 있었다.

국민방위군 사건 조사 일지

1951년 1월	제2대 국회 국민방위군 예산 횡령 및 관리 소홀에 대한 문제 제기
1951년 3월	국회 진상조사 "예산 영달을 위한 허위 인원 조작, 예산 지급 시 선공제, 납품 허위 기재, 횡령 및 상납과 국방위 최고위층의 비호 심각"
1951년 4월	국민방위군 폐지에 관한 법률안 국회 통과
1951년 7월	국방부 재조사 시작 국방부 "제2국민병 징집 총수 68,0350명, 사망자 수 1,234명, 행려사망자 불명, 교육대 수용 인원 298,124명" 조사 결과 발표
1951년 8월	국민방위군 사령관, 부사령관, 재무시장, 조달과장, 보급과장 처형
⋮	
2007년 8월	진실화해위원회, 국민방위군 사건 조사 시작
2010년 6월	진실화해위원회, 조사 완료
2010년 9월	진실화해위원회, "정부에 피해 조사와 공식적 사과 요구"

걸주(桀紂)가 부럽지 않은 주지육림

방위군 간부들이 가마니떼기로 돈을 쓴다는 소문은 과장이 아니었다. 국회 조사단이 대구 동인국민학교 방위군사령부에 들이닥쳤다. 조사단은 예산 불출(拂出) 장부 등 관련 서류 일체를 요구했지만 아무리 기다려도 그 서류들을 받아볼 수가 없었다.

"며칠 말미를 주시면 완비하여 보고드리겠습니다."

김윤근 사령관은 고분고분한 태도로 제출 연기를 간청했다. 그러나 며칠이 지나도록 그 서류는 제출되지 않았다. 애초에 작성이 안 되었거나, 작성되었어도 이중장부로 된 것을 어떻게 내보이겠는가.

서민호(徐珉濠) 의원이 사령부 보유 현금을 질문하자, 김윤근은 구석진 방으로 그를 안내했다. 책상 옆에는 500원권과 1천 원권 돈다발이 높이 쌓여 있었다. "전부 10억 원 정도 되는데, 아마 1억 원쯤 썼을 것이니 9억 원 정도 남아 있을 겁니다."

모든 게 이런 식이었다. 돈을 그렇게 주먹구구로 쓰고 있었다. 사령관 부사령관이 세지 않고 뭉텅이 돈을 쓴다는 항간의 쑥덕거림이 사실로 증명되었다.

　서 의원이 방위군사령부가 엿공장을 만들어 돈놀이를 하고 있다더라는 의혹을 들이대자, "장병들에게 간식용으로 젤리를 만들어 먹이고 있다"고 했다. 공장이라는 데를 가보자 했다. 거기에는 빈 드럼통 몇 개가 나뒹굴고 있을 뿐이었다. 대구 시내 하청공장에 일을 주었기 때문이라는 것이었다.

　하청공장에도 가 보았다. 커다란 솥 4개가 걸려 있었다. 하루 10가마 정도의 용량이었다. 그런데 장부에는 하루 250가마가 소비된 것으로 돼 있었다. 가마당 2만 5천 원씩에 쌀을 구입했고, 젤리 제조용 찹쌀은 12만 원씩에 사 들였다고 적혀 있었다. 쌀값이 제일 비쌌던 서울에서도 한 가마에 1만 2천 원 정도였던 시절이다. 4개의 가마솥으로 어떻게 그 많은 쌀을 소화했다는 것인지, 찹쌀 값은 왜 그리 비싸게 적혀 있는지, 묻고 따지고 의심할 일은 끝도 없었다.

　다른 장부에는 미곡 운송용 트럭 250대를 구입한 것으로 돼 있었다. "그 차들이 다 어디 있느냐"는 물음에 사실은 20대만 구입했다고 실토했다. 나머지는 필요할 때마다 임대하여 쓰고 있다는 것이었다. 230대의 트럭 값이 어디로 갔는지는 물어볼 필요도 없는 일이었다.

　조사를 마치고 떠날 때 김 사령관은 "수고들 하셨으니 요정에 가서 식사나 하시지요"라고 했다. 조사단이 들은 체 만 체하자 그는 커다란 상자 하나씩을 내밀었다. "좋은 담배입니다. 오신 기념으로……." 의심스러워 열어보니 상자 안에 1천 원권 빳빳한 지폐가 가득 들어 있었다. 물리치는 조사단을 그는 겸연쩍게 바라보았다.

　그렇게 생산된 엿과 젤리가 장병들에게 공급된 것은 물론 아니었다. 시중에 팔아 얻은 이익을 간부들끼리 나누었다. 어떤 자는 돈놀이를 하고, 어떤 자는 부산이나 마산 등지에 둔 첩에게 집을 사주기도 했다. 첩을 둘, 셋 거느린 자도 있었다.

'육본 국방부 경무대가 모두가 한통속'이라는 비난을 피할 길이 있겠는가. 세상 여론이 왜 그리 격앙되었던지, 그들은 몰랐던가.

군 검찰관으로 조사를 담당했던 김태청 중령은 그들이 매일 밤 대구 금호정(琴湖亭)이라는 요정에 많은 돈을 뿌렸다는 후일담을 남겼다. 수표가 귀하던 시절이어서 술값과 팁을 모두 현찰로 주었기 때문에, 한 번 갈 때마다 부관이 큰 트렁크에 돈을 가득 넣어 지프차에 싣고 갔다 한다. 돈을 세지도 않고 다발째로 밥값, 술값, 팁을 주었다. 예산이 나오는 날은 트럭으로 운송된 돈을 창고에 넣고 보초를 세웠다.

연회 때마다 기가 막히는 장면이 연출되었다. 거나해진 사령관 또는 부사령관이 지루하다는 듯, 돈다발을 풀어 한 움큼씩 잡고 선 채로 돈을 뿌린다. 기녀들이 서로 돈을 집으려고 야단법석이 벌어진다. 그러면 재미있다고 박장대소가 터지고, 돈은 술상 위로 방석 위로 계속 뿌려진다. 걸주(桀紂, 중국 하나라와 은나라의 폭군)의 주지육림이 따로 없는 광경이었다.

소설보다 희한한 사실에 기가 막혔던 김태청 중령은 군사재판 구형 공판 때 춘향전 이몽룡의 암행어사 출두시를 패러디하여, 다음과 같은 자작시를 낭독하여 화제가 되었다.

金樽美酒民兵血 금준미주는 민병의 피요
玉盤佳肴壯丁膏 옥반가효는 장정의 기름이고

項目流時兵淚流 예산항목 흐를 때 병사 눈물 흐르고
笑聲高處哭聲高 웃음소리 높은 곳에 곡소리 높네

"재판관 여러분, 원망 어린 목소리가 들려오고 있습니다. 비참하게 쓰러진 애국장정의 통곡 소리가 하늘을 뒤덮고 있습니다."

이런 호소 끝에 김윤근 사령관 이하 5명의 간부들에게 사형을 구형했다. 재판이 끝난 다음 사석에서 "그들은 돈을 물처럼 쓰는데 나는 물이라도 그렇게 써보았으면 한이 없겠다"고 한숨을 쉬었다.

사실 부산, 대구 피란 시절 물을 마음대로 써본 사람은 없었다. 도시의 수도 사정이 좋지 않은 시대이기도 했지만, 갑자기 들이닥친 피란민 때문에 우물이나 공동수돗간마다 전쟁터 같았다. 오래 줄을 서 차례를 기다린 끝에 겨우 한두 통 받아가는 물을 어떻게 헤프게 쓸 수 있었겠는가.

이런 시대에 부사령관 윤익헌의 연간 기밀비가 무려 3억 1,755만 원이었다. 집무실 옆 부속실엔 언제나 현금 뭉치가 수북이 쌓여 있었다. 방위군 업무를 감독하는 상급기관 요인이나 정치적으로 이용 가치가 있는 국회의원 정부관리 등에게 집히는 대로 돈다발을 돌렸다. 그 엄청난 기밀비가 용납된 사실부터가 구린내 나는 일 아니었던가.

당시 정부기관 감찰위원회의 1년 예산이 3천만 원 정도였던 데에 비하면, 벌어진 입을 다물기 어렵다. 부사령관이 그랬는데 사령관은 어땠을까. 자료가 남아 있지 않아 짐작뿐이지만, 이보다 적지는 않았을 것이다. 함께 사형을 당한 그 아래 참모들도 그러지 않았다는 보장이 있겠는가.

비호세력이 없었다면

       6·25 역사 최대 사건이라 할 이 일은 권력자들의 철저한 비호가 있어서 가능했다. 자기들 입맛에 맞는 자를 앉히고 마음껏 해먹고 눈감아주지 않았다면, 사람의 배포가 그토록 클 수는 없다. 그 범죄의 단초는 철저한 내 사람 앉히기 인사였다.

    지난날 인기리에 방영되었던 드라마 〈야인시대〉에 장군의 아들 김두한(金斗漢)으로 분한 탤런트 김영철이 신문에 보도된 방위군 사건 기사에 혀를 차면서, "나더러 사령관직을 맡으라는 걸 사양했다"고 말하는 장면이 나온다. 군대 경력도 없지만 정부가 하는 일이 못마땅해서 물리쳤다는 말이었다. 이 이야기는 사실이었다. 그 자신이 유명하기도 했지만 김좌진(金佐鎭) 장군 아들이라는 명함을 이용하려 했을 것이다.

    그다음으로 천거된 사람이 김윤근이었다. 그는 신성모의 친구의 사위였다. 체격도 우람하고 성격이 우직해 믿을 만한 사람으로 보았던 것이다. 씨름선수 출신이지만 유도 고단자였고, 우익 청년계에 이름이 많이 알려진 인물이었다. 또 현직 대한청년단장이었으니 그만한 인물도 찾기 어렵다 했다.

신 장관의 천거에는 물론 대통령 재가가 필요했다. 대통령도 마음에 든 모양이었다. 한홍구의 『대한민국사』에 따르면 방위군 사건으로 시끄러울 때 이 대통령은 김윤근의 성명을 받아 응원까지 했다.

국회의 공격을 받은 김윤근이 1951년 1월 8일 "우리 앞에는 국민방위군 50만 명이 있고, 먹을 식량이 있고, 산같이 쌓인 군기군물(軍器軍物)이 있다"는 성명을 냈다. 다음 날 이 대통령은 이 말을 상기시키는 발언을 했다.

"방위군이 8일 발표한 성명과 같이, 우리는 방위군과 청년단 수십만 명을 앞세우고 다 일어나서 인해전을 인해전으로 막아야 합니다."

대통령은 김윤근을 앞세우고 대구 시가지를 순시하기도 했다. 1951년 2월에는 온양 방위사관학교 졸업식에 참석해 훈시로 지도부를 격려해주었다.

그때까지 방위대 실상을 몰라서 그랬을 것이라고? 그렇지 않았다. 대통령은 속속들이 알고 있었다. 이승만 대통령 기록물로 남은 대통령 지시사항 '제2국민병 모집에 관한 건'이 그 증거다. 수신자가 '국방부장관 경유'로 '정일권 총참모장, 김윤근 사령관 귀하'라고 되어 있는 1951년 1월 11일자 지시사항은 다음과 같다.

제2국민병 모집책은 국가의 장원한 계획이니 절대로 추진시켜야 될 것이나, 제1국 민병에도 등록수효가 적당한 것을 무기가 없어서 추진치 못하고 있는 이 때에 제2국민병 모집을 위해서 이 어려운 때에 많은 사람을 강제로 이동시켜서 여러 백리를 돌아서 남하시키는 도중에 상당한 식물과 숙식 처소를 상당히 준비하지 못하고 오게 하매, 그 고생과 곤란이 심할뿐더러 혹 도중에서 ○○에 죽는 사람이 있다는 보고가 있으니 급하지 않는 한은 일을 복잡하게 시작해서 민간에 소동을 시키게 된다면 유사에 도로히 불리하고 민생에 손실될 것임으로 지금이라도 달리 생각해서 편의를 주어가면서 서서히 할 도리가 있으면, 민간의 악질 선전자료를 막을 것이오, 만일 기왕 시작한 일을 변경하거나 중지키 어려우면 무슨 준비가 있어서 ○히 곤란을 주지 않고 될 수 있다면 좋을 것이니 모든 당국들과 긴절히 토의하고 작정해서 보고하며…(후략)… (진실화해위, 『2010년 종합보고서』, 2010)

구식 문투로 보아 이승만 대통령이 직접 작성한 문서로 보인다. 위 지시사항을 살펴보면 두 가지 사실을 발견할 수 있다.

첫째, 수십만의 국민방위군을 징집한다 해도 지급할 무기와 보급물자 및 숙소가 부족하다는 사실을 이 대통령은 잘 알고 있었다. 둘째, 이 대통령은 국민방위군을 강제로 수백 킬로미터를 이동시키고 있으며, 그 와중에 고생이 심하고 심지어 사망자가 발생하고 있다는 것도 인지하고 있었다.

조병옥 내무장관은 1951년 1월 부산 경무대(구 경남도지사 관사)로 이승만 대통령을 찾아가 거지꼴로 죽은 방위군 장정들 시체 사진과, 넝마 같은 옷가지 등 물증을 내놓았다. 신성모 장관과 김윤근 사령관을 처벌해달라는 것이었다. 그러나 대통령은 그럴 리가 없다, 잘못 알았다, 이러면서 두 사람을 두둔했다.

6·25 당시 임시 경무대로 쓰인 부산
경남지사 관사(왼쪽)와 부산 경무대
기념관에 마련된 이승만 밀랍상

양곡권 문제로 신성모 장관과 사이가 틀어진 조 장관 역시 호락호
락 넘어갈 사람은 아니었다. 사진과 물증을 들이대며 다 사실이라고
말하자, 대통령은 역정을 냈다. 조 장관도 따라서 언성을 높였다. 이
일로 둘 사이에 금이 가, 신성모 장관 경질 때 조 장관도 함께 퇴출되
었다.

그때까지 이승만 대통령의 최측근 중 한 사람이었던 윤보선도 뒤
따라 경무대에 들어가, 두 사람의 처벌을 요구했다. 결과는 조 장관
때와 다르지 않았다. 그 일로 두 사람 사이도 틀어졌다.

이렇게 대통령의 비호를 받은 신성모는 기고만장 안하무인이었
다. 노골적으로 김윤근을 싸고돌았다. 국회의원들쯤 무서울 것 없다
는 태도였다. 국회가 국민방위군 의혹 사건 특별조사위원회를 꾸려
조사에 착수하자, 신 장관은 발끈하여 성명을 발표했다.

"국방부 장관 책임하에 있는 본 사건의 책임자 김윤근 사령관을
국회에서 조사한다는 것은 부당하다."

국회를 정부의 한 부처쯤으로 여기지 않고야 어떻게 이런 말을 할

수가 있는가. 최종 책임자인 대통령을 겨냥한 일로 여겨 방패막이 전사라고 자처하지 않았다면 나올 수 없는 말이었다. 대한청년단 총재가 이 대통령이었고, 단장이 자신이었으며, 김윤근이 청년단과 청년방위대 조직으로 꾸려진 국민방위군이라는 것을 모를 사람은 없었다. 그래서 제 발이 저렸을 것이다.

어쨌거나 물은 엎질러졌고, 헌병사령부와 군 검찰이 나섰다. 수사와 재판을 각오하지 않을 수 없는 상황이 되었다. 그는 직권을 이용하여 재판장에 자기 친구 이선근 대령을 앉혔다. 수사를 방해하고 수하들을 풀어 국회의원들을 협박하기도 했다. 그 타깃은 제일 활발히 조사활동을 하던 서민호 의원이었다. 이승만 대통령이 그에게 서신을 보내 진상조사 중간 발표를 중지하도록 종용한 날이었다. 신 장관은 국회가 들어 있는 부산극장에 방위군사령부 간부들을 보내 서 의원을 '회유'하도록 지시했다.

"귀하의 배때기가 철판으로 돼 있지는 않겠지!"

극장 앞에서 서성거리던 10여 명의 방위군 장교 가운데, 중령 한 사람이 서 의원 앞을 가로막으며 내뱉은 말이다.

이런 수모를 당한 서 의원이 겁을 먹을 사람이었을까. 그 치졸한 협박은 서 의원이 자신을 미행하는 현역 대위를 총으로 쏘아 죽인 '서민호 의원 사건'의 발단이었다. 방위군 사건이 마무리된 지 1년이 지난 1952년 5월 전남 순천에서 일어난 사건이다.

제3장

수복 후의 피바람

6·25 부역자 처단

피란 못 간 죄

6 · 25전쟁 발발 당시 서울의 인구는 144만 6천 명이었다. 이 가운데 피란을 간 사람은 약 40만 정도였고, 100만 이상은 서울에 남겨졌다. 피란 간 사람들은 대부분 광복 후 북의 공산화 정권을 피해 내려온 월남민(80%)과 특권층이었다.

그들은 인민군 세상이 되면 큰일 날 사람들이었으니, 결사적으로 서울을 떠나갔다. 특권층은 자기들 지위와 정보력을 이용하여 대통령의 뒤를 따랐다.

피란을 가지 못한 사람들 입장에서는 열패감을 느끼지 않을 수 없는 일이었다.

남겨진 사람들이 남으려고 해서

인공 치하 서울 거리에서 스탈린과 김일성 초상화를 들고 행진하는 학생들

9 · 28 수복전 때 파괴된 서울 거리에서 잔적을 소탕하는 국군과 미군
(The Archive of Korean Histoy)

남았겠는가. 한강 다리가 끊겨 발이 묶이지 않았던가. 신문과 방송 보도는 연일 서울을 사수한다 하고, 미국이 돕기로 했으니 좀 참고 기다려달라는 대통령 육성 방송을 철석같이 믿고 기다린 사람들이었다. 뒤늦게 상황을 파악하고 피란을 서둘러보았으나, 인민군 세상이 먼저 왔다.

기적같이 전세가 역전되어 3개월 만에 서울이 수복되자, 피란을 가지 못한 것이 큰 죄가 되었다. 이른바 '잔류파' 부역 논란이었다. 피란을 간 사람과 못 간 사람 두 갈래로 나뉘어, 서로가 서로를 비난하고 삿대질을 했다.

'도강파'들은 그간 잔류파들의 부역 행위를 나쁘다 했고, 잔류파들은 고생한 사람들에게 위로는 못 해줄망정 무슨 적반하장이냐고 얼굴을 붉혔다. "도강파는 1등 국민, 잔류파는 2등 국민"이란 말까지

9 · 28 수복 후 서울 주택가를 돌며 부역자들을 연행하고 있다.

나왔다.

9 · 28 서울 수복으로 복귀한 국가기관은 제1성으로 잔류파 시민들을 부역자로 몰아 일대 검거 선풍을 일으켰다. 잔류파는 위축되고, 도강파는 기가 살았다. 도강파는 당연하다는 반응이었고, 잔류파는 펄펄 뛰면서 억울하다 했다.

박완서는 소설『그 산이 정말 거기 있었을까』에서 "욕먹을 소리지만 이런저런 세상 다 겪어보고 나니 차라리 일제시대가 나았다 싶은 적이 다 있다니까요. 아무리 압박과 무시를 당했다지만 그래도 그때는 우리 민족, 내 식구끼리는 얼마나 잘 뭉치고 감쌌어요. 그러던 우리가 지금 이게 뭡니까. 이런 놈의 전쟁이 세상에 어딨겠어요. 같은 민족끼리 불구대천의 원수가 되어 형제 간에 총질하고, 부부 간에 이

9·28 수복 후 주택가를 돌며 잔적을 수색하는 군인들.

별하고, 모자 간에 웬수지고, 이웃끼리 고발하고, 한 핏줄을 산산이
흩뜨려 척을 지게 만들어 놓고 있으니……"라고 말한다. "차라리 일
제시대가 나았다"는 작중 인물의 푸념이 그 시대 서울 사람 공통 정
서였다면, 어떤 분위기였는지 짐작이 갈 것이다.『그 산이 정말 거기
있었을까』는 소설이라기보다 스무 살 처녀 박완서가 겪은 적치 90일
의 실록이다. 그는 인민군 세상에서 3개월간 가족을 부양했다. 양심
같은 것은 내팽개치고 빈집들을 뒤져 식량을 찾아야 했던 경험에서
부터, 9·28 이후 인민군에게 북으로 끌려가다가 용케 도망쳐 온 이
야기까지가 다 실화다.

　수복 직후 그는 부역 혐의로 서울 성북경찰서에 끌려갔다. 항의와
통사정이 통하지 않았던 듯, 그는 경찰서 정문에 들어서자마자 발악

하기 시작한다. "그래, 우리 집안은 다 빨갱이다. 둘째 작은아버지도 빨갱이로 몰려 사형당했고, 국민을 인민군 치하에 팽개치고 즈네들만 도망갔다가 와가지고 인민군 밥해준 것도 죄라고 사형시키는 이런 나라는 나도 살고 싶지 않아. 죽여라, 죽여! 작은아버진 인민군에게 소주를 과먹였으니 죽어 싸지. 재강 얻어먹고 취해서 죽은 딸년의 술 냄새가 땅속에서 아직 가시지도 않았을라. 우리는 이렇게 지지리도 못난 족속이다. 이래 죽이고 저래 죽이고, 여기서 빼가고 저기서 빼가고, 양쪽에서 쓸 만한 인재는 체질하고 키질해서 죽이지 않으면 데려가고, 지금 서울에는 쭉정이밖에 더 남았나? 그래도 부족해서 체질이냐? 그까짓 쭉정이들 한꺼번에 불 싸질러버리고 말지!"

인민군 치하에서 고생 많았다는 위로는 고사하고, 인민군 밥 해주었다고 빨갱이 취급이니 악에 받치지 않을 사람이 있겠는가. 동네 사람 고발로 가택수색을 당하고, 숙부와 숙모는 알 수 없는 사람들에게 끌려가 이유도 모른 채 죽임을 당했다. 파출소에서, 우익 단체에서 오라 가라 괴롭히더니, 드디어 경찰서로 끌려갔다.

그런데 믿지 못할 일이 일어났다. 잡아온 '범인'이 악을 쓴다고 놓아준 경찰도 있었으니, 세상사 참으로 모를 일이었다. 그 일로 경찰은 그에게 무급이지만 일자리까지 알선해주었다.

부역 사건은 전국 방방곡곡에서 일어났다. 9·28 수복으로 인민군이 쫓겨간 뒤 마을마다 예외 없이 피바람이 불었다. 부산, 대구를 둘러싼 경남북 일부 미점령 지역을 제외하고는 어김 없이 보복과 역보복이 꼬리를 물고 일어났다.

인공 시절 완장을 차고 설치며 우익 인사들을 반동으로 몰았던 자들이 사형(私刑)의 대상이었다. 있는 집에서 머슴살이, 고용살이를 하며 쌓였던 원한을 푼다고 심하게 설치던 부류가 주된 대상이었다. 경찰이 돌아오기 전에 마을마다 조직된 자체 치안대에 의해 부역자 처형 바람이 일어났다.

총이 없으니 죽창과 돌과 몽둥이가 춤을 춘 보복극이었다. 한국전쟁유족회(회장 김복영)가 수집한 사례 자료에는 차마 인용하기 어려운 내용이 들어 있다.

크고 작은 학살 현장에서는 인간의 탈을 쓴 짐승들의 향연이 난무했다. 전국 방방곡곡에 인권유린의 전시장이 설치되었고, 눈 뜨고는 볼 수 없는 반인륜적 행위들이 자행되었다. 부녀자의 강간 능욕은 기본이고, 젖가슴 난자 살해 후 암매장, 알몸 고문, 부자 간 뺨 때리기, 며느리 말 태우기, 친족 간에 생피붙이고 덕석말아 굴리는 장면까지 연출되었다.

사람을 죽이고 재산을 빼앗고, 심지어는 죽은 이의 부인을 강제로 첩으로 삼기까지 했는데, 천덕꾸러기가 된 남편의 아들은 문전걸식하는 거지가 되고 여자는 미쳐버렸다. 사람들을 상대로 일본도와 M1 소총의 성능을 실험하고 죽음까지도 실험 관찰하고, 가족이 총맞아 쓰러질 때 만세를 부르게 하고, 죽은 아들의 간을 입에 물고 돌아다니게 하는 등의 천인공노할 만행도 저질렀다. 일가족 몰살로 빈 집이 속출했고, 토벌군이 휩쓸고 간 마을은 잿더미로 변했다.(한국전쟁유족회, 「100만 민간인 학살개요」 홍보자료)

1950년 10월 4일 서울에 군경합동수사부(합수부)가 설치되었다. "사사 감정 혹은 기타 불완전한 정보로 양민들의 피검 사건도 많아서, 수사기관의 과학적 활동이 요망되어 계엄사령관 지휘 아래 합수부 활동을 시작하게 되었다"는 게 그 취지였다. 육군특무대장 김창룡(金昌龍) 대령이 합수부장에 취임했다.

'사사로운 감정에 의한 사건도 수사 대상'이라는 말이 부역자 검거 선풍의 위력을 짐작게 했다. 사람들을 더욱 긴장게 한 것은 악명 높은 김창룡이 합수본부장이라는 사실이었다. 합수부는 대통령 직속 기관이어서 그는 누구의 지휘도 받지 않고 전권을 휘둘렀다.

일본군 헌병 오장 출신인 김창룡은 광복 후 월남하여 경비사관학교를 나와 육군 소위가 되었다. 그는 육군 정보국 근무 때부터 악명을 떨치기 시작했는데, 특히 군내 좌익 색출과 처벌에 실적을 쌓아 이승만 대통령의 총애를 한몸에 받았다. 고속 승진과 요직이 보장되었던 그는 일본 헌병 뺨치는 악행으로 좌익 수사계에서 악명을 떨쳤다. 빨갱이가 없으면 만들어낸다는 사람이었다.

서울의 각 경찰서에는 동사무소를 통하여 반원들과 연대책임하에 부역자들을 적발, 명부를 행정청에 제출하라는 지시가 하달되었다. "선량한 시민의 신분을 보장하고 악질도배를 소탕하여 치안을 확보하기 위해"라는 명분이 내걸렸지만, 실정은 그렇지 않았다.

보도연맹 사건 등 수많은 민간인 학살 사건의 경우와 다르지 않았다. 경찰서별로, 파출소별로, 더 많은 검거 실적을 올리려는 경쟁이 '손가락 총' 이야기까지 낳았다. 저 사람이 부역자요, 하는 손가락질 한 번에 사람들이 끌려가 총에 맞아 죽었다는 이야기가 동네 쑥덕공

시신을 확인하고 오열하는 유족들

론에 자주 올랐다.

이런 상황은 수복 전 부산에서 나온 대통령 경고문으로 증명되었다. 1950년 9월 17일자 『부산일보』에 보도된 대통령 중대 경고 기사에 '전시 범법자 공개 포살

(砲殺)' 방침이 들어 있다. 포살은 총살이라는 말과 같은 뜻이지만, 총보다 몇 배나 큰 포를 쏘아 죽이겠다는 뜻으로 해석되어, 사람들을 바짝 위축시켰다. 전제군주 시대도 아니고, 이런 말로 백성을 겁박했다. 9월 22일 대통령 기자회견 때의 발언에도 그 심사가 드러난다.

살기 위해 부득이 공비들에게 협력한 자가 있을 것이니, 이에 대하여 정부로서는 그 진상을 조사케 하여 공론에 의하여 선처할 작정이다. 특히 남 모르게 공산 도배와 연락하는 따위의 박쥐 노릇을 한 자도 있을 것이다. 이러한 붕당 무리들은 단연코 허용치 않을 것이다. …(중략)… 공산당이었다면 부모 형제 간이라도 용서치 말고 처단토록 해야 할 것이다.(신기철, 『진실, 국가범죄를 말하다』, 자리, 2011)

'박쥐 노릇'이라는 말이 대통령 입에서 나왔다. 서울 시민을 적 치하에 남겨두어 온갖 고초를 겪게 한 일에는 한마디 언급도 없이, 죽지 못해 한 일을 그렇게 말하는 대통령이었다. 부모 형제 간이라도 공산당은 용서치 않겠다면, 그가 바라는 반공사상이 인륜을 초월하는 절대 선이었던가.

이에 자극을 받은 국회는 1950년 9월 29일 부역 행위 처리에 신중을 기하고, 처벌의 감면을 골자로 한 부역행위특별처리법안을 통과시켰다. 그러자 정부는 "이 법과 동일한 취지로 사

민간인 희생자는 구덩이에 던져져 매장도 되지 못했다.

건을 처리하고 있으니 법률안 제정의 필요성이 없다"는 이유를 들어, 국회에 법안 재의를 요구했다. 이에 국회가 128 대 2라는 압도적 반대로 법안을 재가결하자 도리 없이 공포는 했다. 그렇지만 1951년 5월 24일 합수부 해체 때까지 법 시행은 백안시되었다.

대통령 의중을 파악한 신성모 장관은 10월 초 "추호의 용허도 없이 처단할 방침"임을 밝혔고, 서상환 검찰총장은 11월 중순 "가능한 한 관대하게 처벌하겠다"고 다른 소리를 했다. 그러나 이때는 벌써 부역 혐의자들에 대한 불법 총살이 거의 끝나갈 무렵이었다.

그 시절 서울 서대문구 홍제동은 '처형의 언덕'이란 말로 유명했다. 외국 신문과 방송이 그렇게 불렀기 때문이다. 한국의『합동통신』, 『연합통신』을 인용한 외국 신문들의 보도 내용은 다음과 같다.

한국 경찰이 12월 16일 영국군 29여단 기지 내에서 34명의 죄수를

트럭에서 내리게 한 뒤 참호 앞에 무릎이 꿇려진 상태에서 총살했다. 두 명의 여성과 두 명의 아이(8세, 13세)가 포함된 것을 보았다는 목격자가 있다. 많은 영국군 미군 병사들도 이를 목격했다. 기자들은 이 처형이 한국에서 일어나고 있는 여러 사건 중의 하나라고 말했다. 한 기자는 34명이 묻힌 장소에서 수백 명의 시체를 발견했다고 말했으며, 영국군은 이 사건으로 매우 흥분한 것으로 보인다고 말했다. 사건 다음 날 아침 영국 군인들은 또 다시 죄수들을 데리고 나타난 한국 경찰들의 무장을 해제시켰고, 죄수들을 묻으려고 판 참호들을 다시 덮으라고 명령했다. 합동통신 12월 17일자에 의하면 한국인들이 끌려 나와 처형의 언덕에서 총살됐다. 영·미군 눈을 피하려고 재소자들을 구덩이 속에 엎드리게 했다. 한국 헌병들은 재소자들을 사살한 후 흙으로 묻는 동안 유엔군의 접근을 막았다.

유엔감시단이 시신을 발굴하고, 영군 29여단장이 부하 장교들에게 "더 이상 참지 못하겠다"고 말한 지 불과 2시간 만에 또 다시 처형이 이루어진 것이다.

『연합통신』 12월 18일자 기사에 의하면, 이승만 대통령은 군사적 상황과 군사시설의 부족을 고려하여 '빨갱이들'에 대한 처형을 신속하게 할 것을 지시했다. 이승만은 10월 이후 서울지방법원에서 유죄를 선고받은 사람이 391명이며, 그중 우선 242명이 처형되었다고 말했다(이임하,「한국전쟁기 부역자 처벌」).

이에 앞선 1950년 10월 25일자『런던 타임스』에도 9·28 수복 이후 서울에 대한 이야기와 사진이 게재됐다. 내용은 "부역자에 대한 보복이 공산주의자들이 저지른 잔학 행위보다 못할 것 없다"는 것이었다. 이런 기사가 연일 미국과 영국 신문의 톱을 장식하자 미국 국무장관은 주한 미국 대사에게 상황을 보고토록 지시하기도 했다.

그렇게 잡혀가 죽거나 고초를 겪은 사람이 얼마나 되는 것일까. 이 질문에는 착시 현상을 일으킬 두 가지 통계가 있다.

1984년 10월 2일 정부가 발표한 6·25 부역자 수는 5만여 명이었다. 그해 개천절 특사와 함께 6·25 부역자들의 신원기록을 모두 삭제하겠다는 것이었다. 부역자로 형사처벌 받은 사람들의 '주홍글자'를 호적에서 지워주겠다는 선심은 크게 환영을 받았다.

그런데 1973년 내무부 치안국이 펴낸 『경찰 10년사』에는 수사 당국이 처리한 부역자 총수를 55만 905명으로 밝히고 있다. 이들이 각각 어떤 처분을 받았는지는 기록에 없다. 자수 및 검거자 숫자와 일부 성분만 적혀 있다. 그 내역은 자수자 39만 7,090명, 검거자 15만 3,925명이다. 이중 북한군 1,448명, 중국군 28명, 유격대 9,979명, 노동당원 7,661명 등 1만 9,116명을 제외하면, 대부분 강압에 의하여 부득이하게 부역한 자들이었다고 기록돼 있다. 55만 가운데 53만이 강압에 의한 부역, 즉 처벌 사유가 경미한 사람들이라는 것을 경찰 스스로 인정한 것이다.

전체 55만 중 정부가 사상불온이라는 '주홍글자'를 지워주겠다고 한 5만은 기소되어 징역형 또는 사형선고를 받았을 것이다. 그러면 나머지 50만 명은 어떻게 처리되었는가? 이 의문에 대한 해답을 말해줄 기록은 없다. 정부의 강경 방침과 사회 분위기로 보아 석방자가 소수였음은 누구나 짐작할 수 있다.

부역자 처벌이 얼마나 무서웠는가 보여주는 사례가 있다. 등화관제 틈을 타 전구 하나를 빼간 절도 혐의자가 '부역 도둑질'로 기소되어 10년형을 선고받았다. '부역'이란 말이 붙으면 이런 경미한 범죄도 그렇게 처리되었다. 그런 세상이었으니 50만 가운데 중형을 선고받은 사람이 얼마나 되었을지 짐작이 갈 것이다.

서울의 경우 부역자 재판과 형 집행이 1950년 10월 하순부터 시작되었다. 비상계엄령 아래 모든 재판은 군법회의에서 이루어졌다. 서울에서는 계엄중앙고등군법회의와 서울지구고등군법회의에 8명의 판사가 동원되었다. 경인지구계엄사령부 집계에 따르면 11월 25일 현재 사형선고자는 총 877명이었다. 1만 5천여 명을 군법회의에서 다 소화할 수가 없어, 민간법정의 지원을 받아야 했다.

당시의 상황을 짐작게 할 만한 자료가 또 있다. 1950년 11월 27일자 서울발 UP통신을 인용한 1951년 11월 27일 『부산일보』 보도에 의하면 "한국정부는 공산주의에 협력한 혐의로 체포되어 유죄 판결을 받은 877명 중 322명에 대한 사형을 집행했다고 25일 다음과 같이 발표했다. 서울지방재판소에서 사형을 선고한 322명의 공산당 협력자는 24일 형을 집행했다. 11월 2일까지에 공산주의에 협력한 탓으로 한국에서 고발된 피고의 수는 2만 4,441명이며, 그중 여자가 3,820명이다. 이중 5,677명은 석방되었으며 2,169명은 심의 중이다. 방금 당국에서는 4,568명의 기소를 준비 중에 있다."고 한다.

피고발자 2만 4,411명 가운데 석방자가 5,677명이라는 사실은 1만 8,734명이 형사처벌을 받았다는 이야기다. 기사가 정확하지 않아 판단이 어렵지만, 유죄 판결 877명 가운데 322명의 사형이 집행되었다는 것은 사형 판결 비율이 얼마나 높았던지 보여주는 자료다. 이를 전국의 법원에 대입시키면 전체 사형자 수를 어림할 수 있다.

이들은 B급으로 분류되어 법원으로 송치된 사람들이다. 군사재판에 회부된 A급들이 대부분 사형을 당한 사실을 고려하면, 사형에 처해진 사람이 얼마나 많을지 짐작할 수 있다.

재판이라는 형식을 거친 '사법살인'은 이렇게 추정이라도 해볼 수 있지만, A급 처형과 정부기관 복귀 전 군경 및 우익 단체에 의한 무법 처단 희생자 수는 헤아려볼 근거조차 없다.

신기철의『국민은 적이 아니다』에 따르면, 진실화해위 조사 당시 호남지구계엄사령부 고등군법회의 김형본은 현역군인이 재판장인 군법회의에서 하루 최대 150건의 재판이 열렸다고 말했다. 사건의 90%인 부역 사건은 범죄 내용을 보지도 않고 거의 사형이 언도되었다.

6·25 당시 전주경찰서장을 지낸 고 박병배(朴炳培) 의원은 수복 직후 자신이 경찰서에 돌아와 목격한 실태를 다음과 같이 전했다.

미 24사단 소속 일부 병력과 협동하여 9월 29일 전주에 진주한 나는 죽창 등을 가진 지방 청년들이 벌써 2천여 명의 부역자들을 체포해 놓고 있는 놀라운 광경에 직면했다. 대개 미숙한 경찰의 약식 신문을 거쳐 사찰주임 등이 등급을 대충 구분해놓으면 순회하는 법무장교가 왔을 때 1열 사형, 2열 무기징역, 3열 15년 징역 등으로 즉결되는 것이 당시 수복지구의 비상조치령 운용 실태였다. (김윤경,「한국전쟁기 부역자 처벌과 재심」)

신기철의『진실, 국가범죄를 말하다』에 따르면, 전국계엄사령부

법무부장 김종만 중령은 수복 직후인 10월 2일 경인지구 계엄사령관 이준식 준장과 함께 각 형무소와 경찰서를 둘러보았다. 이때 이미 각 경찰서 유치장과 형무소가 꽉 차 방공호에까지 감금된 부역자가 1만 5천여 명이었다.

수사 초기에 벌써 이렇게 수용 시설이 넘쳐났다면 그 후의 사정은 절로 짐작이 간다. 방공호까지 수용 시설로 쓰는데도 잡혀오는 사람은 나날이 늘었으니까, 경찰서마다 민경상담소를 차려놓고 시민들의 신고를 받았던 것이다. 감정이 상한 사람들의 손가락 총질이 끊임없이 접수되고, 그 보복 신고가 또 접수되었다.

빨리 '재고'를 처분할 수밖에 도리가 없었을 것이다. 그렇게 붙잡혀 들어오는 사람들은 합수부에 의하여 A, B, C, 3개 등급으로 분류되었다. A급 군사재판 회부, B급 경찰 송치, C급 석방이 처리 방침이었다.

재고 처분을 빨리 하는 사람이 유능한 일꾼이던 시절이다. 그러나 아무리 유능해도 업무에는 한계가 있는 법이다. 합수부라는 급조 팀이 그 많은 일거리를 어떻게 단기간에 소화할 수 있겠는가. 법원의 도움을 받았다지만 법원 인력에도 한계가 있다. 본래의 업무에도 허덕이는 데가 법원이다. 졸속 처리가 있게 마련이다. 그 틈새에 불법·무법 처리가 도사리고 있었다. 즉결처분이 그것이었다.

합수부 파견검사 오제도(吳制道)는 "6·25 전부터 좌익에 가담해 부역한 자와, '자신의 생명과 재산을 지키기 위해'라는 선을 뛰어넘어 적극적으로 부역했거나, 앞장서서 군경 가족을 적발 처단한 자 등을 '악질'로 규정했다"고 밝혔다.

이 기준만 엄격히 적용되었다면 큰 문제는 없었을 것이다. 옥석구분 없이 경쟁적으로 잡아들인 부역 피의자 범죄 사실을 단기간에 밝혀낼 수는 없었다. 자백을 얻어내기 위한 여러 수단이 가해졌다. 강압과 고문, 구타와 유혹이 따랐다. 증거와 진술 조작이 상시로 이루어졌다. 고문을 받다가 죽어 나가거나, 반죽음을 당하기가 일쑤였다.

그렇게 기소되어 법원으로 넘어오는 사건들이 법관을 괴롭혔다. 아무리 전시라 해도 어떻게 합수부 요구에 따르겠는가. 제일 괴로워했던 법관의 한 사람으로 서울지법 유병진(柳秉辰) 판사가 꼽힌다.

전시비상조치령(대통령 긴급명령 제1호)에 의한 재판은 단심제였다. 적색분자 제거를 이유로 사형, 무기, 또는 10년 이상 중형에 처하도록 돼 있었다. 자신의 판결 한 번에 사람의 목숨이 걸렸으니 얼마나 마음이 무거웠겠는가. 유병진 판사는 도강파였다. 그는 오랜 번민 끝에 자신에게 배당된 부역자들 대부분에게 무죄를 선고했다. 그 이유와 고민이 회고록에 남았다.

내가 만일 서울에 남아 있었다면 어떻게 되었을까. 나는 죄수들에게 내가 할 수 있는 이상의 것을 요구할 수 없다. …(중략)… 적 수중에 떨어진 시민들에게 무엇을 기대할 수 있는가? 총 한 자루 없이 항거하다 죽으라고 할 것인가? 그렇다면 피란이 최선의 길이었건만 그 기회조차 앗아버리고 거짓말만 하고 달아난 정부가 아니었던가. 우리가 일반 시민에게 지사의 민족의식을 요구할 수는 없으며 따라서 부역의 정도가 문제가 되는데, 그것은 민족의식에 대한 최소한도의 희망선(기대가능성)과 생에 대한 애착심 강도의 접촉점에서 그 기준을 그어야 할 것이다.(유병진, 『신태양』, 1957.7.)

그는 세상을 떠들썩하게 했던 죽산 조봉암(曺奉岩) 진보당 사건 재판에서 예상을 깨고 간첩 혐의에 무죄 판결을 내린 일로 유명했다. 없애야 할 정적의 간첩 혐의를 부정하자 이승만 대통령은 펄펄 뛰었다. 그 일로 용공판사가 된 그는 일찍 법복을 벗어야 했다. 그러나 그는 소신 있는 판사, 존경받는 법관이 되었다. 그런 사람이 많았다면 더 많은 부역자들이 목숨을 보전했을 것이다. 유감스럽게도 그런 법관이 많지는 않았다.

행방을 감춘 부역자 대신 가족이 끌려가 죽는 일도 있었다. 전제 군주 시대에도 없었던 대살(代殺)이 곳곳에서 횡행했다. 충남 아산군에서 발굴된 떼무덤에서 그 사례가 확인되었다.

2018년에 착수되어 2020년 4월에 끝난 아산군 배방읍 설화산 유해 발굴 조사에서 200여 구의 유골이 발굴되었다. 발굴 대원들은 두개골이 작고 팔다리 뼈가 가늘고 짧은 데 신경이 쓰여 더 조심스러웠다 한다. 미성년자 유골과 함께 어린이 장난감, 비녀, 치마, 저고리, 코고무신 같은 유품 50여 점이 나왔다. 장난감과 여성 유품이 대다수인 것이 집단 대살의 증거가 아니고는 설명이 안 된다. 행방을 감춘 가장을 대신해 끌려왔을 가능성 말고는 달리 추측할 수가 없지 않은가.

박선주 유해발굴단장(충북대 명예교수)은 발굴된 유해 대부분이 어린이와 부녀자인 경우는 처음이라고 놀라워했다. "이런 경우는 처음 봤어요. 내가 몇천 구를 발굴하고 다 감식 결과를 봐왔는데, 아이하고 여자들만 희생이 된 경우는 이번이 처음인 것 같아요. 한 살부터 열일곱 살까지는 일단 아동의 유해로 보는데, 열 살 내외가 한 40~50명 되는 것 같아요. 이렇게 어린 애들도 있잖아요. 유치가 겨우 나오고, 여기 이런 건 한 세 살 네 살밖에 안 되겠는데……."

발굴 소식은 즉시 보도되었지만 유가족들은 나타나지 않았다. 한 집안이 몰살당한 경우가 많아서 그런 게 아니겠느냐는 주민들 의견이 그럴듯하게 들렸다.

고양 금정굴 사건

　　인민군 점령 기간이 길었던 서울과 경기, 강원 지역에서는 경찰관서가 복귀하기 전 우익 청년조직 등에 의한 부역자 처단과 사형(私刑)이 많았다. 그 대표적 사례가 고양 금정굴 사건이다.

　경찰이 복귀하기 전 경기 고양·파주 지역에서는 수많은 '빨갱이 사냥' 사건이 일어났다. 태극단 등 자체 치안대가 저지른 보복 사형이었다. 경찰관서는 빠른 곳은 9월 말, 늦어도 10월 초 문을 열었다. 돌아온 군과 경찰이 상부로부터 부여받은 첫 번째 임무는 부역자 색출과 처벌이었다. 수복 전 자체 치안대에서 활동하던 우익 청년단원들이 부역자 색출과 처단에 동원되었다. 각 지역 인민위원회 간부, 여맹 등 산하단체 종사자, 인민군 환영대회 참석자, 인민군에게 식량을 제공했거나, 차량 선박 달구지 등 수송수단 제공자 등이 잡혀 들어갔다.

　부역 혐의자가 고양경찰서 관내에만 수백 명이었다. 신기철의 『진실, 국가범죄를 말하다』에 따르면, 10월 6일부터 25일경까지 약 20일

동안 일산서구 탄현동 황룡산 금정굴에서 총살을 당한 사람은 200여 명이다.

희생자들은 인민군의 강요로 마지못해 부역한 경우가 대부분이었다. 인민위원회 간부 등 진짜 부역자들은 9·28 수복과 동시에 피신했거나, 인민군을 따라 북으로 올라갔다. 경찰은 그 가족들을 붙잡아다 빨갱이 가족이라는 이름으로 처형했다. 대살(代殺)이었다.

금정굴 이외에 고양군 수산리, 대화리, 파주군 산남리 주민 등 200여 명은 행주 나루와 이산포 나루 사이 한강변에서 처형당했다. 또 덕이리의 흙구덩이, 성석리 뒷골계곡, 방공 구덩이, 현천리 공동묘지, 화전리 뒷산 등에서도 적게는 8명에서부터 많게는 20여 명씩 살해되었다.

이런 일들은 사건 후 40년이 되도록 까맣게 잊혔다. 세상에 의심이 제기된 것은 1990년 6월이었다. 고양시민회 김양원 회장이 마을 역사를 쓰려고 취재 중, 전쟁 당시 벌어진 학살 사건을 알게 되었다. 그렇게 처음 문제가 제기되고 나서, 금정굴 유해 발굴 사업까지는 또 5년 세월이 흘렀다.

보수단체의 반발과, 그에 동조하는 지자체장의 외면으로 시민들은 힘겨운 투쟁을 벌여야 했다. 유족회가 구성되고 농민회, 전교조, 항공대 총학생회, 용마피혁 노조 등 우군 단체들이 뭉쳐 진상 규명 운동이 벌어졌다. 그 결실이 1995년 9월 금정굴 유해 발굴 사업이었다. 그때 출토된 유골이 153구였다.

인골과 함께 나온 유물 중에는 한성상업중학교 교복 단추, 이병희

금정굴 출토 유골

인장, 박종원 인장, 해골에서 분리된 댕기머리 등이 있었다. 거울, 안약, 회중시계, 담뱃대, 신발, 비녀, 옷가지 등도 나왔고, 그들이 묶였던 삐삐선(군용 야전전화선)도 있었다. 교복 차림으로 피살된 학생, 댕기머리를 하고 총을 맞은 처녀는 피신자의 가족일 것이다.

경찰에 의한 무법 처단은 고양경찰서 사찰계 주임이 복귀한 10월 6일부터 시작되었다. A등급으로 분류된 사람들부터 경찰서 앞 공터로 불려 나가 삐삐선으로 두 팔이 묶였다. 의용경찰대원들이 눈을 부라리며 빨리 트럭에 타라고 윽박질렀다. 고개를 숙이고 앞으로 조여 앉으라고 몽둥이질을 했다.

잠시 달리는가 싶더니, 이내 차가 멎고 내리라 했다. 산길로 인도되어서는 빨리빨리 걸으라는 재촉이 빗발쳤다. 그렇게 끌려간 곳이 금정굴이었다. 한 번에 다섯 명에서 일곱 명씩 굴 입구에 앉혀놓고, 1미터 뒤에서 총을 쏘아 수직 갱도 안으로 떨어뜨렸다. 이런 학살이 20여 일간 계속되었다.

학살에 동원되었던 한 의용경찰대원의 진실화해위 조사 진술에 의하면 총살 집행에는 서장 이무영, 사찰 주임 이영근도 참여했다. 이무영 서장이 두 명을 직접 총살했고, 진술자 경찰 역시 경찰서장의 명에 따라

발굴 현장에서 나온 중학생 교표

서 3회에 걸쳐 5~6명을 총살했다고 실토했다. "계엄지구니까 죽이는 것이 합법적인 줄로 알았지요. 피살자 중에 내가 아는 사람은 서병철뿐이었습니다."

사람을 쏘아 죽이는 것을 지켜보았고, 자신도 사람을 죽였다는 사람의 진심이 너무 궁금하다. 경찰서장 명령이라서 합법적으로 알았다? 아무리 전시라도 내 나라 경찰이고 내 나라 군대인데, 그렇게 사람 죽이는 걸 당연하게 생각했다니 믿을 수 있겠는가.

죽으러 간다는 것을 뻔히 알면서도, 팔을 뒤로 묶이면서도, 저항하지 않은 백성은 또 무엇이었던가. 자기 목숨을 그렇게 쉽게 포기할 수 있는 것일까. 수많은 생죽음의 현장에서 죽지 않으려고, 끌려가지 않으려고, 묶이지 않으려고 저항하고 반항한 사례는 기록되지 않았다.

총이 무서워서? 죽는 것보다 무서운 게 무얼까. 차례차례 불려 나가 죽는 걸 보면서도 기적이 일어나기만을 기다린 것이었을까. 이왕 죽을 것이면 나는 죄가 없다, 부당하다, 재판을 받게 해달라…… 왜 이런 말 한 번을 못 했을까. 참으로 양 같은 백성들이었다.

하긴, 이런 생각도 인권이란 말이 일상어가 된 세상이니까 드는

것이겠다. 배우지 못하고 가진 것 없던 백성들에게 그 옛날 관은 바로 '하늘'이었다. 더구나 전쟁이 터져 계엄령 서슬이 시퍼럴 때 아니었던가. 괜스런 한탄으로 유족들에게 책 잡힐 말을 했구나 싶어 죄스러웠다.

오늘의 금정굴은 교통이 번잡한 길목에서 지척이다. 경의중앙선 탄현역에 내려 택시를 타면 기본요금 거리다. 고양시 일산동구 고봉산 삼거리에서 내린다. 고봉누리길 등산로로 접어들어 10여 분 걸으면 현장이다. 도로변에 '금정굴을 평화의 공원으로!'라는 구호가 적힌 큰 기둥이 높이 서 있어 찾기도 쉽다.

일산에서 파주로 올라가는 왕복 6차선 국도는 교통량이 많은 간선도로다. 어떻게 이런 곳을 학살 현장으로 택했을까, 이런 의문이 들었다. 그사이 일산이 서울의 거대한 베드타운이 되었고, 파주까지 서울 생활권이 된 지 오래이니 상전벽해란 말도 새삼스럽다.

등산로 초입에서 200여 미터쯤 산길을 오르니, 솔숲 길가에 천막으로 된 가건물이 하나 시야에 들어온다. 그 왼편으로 고속도로변 광고판 같은 높은 물체가 시야를 막아선다. 금정굴 사건을 널리 알리려고 시민단체가 세운 거대한 홍보 간판이다. 가건물 천막 창살 틈새로 안을 들여다본다. 갱구로 내려가는 계단이 있다.

그 굴속에 차곡차곡 쌓여 50년 세월을 기다렸을 원혼들을 생각하니, '죽으면 그만'이란 말이 실감났다. 수많은 등산객이 지나면서 무심히 나누는 말소리와 웃음소리, 도로에서 들려오는 교통 소음이 원혼들에게 얼마나 한이 되었을까. 그들이 살았던 집과 마을, 또는 운

고양시 금정굴 입구 표지판. 금정굴을 평화공원으로 만들자는 구호가 눈길을 끈다.
ⓒ문창재

몇처럼 땀 흘려 일하던 논과 밭은 하늘을 찌를 듯한 고층 아파트 숲
으로 변했는데……! 장에 가거나 서울 갈 때, 아랫말 웃말 마실 갈 때
오가던 신작로는 이렇게 차량으로 혼잡한 아스팔트 대로가 되었는
데……!

방방곡곡, 비탄의 산하

한국전쟁유족회의 김복영 회장은 "아직도 사람들이 '빨갱이니까 그랬던 것'이라는 세인의 인식에 절망감을 느낀다"고 말했다. 그는 "당연한 일인데 무슨 명예회복이냐"는 반응에 항변하다가 크게 싸울 뻔한 이야기를 털어놓았다. 몇 해 전 고향마을에 문상을 갔다가 동네 사람들과 어울린 자리에서였다. 이런저런 이야기 끝에 근황을 묻는 동네 선배에게 "전쟁 때 억울하게 죽은 민간인 유족회 일을 하고 있다"고 대답했다.

"그 사람들 빨갱이라서 죽은 건데 명예회복은 무슨 명예회복인가?"

"빨갱이면 그렇게 죽여도 되는 겁니까."

순간적으로 발끈한 김 회장이 이렇게 반응한 것이 사달이었다. 언성이 높아지고 같이 일어서 문 열고 나가는 순간, 주위 사람들이 말려서 별일은 없었다. 그는 친하게 지내는 동네 사람들이 아직 그런 생각을 가진 데 절망했다고 말했다. 지난 세월 주입식 반공 교육의

폐해가 이렇게 크다니……

그런 만행을 정당화시킨 '무찌르자 공산군, 때려잡자 김일성'식 전체주의 인식이 알게 모르게 노장층 의식 세계를 지배하고 있는 증거라는 생각이 들었다.

한국전쟁전후민간인희생자유가족회
김복영 회장 ⓒ문창재

충북 제천군 수산면 유지였던 표래은은 전형적인 우익 인사였다. 유복한 가정에서 태어나 서울과 일본으로 유학까지 다녀왔다. 향리에서 양복점을 운영하며 동네일에 열성적이던 그가 부역 혐의로 처형되었다. 인공 때 분주소(경찰지서) 일을 거들었기 때문이었다. 전쟁 전 의용소방대와 청년방위대에 함께 몸담았던 친구들의 권유를 물리치지 못한 게 재앙의 씨앗이었다.

박만순의 『기억전쟁』에 따르면 9·28 수복이 되자마자 표래은은 동료 8명과 함께 수산지서에 구금당했다. 인공 시절 지방 좌익들의 우익인사 학살 사건 연루 혐의였다.

사실 그 사건과 표래은 일행은 무관했다. 주동자는 인민군과 함께 자취를 감추고, 동조자들도 다 도피하고 없어 대신 잡혀 들어간 것이었다.

표래은은 친구들 권유에 따른 자발적 부역이었지만, 함께 처형된 8명은 강요에 의한 부역이었다. 현지 주민 이상은 노인은 "인민군이 총을 들이대며 심부름 시키는데 안 할 사람이 있어?"라고 말했다.

"유동식은 인민군 명령으로 말메기(말먹이)를 걷으러 다녀 문제가 됐는데, 풀 베어다 준 것도 부역인가."

그 나머지들도 분주소장 지시로 식량 운반과 인원 동원에 불려다닌 정도가 고작이었다. 그들은 1950년 9월 30일 수산면 내리 야산에서 군인들에게 학살당했다. 이것이 1차였다.

1951년 1월 7일에는 수산리 황기골에서 부역 혐의자 등 50명이 처형되었다. 국군과 미군의 합동 빨치산 소탕작전 와중에 일어난 두 번째 비극이었다.

군인들은 산악 지역 인근 마을을 모두 소각했다. 빨치산의 접근을 차단하는 청야(淸野)작전이었다. 수산리는 그 대상지가 아니었다. 월악산 산골마을인 덕산면 수산리와 이름이 같아 당한 횡액이었다. 국군의 소개령에 따라 주민들이 경북 문경으로 피란을 간 사이 일어난 일이었다.

피란살이를 마치고 1951년 1월 초 마을에 돌아온 주민들은 망연자실했다. 수산리 200여 호 집들이 잿더미가 돼 있었다. 재앙은 거기서 그치지 않았다. 미군들은 수산면 소재지를 이 잡듯 뒤져 '처녀사냥'에 혈안이 되었다. 표래원의 여동생 표옥은의 친구도 끌려갔다가, 동네 사람들이 떼지어 몰려가 아우성친 덕에 가까스로 구출되었다. 수산면 밤골에 살던 어떤 새댁은 미군에게 강간을 당해 임신이 되었다. 출산을 하고 보니 아기 피부가 검었다. 당장 시집에서 쫓겨났다. 그 남편은 부역죄로 국군에게 학살당했다.

유복자로 태어난 표래은의 딸 표순월은 2019년 1월 아버지 무덤을 찾았다. 누명을 쓰고 죽은 아버지의 명예회복을 다짐하고 묘소를 떠나려니 발길이 떨어지지 않았다. 빨갱이 자식이라는 주홍글씨를 안고 살아온 고난의 일생이 서러워, 그냥 주저앉아 또 울었다.

강화도에서는 임의단체 강화치안대가 수사대를 만들어 부역 혐의자 수백 명을 임의 연행, 구금하고 심문했다. 10월 10일 복귀한 강화 경찰은 치안대의 협조를 받아 11월 말까지 부역 혐의자를 계속 검거했다.

이들 중 일부는 인천형무소, 마산형무소, 대구형무소 등으로 이송되었다. 일부는 이송 과정에서 행방불명되거나 처형되었으며, 일부는 사형, 무기징역 등의 중형을 선고받았다. 강화치안대에 의해 연행되었던 사람들 중 많은 사람들이 강화 나루터 등지에서 학살되어 바다에 버려졌다.

충남 아산에서도 1950년 10월 수복 이후 배방면, 온양면, 신창면 등에서 치안대와 경찰에 의해 부역 혐의 학살 사건이 벌어졌다.

경북 안동의 일직면, 서후면, 남선면, 와룡면, 남후면, 풍산면, 풍천면 등에서 주둔한 국군과 경찰에 의해 수백 명의 주민들이 학살되었다. 경북 울진에서는 국군, 헌병대, CIC, 경찰 등에 의해 수백 명이 학살되었다.

진실화해위 조사에 따르면, 부역 혐의 학살 사건 중 단일 지역에서 가장 큰 사건은 충산 서산과 태안에서 일어났다. 10월 8일 수복후 서산경찰서는 대한청년단 등 우익 단체와 합동으로 부역 혐의자를 검거해 군 수사기관에 송치했다. 이 가운데 '가'급으로 분류된 사람들은 서산 갈산리 교통호와 수석리 소탑산 등 수십 곳에서 집단 학살당했다. 진실화해위원회 조사로 신원이 확인된 희생자만 1,865명이다.

민간인 학살을 재가한 고위 경찰관이 '경찰의 영웅'이 되어 유족들이 격분한 일이 일어났다. 2020년 12월 23일 방영된 KBS 전주방송 보도에 따르면, 2019년 11월 15일 전북 도경찰국에서 '올해의 경찰영웅'으로 선정된 고 차일혁 경무관 흉상 제막식이 열렸다. 행사에는 지역 유지들이 다수 참석하여 가슴에 꽃을 달고 그의 영전에 향을 피웠다. 민갑룡 경찰청장을 비롯한 경찰 간부들도 대거 참석해 공비 토벌에 무공을 세운 선배 경찰관의 공적에 경의를 표했다. 그가 그 공적보다 훨씬 큰 죄악을 저지른 사람임을 아무도 몰랐던 것인가.

2020년에는 그 후속 사업이 마무리되었다. '제18전투경찰대대를 기리다'는 대원 이름 기림비가 경찰국 마당에 제막된 것이다. 제18전투경찰대대 제3중대가 공비 토벌에 세운 공적을 기리는 보훈 사업이었다. 그 명단에는 차 경무관 재가 아래, 민간인 학살을 지휘한 제3중대장 김용식의 이름이 들어 있다.

민간인 학살의 총책임자와 실무 집행 지휘관 이름이 국가에 의하여 현창된 사실을 어떻게 보아야 하나. 이들의 학살은 국가에 의하여 인정된 범죄다. 한쪽(공비 토벌)에 세운 공적을 기리겠다고 또 한쪽(민간인 학살)의 책임에 눈을 감아도 좋은 것인가.

이들이 일으킨 학살 피해자는 무려 89명이다. 학살극은 사사로운 복수심이 일으킨 사형(私刑)이었다. 1951년 5월 김용식은 국군의 작전명령에 따라 이동 중, 전북 고창군 무장면 월림리에 살던 자신의 일가 15명이 다른 성씨들에 의해 6·25 부역 혐의로 피살된 사실을 알게 되었다. 그는 즉시 월림리 주민 95명을 집결시켜놓고 인근에서 작전 중이던 차일혁 대대장에게 유선으로 자초지종을 보고했다.

"선운산 전투도 해야 하는데, 그냥 죽여." 차일혁은 즉시 집행을 승인했다. 김용식은 그들을 인근 계곡으로 끌고 가 보복 살육을 저질렀다.

2007년 진실화해위는 현지 조사를 통하여 월림리 사건을 '경찰이 공권력을 남용한 학살'로 결론 내리고, 89명에 이르는 피해자 명단을 발표했다. 그중에는 20세 미만의 미성년자가 20여 명 포함되었는데, 심지어 엄마 등에 업힌 갓난아기도 있었다.

국가기관이 내린 결정을 모를 리 없는 경찰이 한쪽 눈을 감고 이런 무도한 경찰의 책임자를 나라의 영웅으로 떠받들었다. 2018년의 경찰영웅으로 선정된 '부당하므로 불이행'의 문형순 총경은 그런 명령을 거부한 의기를 발휘한 사람이었다. 6·25 전쟁범죄에 대한 역사 청산이 이루어졌다면 이런 모순이 발생할 수 있겠는가.

제4장

■

의문투성이 전쟁, 6 · 25

적은 왜 사흘을 머뭇거렸나

'1천만 이산가족' '10만 전쟁고아'라는 말이 생겨났을 정도로, 6·25전쟁은 남북 대다수 가정을 참담하게 찢고 파괴했다. 6·25 그날 나는 아직 취학 전이어서 내가 겪은 일들은 토막 난 기억뿐이다. 6·25 때는 급박하게 동네 뒷산 굴 안에 숨었고, 1·4후퇴 때는 태백준령을 넘어 경북 봉화 땅으로 피란을 갔던 기억이 있을 뿐이다.

고등학교 때 올라와 지금껏 살고 있는 서울에서는 여러 동네를 거쳤지만, 그때 그곳에서 일어났던 일을 나는 모른다. 지금 사는 안양천 하류 지역 제방과 교량, 자주 지나다니는 사천교와 연희동 104고지, 금화산 일대에서도 치열한 전투가 있었지만 그 전말을 나는 알지 못한다.

자주 다니는 제주도와 부산에서, 또는 한강변 곳곳에서 벌어진 일들도 그렇다. 백두대간과 지리산 종주 때 내 뜨거운 땀이 뿌려진 산마루 길을 그때 어떤 이들이 지나다녔으며, 그 골짜기 골짜기마다 총성과 포성이 얼마나 포효했던지를 나는 알지 못한다. 아, 아름다운 우리 강산! 그 고마움과 소중함을 느끼고 즐겼을 뿐이다.

내 발길이 닿았던 곳마다 그 한이 서리지 않은 곳이 없으며, 피와 눈물과 고통으로 얼룩지지 않은 곳이 없다는 사실을 나는 의식하지 못하고 살았다. 그것이 미안했다. 그래서 발걸음이 닿을 수 있는 곳이면 현장을 찾아가 둘러보고, 아직도 잠들지 못한 원혼들을 위하여 옷깃 여미고 합장했다.

삼팔선을 싱겁게 깨트리고 파죽지세로 밀고 내려온 인민군은 서울에서 사흘을 지체했다. 그 속도로 밀고 내려갔으면 부산 점령에 오랜 기일이 필요하지 않았으리라는 게 다수 전문가들의 견해다. 미국이 손을 쓰기 전에 전광석화같이 야욕을 달성할 수 있었을 텐데, 왜 그랬을까? 이런 의문은 6·25전쟁 최대의 미스터리로 꼽힌다.

"김일성은 인민군이 낙동강 전선을 뚫지 못한 첫째 이유로 전쟁 초기 서울에서 너무 많은 시간을 지체했기 때문이라고 분석했다." 전쟁 중이던 1951년 5월 유엔군사령부가 발행하던 전쟁 정보지에 이런 기사가 있었다. 김일성이 그것을 후회했다는 정보였다. 전쟁 초기에 사흘이나 진격을 멈춘 사례는 세계 전쟁사에 없는 일이라 한다.

6월 25일 당일 국내 방송에 왜 근거 없는 해주 점령설이 보도되었던가? 쫓기기 바빴으면서 왜 "대전차포로 적을 격퇴시켰다"고 거짓말을 했던가? 무주공산 같았던 동해안 축선에서는 왜 적이 직진하지 않고 서쪽으로 방향을 틀었던가? 정부는 왜 천도 사실과 대통령의 피란을 알리지 않았으며, 왜 대통령은 대전에 앉아 서울에서 하는 것 같은 대국민 방송을 한 것인가?

천하무적 미군은 왜 사단장이 적군에게 포로로 잡히는 수모를 겪었으며, 대전 전투에서 참패했던가? 대한민국 군번 1번 이형근 장군이 주장하는 한국전쟁 10대 미스터리 논란은 무엇무엇이며, 그 진상은 어떠했던가?

이런 여러 의문을 명쾌하게 풀 방도는 없다. 세상에서 운위되는 여러 설들을 모아 소개하고, 졸견이나마 소견을 보태는 식으로 펼쳐 보려 한다.

민중 봉기 대기설

제일 큰 의문인 서울 체류 3일에 대해서는 몇 가지 추론이 있지만, 아직 정설이 없는 것 같다. 그 까닭을 분석한 추론의 하나는 남한의 인민 봉기를 기다렸다는 것이고, 둘째는 애초에 서울 점령만을 목표로 한 제한전쟁이었다는 것이다. 세 번째는 인민군의 중동부 전선 고전(苦戰)설이다. 그 밖에 소련과 중국 개입설, 도하 장비 불비(不備)설, 보급 및 병력 부족설 등이 있다.

남한 인민의 봉기를 기다리며 서울에서 사흘을 기다렸다는 주장에는 충분한 근거와 정황이 있다. 인민군 고급장교들 가운데, 박헌영(朴憲永)의 남조선 민중 봉기설을 믿고 기대한 사람이 많다. 북한 정권 실세들과 인민군 핵심 간부들의 말이었으니 더욱 고개가 끄덕여진다.

남한 출신인 박헌영은 광복 후 남조선노동당을 창당, 서울을 중심으로 사회주의 운동에 투신했다. 분단 후 북한에 조선노동당이 창설

박헌영 가족

되자 월북해 부위원장이 되었다. 그는 김일성 등 북한 요인들에게 "서울을 점령하기만 하면 20만 명의 남조선노동당원이 들고 일어나 저절로 통일이 될 것"이라고 주장했다.

이 주장은 큰 반향을 일으켰던 듯, 전쟁 중 포로로 잡히거나 귀순한 인민군 장교들이 한결같이 그 말을 입에 담았다. 서울 점령 후 그 일이 실현되지 않자 당황한 박헌영은 라디오 방송으로 봉기를 촉구하기도 했다.

"이와 같은 엄중한 시기에 왜 남조선 인민들은 모두 떨치고 일어나지 않습니까. 무엇을 주저하고 계십니까. 모든 인민들은 하나같이 일어나 전 인민적, 구국적 전쟁에 적극 참여하지 않으면 안 됩니다." 자료에 인용된 박헌영의 방송 연설 내용이다.

조선노동당 정치국원이기도 했던 김두봉(金枓奉)의 인민군 2군단 출정 연설에도 그 단서가 숨어 있다. 서울만 해방시키면 남한 민중의 봉기로 통일이 성취되리라고 확신한 자신감이 그대로 드러나 있다. 1950년 6월 24일 저녁 중동부 전선 담당 2군단 장교단을 모아놓고 무겁게 입을 연 그는 몇 가지 시국 현안 이야기 끝에 제한전쟁론을 털어놓았다. 인민군 중좌 출신 최태환(崔泰煥)의 참전 실록에 나오는 이야기다.

그동안 공화국에서는 조국평화통일을 위하여 온갖 노력을 다했으나 남북협상이 실패했고, 남조선 인민들이 그토록 반대한 5·10선거로 남조선 단독정부가 수립되고 말았습니다. …(중략)… 이제는 더이상 기다릴 수 없습니다. 우리의 동포들을 해방시켜야만 합니다. 이제 부득이 해방전쟁을 개시하게 되는데, 일주일 동안만 서울을 해방시킬 것입니다.(최태환,『젊은 혁명가의 초상』, 공동체, 1989)

"서울은 남조선의 심장이다, 그러니 서울을 장악하면 전체를 장악하는 것이나 다름없다, 거기서 남조선 국회를 소집하여 대통령을 새로이 선출하고, 인민공화국과 대한민국 정부가 통일이 되었음을 세계만방에 알리면 어느 외국도 우리를 간섭하지 못할 것"이라는 주장이었다.

경남 기장(현재 부산시 기장군) 출신인 김두봉은 상해 임시정부 요인이었다. 북한 정권 출범과 조선노동당 창설에 깊이 관여했으며, 국가수반과 인민위원회 상임의장(국회의장)을 지낸 사람이다. 그는 임시정부 시절 김구 선생과도 친밀한 관계였다. 그보다는 한글학자로 더 유명한데,『깁더 조선말본』저자,『말모이』공저자로 잘 알려져 있다.

연설 끝에 몇 가지 질문을 받은 그는 '포로가 있을 수 없는 전쟁'을 역설하기도 했다.

"언제 개던이 됩네까?"

"수일 내에 있을 겁니다."

"개던이 되면 포로들은 어떻게 처리해야겠수까?"

"이 해방전쟁에는 포로가 없습니다."

"그게 무슨 말씀입네까?"

"이건 국가와 국가가 맞붙는 전쟁이 아닙니다. 다만 서울을 해방시키자는 것이니, 국방군은 그 자리에서 풀어주어야 합니다. 한 줌도 안 되는 민족 반역자들을 제거하고 남조선 인민을 해방시키자는 목적이니까 국방군도 우리 동포로 여겨야 합니다."

"그럼 전쟁이 아니지 않습네까?"

"그렇습니다. 다만 해방전쟁일 따름이지요."

최태환은 인민군 역사기록부장 겸 인민군 6사단 정치보위부 책임장교란 요직을 맡았던 사람이다. 낙동강 전투에서 부상, 입산 빨치산이 되었다가 1951년 생포되어 9년형을 살고 나와 이 땅에서 살았다.

그가 소속된 6사단은 26일 한강 하류를 건너 김포반도에 도착, 김포공항에 이르기까지도 국군의 저항을 받지 않았다. 서울 강서구 개화산 기슭에 진을 치고 김포공항을 점령하는 전투에서 처음 전투 맛을 보았다. 인공폭포 부근 야산을 교두보로 확보한 뒤 "서울을 해방시켰다"는 방송을 들었다. 이제 통일 과업을 이루었구나! 이런 생각에 그는 가슴이 울렁거렸다 했다.

그런데 "영용한 인민군대가 수원과 대전을 해방시켰으니 인민들은 안심하고 가업에 종사하라"는 선무방송을 듣고는 무언가 잘못돼 가는 것 같은 느낌을 받았다. 서울을 해방시켰으면 됐지, 왜 수원과 대전을 점령하는 것일까, 이런 의심이 들더라는 것이다.

출진 전에 여러 차례 교육을 시켰는데도 불구하고, 남진 중 포로를 잡을 때마다 병사들은 처리 문제로 쩔쩔매다가 번번이 그에게 물었다.

"다 같은 동포들이니 포로는 없다고 하지 않았소?"

개화산에서 숙영할 때 어둠 속에서 "중대장니임!" 하고 부르는 소리가 났다. 군호를 요구해 붙잡고 보니 국군 패잔병들이었다. 9명을 잡아다 심문을 시작했다. 행주나루를 건너서 중대장과 만나기로 했다는 것이었다. 함경도 출신이라는 한 병사는 넋두리까지 했다. "개성까지 내려왔지만 먹고살기가 어려워 군대에 투신했다가 이렇게 되었다"는 신세타령이었다.

최태환은 전쟁 초기 인민군이 '3대 기율(紀律) 8항 주의(注意)'를 철저히 이행했다고 강조했다. 이 행동규칙은 중국 공산당 마오쩌둥(毛澤東)이 대장정 시기와 대일항전 국공내전 당시 금과옥조로 삼았던 것이라 한다. 사단장이 유명한 팔로군(八路軍) 출신 방호산(方虎山)이고, 최태환도 팔로군 군정대학 출신이어서 팔로군 정신이 골수에 박힌 사람들이었다.

3대 기율이란 ① 모든 행동은 지휘에 따른다(一切行動聽指揮) ② 군중의 바늘 하나 실오라기 하나도 취하지 않는다(不拿群衆一針一線) ③ 얻은 것은 모두 공동 분배한다(一切繳獲要歸公)이다.

8항 주의, 즉 주의할 것 여덟 가지는 ① 말은 온화하게 한다(說話和氣) ② 매매는 공평하게 한다(賣買公平) ③ 빌린 것은 반드시 되돌려준다(借東西要還) ④ 손해를 입히면 반드시 배상한다(損壞東西要賠) ⑤ 구타와 욕설을 하지 않는다(不打人罵人) ⑥ 농산물에 해를 입히지 않는다(不損壞庄家) ⑦ 부녀자를 희롱하지 않는다(不調戱婦女) ⑧ 포로를 학대하지 않는다(不虐待俘虜)이다.

3대 기율과 8항 주의 규칙도 본능 앞에서는 물거품이 되었다. 몇

끼를 굶고 연일 행군하다가 김포벌 걸포리를 지날 때 한 병사가 길가 참외밭으로 들어갔다. 다른 병사가 외쳤다.

"앗, 데런! 안 되는 일임메."

달랑 참외 하나를 들고 나오는 그를 향해 누군가 외쳤다.

"데런! 몇 개 따올 일이지!"

그 순간 총성이 울려 모두가 길바닥에 엎드렸다. 총을 쏜 사람은 한일해 연대장이었다. 보고를 받은 그는 허공에 쏜 권총을 내리고 일장연설을 시작했다.

"해방전쟁을 위해 내려온 영용한 인민군대가 농민의 농작물을 함부로 갈취하다니 있을 수 없는 일임메다. …… 금일 이후로 이런 일이 발생할 시는 엄중한 군기로 다스릴 것이니 모든 던사들은 명심하기 바라오."

그 병사는 참외를 들고 부들부들 떨었다. 그가 따온 것은 참외가 아니었다.

"동무들, 이건 참외가 아니라 호박이요!"

얼어붙은 분위기 쇄신책을 찾던 최태환이 큰 소리로 외치자, 행렬에서는 박장대소가 터졌다. 정신무장이 투철했던 그때는 그랬다. 그러나 남행이 길어지고 보급이 원활하지 못해 불만이 쌓여가자 그 기율은 자취도 없이 사라져버렸다. 어느 순간부터 그들은 야수로 변했다.

인민군 작전국장이었던 유성철(俞成哲, 당시 소장)은 1990년 『한국일보』와 가졌던 인터뷰 「나의 증언」에서 이렇게 말했다. "우리의 남침 계획은 사흘 안에 서울을 점령하는 것으로 끝나게 돼 있었다. 서울을 점령하면 20만 남로당원이 일어나 남한 정권을 전복시킨다는 박헌영의 말을 철석같이 믿고 있었다."

고려인 3세 유성철은 광복 전 소련 땅에서 김일성의 통역으로 일한 것이 인연이 되어, 북한에 들어가 인민군 창설과 남침에도 깊이 관여한 인물이다.

일본인 저술가 시바 고(芝豪)의 『혈류의 산하, 조선전쟁』 상권(고단샤, 2014)에는 유성철의 이런 언급이 인용되어 있다. "당초 계획은 서울 점령이 3일 이내로 돼 있었다. 결국 남침은 계획대로 되었지만, 거기에는 그 이후의 계획이 적혀 있지 않았다."

인민군 105탱크사단 정치부 대위였던 오기완(吳基完)도 민중 봉기 대기설을 증언했다.

인민군이 저지른 과오가 몇 가지 있습니다. 서울에서 시일을 끈 것이 하나요, 미 24사단 전력을 과대평가한 것이 둘입니다. 박헌영 등은 남한에 30만의 핵심 남로당원이 뭉쳐 있어 인민군이 서울을 점령하면 남한 곳곳에서 봉기가 일어나 대한민국은 저절로 무너진다고 단정했습니다. 그러나 단 한 건의 봉기도 일어나지 않자 당황한 김일성은 29일 밤 서울에 와 지금의 삼각지우체국 건물 안에서 최고전략회의를 열었습니다.(한국언론자료간행회, 『한국전쟁 종군기자』, 1987)

그는 김일성이 참석한 작전회의에서 "인민봉기가 없으니 모른 체하고 삼팔선으로 되돌아가자"는 발언까지 나왔다고 했다. 그러나 "이미 국군 주력을 부쉈으니 쉽게 승리할 수 있다"는 주장이 우세해 한강 도하가 결정되었다는 것이다.

제한 전쟁설

두 번째 추론인 제한 전쟁설은 민중 봉기 대기설 및 중동부 전선 고전(苦戰)설과 맥이 닿아 있다. 처음부터 서울 점령이 목표였다는 기록도 있지만, 남쪽에서 서울을 포위하기로 한 2군단의 수원 점령을 기다렸다는 이야기도 나왔다. 서울을 위아래에서 포위해 압력을 가중시킨 가운데, 국회를 열어 남북통합을 가결시키려 했다는 설이다.

"우리들에게는 서울 이남의 지도가 지급되지 않았다. 다만 37도선인 평택까지 나와 있는 5만 분의 1 지도를 지참하고 있었다. 남침한 뒤 지역 행정을 관할할 내무서원들의 사전 준비 교육도 없었다. 또한 서울을 점령한 뒤에 3일이라는 세월을 허송하기도 하고, 6사단에는 '국군과 맞닥뜨려도 접전을 피하라'는 방호산 사단장님의 지시가 있기도 했다."

『젊은 혁명가의 초상』 중 최태환이 기술한 이 부분에서, 평택 이남이 나오지 않은 지도를 소지했다는 사실은 제한 전쟁설을 뒷받침하는 정황이다. "국군과 맞닥뜨려도 접전을 피하라"고 방호산이 지시했다는 것도 서울 포위작전에 지장이 될 것을 의식한 지시가 아니었을까, 하는 추론의 근거이기도 하다. 출전 전날 "다만 서울을 해방시키려는 것"이라던 김두봉의 연설과도 맥이 이어지는 이야기다.

일사천리로 서울 영등포까지 들어왔던 6사단이 경부 축선 공격에 가담하지 않고 인천으로 행선지를 돌린 것은 서울 서쪽에서 압력을 가하려는 작전계획에 따른 것으로 이해할 수도 있다. 그러니 수원을 담당할 2군단이 질척거려 계획이 틀어진 것으로 볼 수 있을 것이다.

서울 점령과 동시에 수원을 점령키로 돼 있던 2군단은 예상치 못한 춘천 전선 고전으로 사흘을 허비하여 목적 달성에 실패했다. 김일성은 즉각 그 책임을 물었다. 2군단장 김광협과 2사단장 이청송이 당장 경질되었다. 당시 2군단 작전부부장 주영복의 『내가 겪은 조선전쟁』(고려원, 1990)에서 저자는 "원주를 지날 때 갑자기 새 군단장에 무정(武亭) 중장이, 2사단장에 최현 소장이 왔다"고 썼다. 무정을 '냉혹한 인간', 최현을 '무자비한 냉혈인간'으로 표현하면서. 이청송 사단장의 새 보직에 대해서는 언급이 없고, 김광협은 군단장에서 군단 참모장으로 강등되었다고 했다.

두 사람이 부임한 지 몇 시간 지나 군단 지휘부에 군사위원이라는 새로운 직책이 생겨 김찬(金燦) 소장이 부임해 왔다. 군사위원이란 소련군 직제인데, 인민군 정치위원 이상의 권리와 재량권을 가진다고 했다. 그때 김일성은 남일(南日), 김열(金烈), 김찬을, 김찬, 이 넷을 소장으로 임관시켜 전후방 부대에 배치했다.

소련 수뇌부는 제한전쟁을 원하지 않았던 것 같다. 서울 체류 나흘째였던 7월 1일 스탈린은 평양 주재 소련 대사 시티코프에게 긴급 암호 전문을 보낸다. 러시아 국제관계대학 학장 토르쿠노프의 『한국전쟁의 진실과 수수께끼』(에디터, 2003)에 그 전문이 다음과 같이 번역되어 있다.

⑴ 귀하는 북한 사령부가 어떤 계획을 준비 중인지에 대하여 하나도

보고하지 않았다. 사령부는 전진을 계속할 것인가, 아니면 일시 중지할 것인가? 무슨 일이 있어도 진격은 계속되어야 한다. 남한해방이 빠르면 빠를수록 간섭(미국의 참전)의 기회가 줄어든다.

(2) 대북한 미 공군의 공격에 대한 북한 지도부의 대응책을 보고할 것. 북한 정부는 미국의 폭격이나 무력개입에 대해 항의할 준비를 해야 한다.

(3) 탄약 및 기타 군수물자 지원에 대한 북한 측의 요청에 따라 7월 10일까지 공급이 마무리 될 것이다. 이 결정을 김일성에게 전할 것.

전문이 도착하자마자 인민군의 남진이 재개된 것이 우연의 일치인지, 계획대로였는지는 분명하지 않다.

중·소 개입설, 도하장비 불비설, 보급 및 병력 보충설도 서로 연관이 있기는 마찬가지다. 빨리 진격을 하라는 스탈린의 명령이 그것을 말하고 있다. 도하 장비 불비설은 그들이 소양강, 남한강 등 여러 강을 건너기에 고전한 사실로 입증되었다.

특히 도하 장비에 대해서는 김일성이 지적했을 만큼, 상하 모두의 불만이 컸다. 김일성은 7월 3일 평양에서 박헌영과 함께 시티코프 소련 대사를 만난 자리에서 "민족보위상이 있음에도 도강을 못 하고 있다"면서 민족보위부 활동에 불만을 표했다. 토르쿠노프의 책에 그 사실이 기록돼 있다.

이 자리에서 김일성은 소련 대사에게 소총 5만 정, 자동소총 1만 정, 박격포 200문, 그 외 각종 중포 450문 등을 지원해달라고 요청했다. 남침 열흘도 못 되어 군비 지원을 애걸했을 만큼 급박한 사정이

있었던 것일까. 아니면 그만큼 준
비가 소홀했던 것일까.

7월 1일 스탈린 암호 전문에
나오는 군수물자 지원 문제와 별
도의 추가 요청인지, 같은 이야기
인지는 분명하지 않다. 그러나 2
개 사단, 1개 해병대 여단, 1개 경
비 여단 증설에 필요하다고 한 것
을 보면 추가 요청인 것 같다.

김일성과 나란히 앉은 박헌영

주영복은 회고록에서 3일을
머뭇거린 것에 대하여 '피치 못할 전력상의 공백' 탓이었다고 고백했
다. 도하 장비가 부족해 끊어진 한강 다리를 건널 수 없어 그랬다는
것이다.

(개전 전) 인민군은 전투 준비만을 완료했을 뿐 도하 보장이 늦은
관계로 귀중한 3일을 한강 이북에서 허비할 수밖에 없었다. 만일 도하
장비만 있었더라면 당시 거의 무방비 상태에 있던 영등포나 여의도
등은 무난히 정복하고도 남았으리라. 대부분의 미군 전사(戰史)에는
그때 인민군이 서울에서 3일간 허송세월한 듯이 기록되어 있지만, 이
는 인민군 전력을 과대평가한 소치일 것이다. 인민군은 창군 이래 보
병에만 치중했지, 공병과 통신 등 기술병종에는 전혀 관심을 기울이
지 않은 채 전쟁에 돌입했다. 특히 공병의 원시적인 상태는 최악이었
다.(주영복, 『내가 겪은 조선전쟁』)

주영복은 김일성의 공병 홀대를 비판했다. 29일 밤부터 전초부대가 강을 건너기 시작했지만, 한강 다리 복구가 마무리되지 않아 탱크 없이 강을 건넌 인민군은 완강히 저항하던 국군과 하루 종일 격전을 벌여야 했다는 것이다. 가까스로 영등포 교두보가 확보되어 철교 수리가 성공적으로 끝났고, 7월 1일부터 탱크들이 건너가 영등포 일대가 점령되었다는 것이다.

그의 기억에는 약간의 시차가 엿보인다. 왜냐하면 맥아더 유엔군 사령관이 도쿄에서 날아와 영등포에서 한강 저지선 전황을 시찰한 것이 6월 29일이었으니까. 한강 이남에서 전투가 벌어졌다면 맥아더의 시찰은 불가능했을 것이다. 전초부대가 29일 도하했다는 것으로 보아 소규모 부대 도하로 볼 수도 있지만, 종일 격전이 있었다는 것은 사실과 거리가 있다.

서울 점령 기간 인민군이 의용군 징집에 혈안이 되었던 것과, 군량 보충에 급급했던 것을 보면 그들의 전쟁 준비가 얼마나 허술했던지 알 수 있다. 그들은 서울의 중·고교생에게까지 의용군 지원을 강요했고, 가가호호 호별 방문을 통해 "나중에 배급을 줄 터이니 있는 곡식을 다 내놓으라"고 양곡을 수탈해 갔다. 출진 전 보급 문제에 크게 신경을 쓰지 않았다는 방증이다. 이런 일들은 여러 가지 추론이 복합적으로 얽혀 있었던 사정을 말해주는 것이 아닐까.

해주 점령 오보 파동

인민군 남침 소식 제1보는 HLKA 서울중앙방송국 오전 7시 뉴스였다.

"금일 오전 4시부터 8시 사이에 북괴는 삼팔선 전역에서 불법남침을 자행했다. 옹진 개성 장단 의정부 동두천 춘천 강릉 등, 각 지구 정면에서 북괴는 남침을 개시하고, 동해안에서는 상륙을 기도했다……"

"국군은 전역에서 이들을 격퇴하기 위해 긴급하고도 적절한 작전을 전개하고 있다. 그들은 동두천 정면에서 탱크까지 동원하여 침입했으나 우리의 대전차포에 의하여 격퇴되고 말았다. …… 전 국민은 군을 신뢰하고 미동함이 없이 각자의 직장을 고수하면서 군 작전에 주력 협조하기 바란다."

똑같은 내용이 6월 25일자 신문 호외와 26일자 조·석간에 이선근 국방부 정훈국장 발표문으로 보도되었다. 라디오 뉴스와 다른 것은 "군에서는 명령이 없어 삼팔선을 넘어 공세작전을 취할 수 없는 고충이 있으니, 전 국민은 안심하고 국지적 전황에 특히 동요되지 말라"는 것이었다. 전면 남침을 당했다면서 삼팔선을 넘어 공격할 수 없는 고충이 있다니……!

이게 무슨 말인가. 대통령의 명령이 없어서 삼팔선 넘어 공격을 할 수 없다는 말인가? 침략을 당하고도 명령이 없어 반격을 못 한다면, 우리의 대전차포가 적 탱크를 격퇴시켰다는 방송 뉴스는 무엇인가. 처음부터 전쟁 보도가 이렇게 엇갈렸다.

27일자 각 신문에는 국방부 발표를 근거로 "옹진 방면 국군 일부가 해주시를 점령했다"라는 기사가 큰 제목으로 실렸다. 『동아일보』 1면 가로 제목은 '국군정예 북상(北上) 총 반격전 전개', 세로 제목은 '해주시를 완전 점령'이었다. 기사 전문(前文)은 이렇다.

천인공노할 공비의 대거 남침에 대하여 우리 국군은 육·해군의 긴밀한 협동작전을 전개하여 전선을 정리하는 동시에, 각 전선 도처에서 맹렬한 공격을 가하고 있다.

『조선일보』는 큰 제목 '국군 일부 해주 돌입', 부제 '적 사살 1,580명, 전차 등 격파 58대'였다. 『경향신문』은 톱 제목이 '찬(燦) 아군 용전에 괴뢰군 전선서 패주 중', 부제는 '삼군 패적 맹추, 일부는 해주시에 돌입'이었다.

이 신문들 제목만 보면 걱정할 일이 아무것도 없다. 우리의 피해는 전혀 없고, 적 전차가 58대나 격파되었다니 무슨 걱정이겠는가. '찬'이란 제목은 국군의 전과가 그 정도로 눈부시다는 것이고, 해주를 점령했으며, 육해공 삼군이 맹렬히 적을 추격(맹추)하고 있다니 말이다.

국방부는 26일 오전 11시 이런 보도 자료를 내면서도 옹진 주둔 17연대가 바다 건너 인천으로 철수한 사실을 알리지 않았다. 17연대 해주 점령을 기정사실화 한 것이다. 『뉴욕 타임스』, 『워싱턴포스트』, 『아사히신문』, BBC 등 해외 언론도 이를 큰 뉴스로 다루었다.

28일에도 황당한 뉴스는 계속되었다. 『조선일보』는 28일자 1면에 '제공권 완전장악/국군 의정부를 탈환'이라고 보도했다. 이 역시 국방부 발표 자료를 전재한 것이었다. 방송에서는 "해주 점령에 이어 평양 원산을 향하여 진격 중"이라는 엄청난 뉴스까지 나왔다.

사실과 전혀 다른 이들 전황 보도 가운데, 제일 큰 파동을 일으킨 것이 국군의 해주 점령 보도였다. 25일 북한 땅인 해주를 완전 점령했다니, 북침을 주장하기에 이보다 좋은 증거가 어디 있겠는가.

북한은 이 기사를 근거로 두고두고 북침이라고 주장하고 선전했다. 북한뿐만 아니라 미국과 유럽 일부 수정주의 학자들도 이 보도를 인용해 한국에도 귀책 사유가 있다고 보았다.

무책임한 부대장 한 사람의 큰소리가 전달되는 과정에서 윗사람 듣기 좋게 인용되었고, 위로 보고될 때마다 조금씩 각색되어 사실처럼 굳어졌다. 형편없이 쫓기는 전황 속에 작은 전과를 침소봉대한 것과 궤를 같이하는 아부 근성의 산물이었다. 그것이 국제사회에 미친 인식과 평가는 두고두고 우리를 괴롭혔다.

'총반격전 전개' '육·해군의 긴밀한 협동작전' '괴뢰군 전선서 패주 중' '삼군 패적 맹추' 같은 큰 제목들은 정반대로 해석해야 할 뉴스들이었다. 계엄 상황이어서 신문과 방송은 군의 발표대로 써야 했다. 국민의 판단은 헷갈릴 수밖에 없었다.

해주 점령설의 진원은 취재차 옹진에 갔던『연합신문』최기덕(崔起德) 기자 전언이었다. 그때 국방부 출입기자들은 국지 충돌이 잦았던 옹진 지구에 자주 드나들었다. 25일 현지에 있던 최 기자는 옹진 읍내 여관에 투숙 중 6·25를 만났다.

6월 24일 옹진으로 종군 나갔다가 25일 그곳에서 북괴군 남침 공격을 맞게 되었어요. 옹진읍 여관에서 자고 있는데, 새벽에 요란한 포소리에 잠을 깼어요. 종전의 산발적인 충돌 때 듣던 박격포 소리가 아니고, 중포소리가 들리기에 이상한 생각이 들었어요. 그래서 오전 8시 30분경 17연대 본부로 가서 백인엽 연대장을 만났더니 "전면전쟁 같다"면서, "이 백인엽이는 부대병력을 이끌고 해주로 결사돌입한다고 전해달라"고 했어요. (한국언론자료간행회,『한국전쟁 종군기자』, 1987)

이 말을 국방부 보도과장 김현수(金賢洙) 대령에게 전한 것뿐인데, 신문 방송에 해주 점령이라고 대서특필된 것이다.

최 기자는 뒷날 KBS 인터뷰에서 "연대장의 말을 전한 것뿐인데 어떻게 된 거냐고 김 대령에게 따지니까, 이왕 그렇게 된 것 사기앙양을 위해 그냥 두자 하더라"고 말했다. 김 대령은 다음 날 방송국에서 대민방송 중 방송국을 점령하러 온 인민군과 교전하다 전사했다. 말을 전한 사람과 그렇게 말했다는 사람이 다 고인이 돼 이 문제는 미궁에 빠지게 되었다.

그러나 정황으로 보면 최 기자의 말에 더 믿음이 간다. 전황을 묻는 보도 책임자에게 기자가 듣지 않은 말을 지어냈다고 볼 수는 없지 않은가. 국방부 보도과장이라는 직책은 출입기자들과 친숙한 관계다. 말을 전하고 보도하는 일에는 신뢰가 바탕이 된다.

그 보고를 받은 윗사람이 차례로 그 위에 보고할 때마다 조금씩 부풀려졌다고 보는 것이 상식이다. 그것이 마지막 단계에서 기정사실이 되어버린 것이다. 윗사람이 듣기 좋은 말을 전하고 싶은 것이 아랫사람의 인지상정이던가.

이 보도는 즉각 북한에 의하여 부정되었다. 정병준의『한국전쟁』에 따르면 김일성은 27일 연설을 통해 "리승만 괴뢰 도당이 해주를 점령했다는 허위선전을 하고 있다"고 격렬하게 비난했다. 이 날짜 북한 매체들도 해주 점령 주장은 허위 날조라고 보도했다.

그런데『뉴욕 타임스』『워싱턴 포스트』등 미국 언론들은 한국 국방부를 인용하여 해주 점령설을 보도하면서, 17연대 2개 중대가 해주를 점령했다고 부대 이름까지 밝혔다. 이는 25일자 북한 내무성 성명을 참조한 것이 아닌가 하는 추정을 낳았다.

25일 북한 내무성은 "25일 이른 새벽 해주 방향 서쪽에서 한국군이 해주를 침공하여 정의의 반격을 가했다"는 성명을 발표했다. 북침으로 조작하기 위하여 해주가 침공당해 반격을 가한 것이라는 날조 성명이었다. 근년 북한에서 간행된 서적들이 25일 한국군이 '해주 시내 입구'까지 쳐들어온 것으로 기술한 것과 맥이 통한다.

관심사는 당시 육본 작전계획에 일조유사시 해주를 거쳐 철수하는 작전계획 존재 여부다. 1949년 빈발한 삼팔선 국지전은 주로 옹진반도와 개성 일대에서 벌어졌다. 그래서 유사시 절해고도에 갇힌 형국의 옹진 주둔군 철수 문제가 큰 이슈로 부상했다.

기본 철수 계획은 해군의 협력을 받은 해상 퇴각이었다. 그러나 해주와 인접한 부대는 옹진 해안으로의 접근이 어려우면 해주를 거쳐 철수하는 작전안도 있었던 것으로 알려져 있다. 공격작전이 아니라 철수작전이어서 내부적으로만 알고 있던 계획이었다는 것이다.

문제가 커진 것은 신성모 국방장관과 채병덕 육군 총참모장이 국회에서 해주 점령을 사실처럼 보고한 일이었다. 5·30 총선으로 구성된 제2대 국회 첫 본회의가 열린 26일 오전 11시, 두 사람은 전황이 유리하게 돌아간다는 톤으로 보고하면서, 해주 점령을 언급한 것이다.

신 장관은 해주 진격을 사실로 믿고 있었다. 7월 4일 이승만 대통령에게 보낸 서신 보고서에 그는 호주 공군기의 오폭으로 백인엽 17연대장이 부상을 입은 사실을 언급하면서, 괄호 안에 "옹진 전투에 해주까지 갔든 17연대장"이라고 설명했다.

채 총장도 국회에서 "우리 국군은 해주에 돌입했고, 의정부 북쪽에서 적을 제압하고 있다"고 말했다. 무슨 근거에서였는지 "사흘 안으로 평양을 함락시키겠다"고까지 했다. 같은 날 야간 국회에서도 그랬다. 피란을 가야 할지 말아야 할지, 판단이 급했던 국회의원들이 꼬치꼬치 전황을 캐묻자, 그는 "일부 전선에서는 불리하지만 3~5일 이내에 평양까지 점령할 수 있는 만반의 준비의 강력한 태세를 갖추고 있다"고 모호하게 말을 흐렸다.

신 장관은 전황을 낙관적으로 설명하면서도 '정부를 옮길 가능성'을 내비쳤다. 아무래도 믿을 수 없었던 황성수(黃聖秀) 의원이 27일 아침 채 총장 집으로 찾아가 진상을 물었다. 채 총장은 "빨리 피란을 떠날수록 좋습니다" 하면서 떠나라는 손짓을 했다. 그러면서 국회에서는 할 수 없이 거짓말을 했다고 실토했다.

해주 점령 보도는 즉각 작전에도 영향을 미쳤다. 방송을 청취한 춘천의 6사단은 상황이 호전된 것으로 믿었다. 28일 춘천을 철수할 때 소양강 다리를 폭파하지 않은 것은 그 때문이었다 한다. 온양 주둔 25연대가 전방 차출 명령을 받고 상경하면서, 탄약을 충분히 챙겨 오지 않은 것도 전황을 낙관한 탓이었다 한다.

국민에게 끼친 악영향은 다 계량할 길이 없다. 정부 말을 믿고 피란을 가지 않은 100만 서울 시민이 적치 3개월 동안 당한 고초, 인민군 병사로 징집되거나 납북된 수십만 시민과 요인, 또는 인민재판이란 희한한 살인극의 희생자와 잔류 시민의 고난을 어떻게 수치로 나타내겠는가.

해주만이 북쪽으로 깊숙이 파고들어 38선이 그어진 뒤 옹진반도는 섬 아닌 섬이 되었던 곳이다. 쇠치고개(牛峴)에서 육로가 차단되었기 때문에 교통수단은 선편밖에 없었다. 육로로 가려면 북한 땅 해주를 거칠 수밖에 없는 곳이었다.

해주 진격 발언의 파장을 의식한 백 연대장은 생전 그 사실을 완강히 부인했다. 2009년 인터뷰에서 그가 남긴 말은 이렇다.

"해상으로 철수하느라고 죽을 고비를 넘기고 돌아와 육군본부를 찾아갔더니, 채병덕 총참모장이 '너희 부대는 해주로 돌입했다고 보도됐는데 어떻게 된 일이냐'고 물어요. 무슨 말인지 몰라 한동안 어리둥절했지요. 나중에 알고 보니 개전 초 라디오 방송에서 우리 부대가 북진 중이라고 요란하게 떠들었다는 거예요. 참 기가 막혀서……."

최 기자와의 면담은 한마디 언급도 없었다. 철수하느라고 고생한 이야기만 강조한 것으로 보아 신빙성을 인정하기 어렵다. "참모총장의 물음에 어리둥절했다"는 말도 설명이 되지 않는다. 해주 진격설 지휘관이 어떻게 여기에 왔느냐는 질문의 핵심을 피해 어리둥절했다는 말로 넘어간 것이다.

'의정부 탈환' 보도 역시 아무 근거도 없는 완전 날조 기사였다. 국방부 정훈국 선우진(鮮于珍) 소위는 그때 가두방송 선전요원이었다. 그는 27일 국방부 정훈국장 이선근 대령에게서 의정부 사수 독려 가두방송 명령을 받고 출동했다. "B-29 미군 폭격기가 날아와 적 전차를 모조리 부숴버릴 예정이니, 정오까지 의정부를 지키도록 독려하라"는 지시였다. 그러나 의정부는 이미 떨어졌고, 창동도 위태로운 시점이었다. 후퇴하는 국군과 피란민들로 도로가 가득 찼다.

돌아오는 길에 그는 창경원 담벼락에 나붙은 '국군 의정부 탈환' 벽보를 보고 가슴을 쳤다. "B-29는 꼴도 못 봤습니다. 의정부는 벌써 떨어졌고, 창동도 무너졌을 겁니다."

엉터리 방송을 한 것이 부끄러웠던 선우 소위의 울음 섞인 항변에, 이 국장은 "수고 많았다"고만 했다. 이미 '의정부 탈환'이 방송된 뒤였다.

위급 상황에서는 신속한 상황 파악이 생명 줄이다. 국민에게까지 뻔한 거짓말을 거듭한 군 수뇌부의 멘털을 어떻게 이해해야 하나. 조금 있으면 들통날 거짓 방송으로 한 사람만 안심시키면 무얼 하나. 국난을 당할 때마다 어김없이 되풀이되는 정부의 무능과 직무 유기를 언제까지 당해야만 하는지, 국민 노릇은 참으로 어렵기만 하다.

남진을 주춤거린 동해안 축선

　　　　　인민군이 남진을 주춤거린 곳은 서울만이 아니었
다. 거리상으로 부산이 제일 가까운 동해안 축선에서도 그랬다. 강릉
점령 후 부산으로 직진하지 않고 대관령 길로 접어든 것이다. 25일
새벽 3시 이미 상륙한 특수부대와 합류해 남진을 계속하는 것이 상
식이었을 것이다.

　당시 강릉은 삼팔선에서 지척이었다. 강릉에서 가자면 유명 관광
지 하조대(河趙臺)에 못 미쳐, 양양군 현북면 기사문리가 삼팔선이었
다. 강릉시 주문진읍에서 10여 킬로미터 거리다.

　동해안 지역 수비 상황도 여느 전선과 다르지 않았다. 우선 병력
면에서 1대 2.5 비율이었다. 인민군 제5사단과 제1경비여단의 맞상
대는 국군 제8사단(사단장 李成佳 대령)뿐이었다. 그나마 8사단은 편제
상 2개 연대(제10연대, 제21연대)밖에 없는 감편 사단이었다.

　21연대는 강릉 남쪽 삼척에 주둔해 있었는데, 25일 새벽 3시 강릉
남쪽 정동진·옥계 해변에 인민군 특수부대가 상륙하여 국도 7호선

이 차단되었다. 거기다 6월 초 오대산 지역에 침투한 공비 토벌에 차출된 2개 대대가 복귀하기 전이어서, 가용 병력은 4개 대대뿐이었다.

8사단 방어 정면은 26킬로미터였다. 그 산악 구간을 소수 병력으로 방어하려니, 소대·분대 단위로 경계진지를 구축할 수밖에 없었다. 25일 새벽 엄청난 적 포화에 압도당해 초소마다 대혼란이 벌어졌다. 적 주력은 동해안 국도 7호선으로 밀고 내려왔다. 그리고 정동진 해변에 미리 상륙한 적이 밑에서 강릉으로 치받아 올라오고 있었다.

강릉 비행장에 주둔했던 8사단은 오전 6시 긴급 작전회의를 열었다. 10연대가 적의 남진을 최대한 지연시키고, 삼척의 21연대를 불러 올리고, 육본에 1개 여단 지원을 요청하기로 결정되었다.

강릉으로 빨리 올라오라는 연락을 받은 21연대는 영서 지역으로 우회할 수밖에 없었다. 백두대간을 넘어 정선 땅을 거쳐 가느라 시간이 지체되었다. 육본에서는 "사단장 재량으로 최선을 다해 저지하라. 서울 방어가 긴급하여 증원은 불가"라는 통보가 왔다. 그리고 곧 통신이 끊겨버렸다.

절망적인 통보에 사단장 이성가 대령은 오전 10시 작전지역에 계엄령을 선포하고, 모든 군수품을 대관령 너머 평창군 진부면으로 수송하도록 지시했다. 장병들에게 6개월분 봉급과 식량을 지급하고, 주민의 피란도 돕도록 조치했다.

이런 절체절명의 순간, 사단 포병대의 분전으로 많은 시간을 벌어 안전 철수가 가능했다. 8사단 제1포병대장 장경석(張庚石) 회고록 『100년을 살면서』에 따르면, 강릉 북방 연곡천 저항선에서 포병이 만 27시간을 벌어주어 안전하게 철수할 수 있었다. 그는 회고록에

6 · 25 당시 상황을 다음과 같이 기록했다.

6월 25일 새벽 4시 8사단 10연대 관측소가 있는 주문진 부근 188 고지에 한 발의 포탄이 떨어졌다. 전쟁의 서막이었다. 빗발치는 포탄에 최전방의 제2대대는 순식간에 무너지기 시작했다. 포격이 멈추자 새벽 5시경 인민군 38경비1여단이 남침을 개시했다. 곧 이어 제2제대였던 인민군 5사단 예하 10연대가 뒤쫓아 내려오기 시작했다. 공교롭게도 강릉전투는 남북한 10연대가 서전부터 맞상대하는 진기록을 전사에 남겼다. 이와 더불어 강릉 후방으로 인민군 766부대와 945육전대가 상륙해 제2전선을 구축했다. 이로써 아군 10연대는 전방이 무너짐과 동시에 퇴로가 차단되는 최악의 국면에 놓였다. (장경석, 『100년을 살면서』, GS Work, 2020)

정동진에서 북상하던 인민군 유격대는 8사단 포병대의 저항에 부딪쳐 주춤거렸다. 사단 병력과 보급품, 그리고 시민들이 안전하게 철수할 수 있었던 것은 포병대가 남북 양쪽에서 적의 강릉 접근을 허락하지 않았기 때문이다. 적 탱크가 없어서 가능한 일이었다.

포병대의 결사항전에 놀란 적은 26일 주문진에서 숙영하고, 27일 새벽 4시부터 일제히 포문을 열었다. 어렵게 확보한 121고지가 함락되자 사단장은 철수명령을 내렸다. 그러나 1포병대는 결사항전을 결의, 목숨을 내놓고 응전에 나섰다. 포병대장 장경석 소령을 포함해 전원이 서북청년단 출신인 대원들은 인식표(군번줄)를 모아 사천국민학교 운동장에 묻었다. 그러는 사이 인민군 기습조의 공격을 받아 치열한 백병전이 벌어졌다.

이 백병전에서 소대장 김용운 소위의 분전은 눈부셨다. 그는 신의주 학생사건 때 주동 그룹으로 활약한 경력을 유감없이 발휘했다. 소총은 물론이고, 맞싸우기에 좋은 야전삽, 곡괭이, 몽둥이, 돌 등을 모두 동원한 격투였다. 김 소위가 머리에 부상을 입어가면서 소대원들을 독려해 분전한 덕에, 포를 한 문도 버리지 않고 철수할 수 있었다.

강릉 정동진 6·25 남침사적탑 ⓒ문창재

포병대 탄약관 이석권 상사의 활약도 컸다. 탄약이 떨어지자 그는 사단본부로 달려가 대뜸 사단장실로 직행했다. 다짜고짜 탄약 수송차 배정을 요구하는 그 당돌한 태도에 사단 참모들이 발끈했다. 그것을 이성가 사단장이 다독여 탄약을 수송할 수 있었기에 포병대가 제 몫을 할 수 있었다.

참모들은 이 상사가 계통을 밟지 않고 사단장실에 들어온 것을 문제 삼았다. 즉결처분 이야기까지 나왔다. 사단장에게 배차 승낙을 받고 문을 나선 이 상사는 즉시 헌병에게 체포되었다. 그러나 그는 태연했다. "포탄이 바닥났는데 어떻게 싸웁니까. 포탄을 쌓아놓고 공격하는 장면을 본다면 죽어도 한이 없겠습니다."

사단장은 그 충직성을 높이 샀다. 즉각 포탄을 싣고 전선으로 달려가도록 조치했다.

삼척에서 백두대간을 넘은 21연대가 영서 지방으로 돌아 대관령에 당도할 즈음, 8사단과 춘천 6사단이 어렵게 통신에 성공했다. "8사단은 빨리 원주로 이동하라"는 육군본부의 명령이 그렇게 전달되었다. 춘천에서 철수하는 6사단을 엄호하라는 것이었다.

텅 빈 강릉을 점령한 적은 이상한 기동을 시작했다. 진격 방향을 갑자기 서쪽으로 꺾어 대관령 방향으로 접어들었다. 국군 8사단을 추격하는 모양새였다. 8사단이 제천에서 열차 편으로 대구로 이동하는 사이, 적은 정선, 삼척 등 영서 산악지방을 헤매고 다니다가, 경북 봉화 땅을 거쳐 울진 해안선으로 다시 나왔다. 이해할 수 없는 ㄷ자 행군이었다.

6월 28일부터 7월 5일까지 일주일 넘게 무려 200킬로미터 이상을 헛걸음친 것이다. 그사이 간헐적인 전투와 미 공군기 공습을 받아 전력도 크게 소모되었다.

이에 질세라, 8사단도 인민군보다 더 먼 길을 헤매고 다녔다. 그 일 때문에 사단 작전참모가 간첩으로 몰려 조사를 받는 수모까지 겪었다. 원주로 가는 길에 원주가 떨어졌다는 소식이 왔다. 발길을 돌려 충북 제천으로 내려갔다.

7월 4일 육본으로부터 '대구로 이동하라'는 이상한 작전명령이 하달되었다. 제천에서 6사단 철수를 엄호하라더니 왜 대구로 가라는 것인가. 사단장은 의아한 생각이 들었지만, 일단 이동 명령을 내리고, 사실 여부 확인차 대전 육본으로 달려갔다.

육본에서는 그런 작전명령을 내린 일이 없다 했다. 고개를 갸웃거리며 다시 제천으로 돌아가던 길에 제천마저 함락되어 단양으로 갈 수밖에 없었다. 사단 주력은 이미 대구에 도착했다가 갔던 길을 되돌아 올라가 단양에서 사단장과 합류했다.

단양의 첫 전투에 밀린 8사단은 영주–안동을 거쳐 영천 낙동강방어선에 배치되었다. 단양 첫 전투 때까지는 내륙을 헤매고 다니느라고 그 황금 같은 시기에 8사단은 전투를 해본 일이 없었다.

국방부의 『한국전쟁사』는 그 일 때문에 8사단이 '한가하게 열차 여행이나 다녔다'는 조롱을 받았다고 기술했다. 금쪽 같은 전쟁 초기에 온전한 사단 하나를 9일간이나 헤매고 다니게 한 것이 수상하다는 것이었다. 8사단 작전참모 정 운 소령은 간첩으로 몰려 조사를 받는 수모까지 겪었다.

그 조사로 사단 통신에 작전명령 전문이 수신된 사실이 확인되어 정 소령은 누명을 벗었다. 그러나 왜 그런 전문이 발송되었는지, 사실 관계는 밝히지 못했다. '인민군 측의 무선 교란에 말려든 것 같다'는 궁색한 결론으로 조사는 매듭지어졌다.

남북한 두 군대가 이렇게 헤매는 동안 동해안 7번 국도는 무주공산 상태였다. 적의 이상한 기동에 대해 북한의 공간사(公刊史)에 아무 언급이 없어 까닭은 알 길이 없다. 다만 우리 측의 추측만 있을 뿐이다. 그것은 600여 명으로 구성된 특수부대의 부산 상륙 성공을 전제로, 내륙전선 지원이 필요하다고 본 것이 아니었을까, 하는 추정이다.

또 하나는 미군 함정의 포격을 피해 산악으로 숨어들었을 가능성이다.

인민군 5사단 제945육전대(해병대)와 제766유격대가 강릉 정동진과 삼척 임원진에 상륙해 강릉 남쪽 지역을 점령한 날(25일) 저녁, 적 수송선 한 척이 울산 앞 먼바다에서 남진하고 있었다. 강릉·삼척 상황을 보고받은 해군전함 백두산호가 진해 기지를 떠나 동해로 항진 중 이를 발견했다.

"우측 공해상에 검은 연기를 내뿜으며 남쪽으로 가는 이상한 배가 있습니다."

견시(見視) 수병의 보고를 받은 갑판장 최영섭(崔英燮, 해사1기) 소위는 즉시 배를 검문하자고 함장 최용남(崔勇男) 중령에게 건의했다.

"저렇게 큰 어선은 있을 수 없고, 화물선도 아닙니다. 수상하니 검문해야 합니다."

통쾌한 6·25 첫 승전은 이렇게 이루어졌다. 검문에 불응하는 정체불명의 배에 포격을 가하자 즉시 응전의 포탄이 날아왔다. 북한의 병력 수송선임에 분명해졌다. 전함과 수송선의 싸움은 싱거웠다. 600여 명의 특수부대원을 태운 적 수송선은 대한해협 깊은 바다에 수장되었다.

적선을 격침시킨 백두산함은 국민의 성금으로 마련된 우리 해군 최초의 전함이다.

해군의 모체는 1945년 11월 11일 손원일(孫元一)이 결성한 해방(海防)병단이었다. 군정청에 의해 조선해안경비대로 확대 개편되었다가, 정부 수립 후 해군으로 승격되었다. 그러나 인원과 장비는 한심했다.

배라고는 해방 전 일본군이 쓰다 버리고 간 100톤급 이하 목선 몇 척뿐이었다. 이런 사정을 동정한 미군이 철수하면서 180톤급 소해정 (JMS)과 300톤급 소해정(YMS)을 몇 척씩 불하해주었지만, 그 정도로 는 성이 차지 않았다.

해군참모총장이 된 손원일 제독은 빈궁한 나라 살림을 아는 터에 전함을 사달라는 말을 하지 못했다. 애를 태우다가 모금 운동으로 전함 구매 예산을 마련키로 했다. 해군 전 장병 월급에서 매달 몇 푼씩 공제하여 돈을 적립하기 시작했다. 조금씩 돈이 불어나자 장교 부인회도 나섰다. 수예품과 옷가지들을 들고 나와 바자회를 열었다.

해군을 따라 국방부가 움직이자 일반 공무원들이 참여했다. 마침내 국민들도 성금 대열에 합류, 오래지 않아 목표액을 채울 수 있었다. 그렇게 사 들인 자랑스러운 전함이 백두산함이었다.

미국에서 백두산함이 들어온 날은 6·25 발발 2개월 전이었다. 자랑스러운 우리 전함이 국민의 성금으로 도입되었다고, 백두산함은 전국의 항구를 돌며 국민에게 선을 보이고 다녔다. 진해 기지로 돌아온 날이 6월 24일 밤 11시였다.

이튿날 아침 동해안의 다급한 전황이 날아들었다. 즉각 비상이 걸렸다. 지원차 출동한 백두산함이 부산 앞바다를 지나 북으로 항진 중, 부산 상륙을 목적으로 침투하던 적 수송선을 격침시켰다. 아마도 자력 국방을 위해 온 국민이 소매를 걷어붙인 애국심에 대한 하늘의 보상이 아니었을까.

부산으로 가던 적 수송선은 이렇게 격침되었지만, 강릉 삼척에서는 적선이 들어와 상륙하도록 아무도 몰랐다. 25일 미명 강릉시 정동진리 등명마을과 옥계면 금진리 해변에 상륙한 병력은 1,800명이었

동해에서 활약한 미 해군 주노함

다. 해안에 선단을 댄 인
민군들이 주민을 동원해
보급품을 양륙시키느라
고 시끌벅적하도록 군경
은 까맣게 몰랐다.

새벽 3시 주민 한 사
람이 옥계지서에 달려와
신고한 뒤에야 난리법

석이 났다. 상륙을 끝낸 인민군 부대는 새벽 5시 옥계국민학교 운동
장에 모여 인원 파악을 끝내고, 시가행진에 들어갔다. 경찰의 연락을
받은 해군 묵호경비부가 취한 첫 조치는 사복 차림의 정보원 13명을
보내 적의 동정을 살핀 것뿐이었다. 삼팔선 상황이 급했던 강릉 8사
단은 뒤를 돌아볼 여유가 없었다.

국도 7호선을 비워둘 수 없었던 육본은 진주 주둔 3사단 23연대
를 불러올려 영덕에 저항선을 쳤다. 적은 울진에 병력을 집결시켜 영
덕-포항-부산 직진을 노렸지만 실기하고 말았다. 미 해군순양함 주
노(Juneau)의 함포 사격 지원에, 미 공군기 지원까지 받은 23연대의 분
전으로 동해안 축선은 2주일 이상 저지되었다.

미군 함정 포격을 피해 산악으로 숨었을 것이라는 설의 근거가 이
것이다. 동해에 급파된 미군함대가 7월 1일부터 해안선을 견제하기
시작한 것이다. 동해안은 개활지 폭이 좁아 해상포격에 치명적인 지
형이다.

대전에 앉아 '서울 사수' 방송

        6·25 개전 직후 '서울 사수' 방송이 없었다면 어떻게 되었을까. 이런 가정이 가능하다면 한강 다리가 끊기기 전에 많은 국민이 피란을 떠났을 것이다. 따라서 목숨을 부지한 사람이 훨씬 많았으리라는 게 정답일 것이다. 서울을 사수하겠으니 '미동도 말고 군 작전에 협조하라'는 기만 방송이 없었다면 당연히 일찍 피란을 서둘렀을 테니까.

    대통령과 정부와 군이 다 서울을 떠난 다음 날 아침까지 국민을 안심시키는 방송은 계속되었다. 전쟁 발발 제1보는 25일 오전 7시였다. 그때부터 한강 다리들이 폭파된 28일 오전 2시 30분까지는 43시간 이상의 여유가 있었다. 그사이 군과 정부와 대통령은 끊임없이 "서울은 안전하다"는 방송을 거듭했다. 동요를 예방하려는 의도였겠지만, 결과적으로는 국민을 속여 희생을 키웠다.

    서울 중구 정동에 있던 중앙방송국(HLKA) 업무는 26일부터 공보처에서 국방부 관장으로 넘어갔다. 방송 내용 일체가 군 통제 아래

정동 시절 KBS 중계차

놓이게 된 것이다. 그 과정에서 양쪽의 통제를 받은 27일, 방송된 뉴스를 취소하는 전대미문의 사태가 벌어졌다. 정부가 수원으로 옮겨갔다는 뉴스였다. 어느 장단에 춤을 추어야 할지 몰라 국민은 우왕좌왕했다.

민재호(閔載鎬) 당시 중앙방송국장 대리는 이렇게 회고한다.

"27일 새벽 6시 조금 전이었는데, 신성모 국방장관이 비서를 시켜 쪽지를 보내왔어요. 정부를 수원으로 옮겼다는 뉴스를 내보내라는 것이었습니다. 서둘러 6시 뉴스에 내보내고 얼마 안 됐는데, 이번에는 이철원(李哲源) 공보처장 전화가 왔어요. 그 뉴스를 취소하라는 겁니다. 결국 뉴스를 취소하는 방송을 내보냈는데, 벌써 거리에는 피란민이 부쩍 늘었습니다."(언론자료편찬회, 『한국전쟁 종군기자』)

26일에는 "국군이 해주를 점령한 기세로 평양 원산을 향해 진격 중"이라는 뉴스를 거듭하며, "국민은 국군을 믿어야 한다"고 했다.

27일 오후 1시에는 국방부 보도과장 김현수 대령이 의정부를 탈환했다고 공식 발표했다. 의정부 전투에서 승리했고, 전황이 좋아져 수원 천도 결정이 취소되었으며, 정부는 여전히 수도에 있으니 안심하라는 방송이 반복되었다. 국회의 서울 사수 결의 보도를 빼고는 다 거짓말이었다.

오후 4시에는 "맥아더 사령부가 서울에 전투사령부를 설치키로 했고, 내일부터 미군이 참전하게 될 것이므로 현 전선을 고수하게 된다"는 특별방송이 있었다. 이런 희망적인 방송이 거듭되다가, 밤 10시 이승만 대통령의 육성방송이 나와 국민은 안심을 굳히게 되었다.

당시 국방부 보도과 방송계장 홍천(洪泉) 중위는 그 경위를 이렇게 전했다.

"밤 10시 조금 못 돼 정훈국에서 대통령의 담화 녹음을 보내왔어요. 즉각 내보내라는 겁니다. 밤 10시 뉴스부터 내보냈는데, 들어보니까 현 사태와는 너무 거리가 먼 거예요. 그때 프로를 메우기 위해 와있던 사회명사와 문인들이 더 이상 내보내면 안 되겠다는 겁니다. 나도 동감이라서 중단하고 말았습니다."(한국언론자료편찬회, 『한국전쟁 종군기자』)

방송국에서도 포성이 가까이 들리는 때였다. 대통령 육성방송 내용은 "서울을 사수하겠으니 국민은 안심하라"는 것으로 알려졌지만, 사실은 좀 다르다. 오키나와(沖繩)에 있던 미 해외방송 청취기관이 서울 중앙방송을 녹취해 국무성에 보낸 일일보고 기록을 요약하면 이렇다.

"국군이 맞서 싸울 무기가 없는 이 암울한 상황에서 나는 도쿄와 워싱턴에 연락하여 지원을 요청했다. 오늘 오후 맥아더 장군 전보를 받았다. 미국이 수많은 유능한 장교들과 군수물자를 보냈다니, 곧 도착할 것이다. 이 좋은 소식을 국민에게 전하고자 방송한다."

'서울 사수' '안심' 같은 말은 없지만, 오후에 방송한 정부 발표를 부정하지 않고 더욱 희망을 갖게 한 점에서 크게 다를 바 없다.

방송 내용보다는 마치 007 영화를 방불케 한 그 경위가 더 흥미롭다. 한국방송인동우회 이사 이장춘(李長椿)이 당시 대전방송국 방송과장(유병은)의 회고록을 근거로 정리해 동우회 블로그에 올린 내용에 따르면, 유병은 과장은 방송국으로 찾아온 헌병사령관 장흥(張興) 대령에게 납치당하듯 충남도지사 관사에 끌려갔다. 방송기기를 그곳에 가져오게 하여 대통령이 말하는 것을 녹음해 여러 차례 방송하라는 것이었다. "누가 물어도 대전에서 방송한 사실을 말해서는 절대 안 된다"는 위협까지 당했다.

국민 몰래 서울을 떠나 멀리서 방송한 사실이 소문날까 봐 두려웠던 것이다. 하긴 국민의 눈을 피하려고 신새벽에 선글라스를 끼고 나선 피란이었으니 그럴 법도 했다. 이렇게 떠난 대통령의 피란길도 기만 방송 못지않은 수수께끼다. 국정과 군 통수권을 팽개친 잠행이 너무 길었다.

27일 자정 심야 국무회의에서 수원 천도를 결정한 뒤 대통령은 이기붕(서울시장) 신성모(국방장관) 등의 권유를 받아들이는 형식으로 피란 결심을 굳혔다. 사실은 첫날부터 맘먹은 피란이었다.

여러 증언과 자료에 따르면 이승만 대통령은 25일 서울을 떠나려 했다. 25일 밤 9시 신성모 국방장관을 시켜 주한 미국대사 무초를 경무대로 불러들였다. 정부를 서울 남쪽으로 옮길 생각이라는 대통령의 말에 무초는 깜짝 놀랐다. "그러면 국군과 국민의 사기에 큰 영향을 미치게 될 것"이라면서, "대통령도 떠날 생각이냐"고 물었다.

"나 한 사람의 안위를 위해서가 아니라, 만일 대통령이 공산군에게 붙잡히게 되면 대한민국의 재앙이 될 것입니다."

"대통령 각하, 결심은 각하 스스로 내리는 것이지만 저는 여기 머무를 것입니다."

무초 대사가 퉁명스런 말을 남기고 떠나자 대통령은 피란 결심을 철회했다. 아직 서울이 건재하고 후방 병력이 수도 방위를 위하여 서울로 몰려오는 상황에서 도망칠 속내를 드러내 보인 것이 부끄럽기도 했을 것이다. 야간 국무회의 때 "미국과 협의 없이 수도를 옮기는 것은 신중히 해야 할 문제"라고 반대했던 조병옥 박사 발언도 영향을 미쳤을 것이다.

그러나 대통령이 수시로 오라 가라 하고, 전화로 상황을 묻고 하는 것이 싫었던 신성모 장관을 비롯한 측근들이 자꾸 피란을 부추기자 또 마음이 변했다. 26일 하루에도 여러 차례 생각이 오락가락했다. 1938년부터 지면이 있었던 해럴드 노블 주한 미국대사관 직원을 비롯해 여러 사람이 피란을 권유했던 것이다. 해럴드 래디 주한미군 고문은 일본으로 피신하기를 권유했으나 그것만은 단호히 거부했다.

대통령은 27일 새벽 3시 부인 프란체스카 여사와 비서 황규면(黃圭冕)을 대동하고 경무대를 나서 4시에 서울을 떠났다. 서울역에서 늘 대기시켰던 객차 2량의 특별열차였다. 이때를 전후해 정부요인, 국회의원, 각 기관장들과 그 가족도 피란길에 올랐지만, 국민에게는 극비였다.

대통령에게 빨리 피란을 떠나도록 종용한 사람은 누구였을까. 공식적으로는 측근들이 대통령과 국가의 안위를 걱정해 줄기차게 권고한 것으로 돼 있다. 이에 대하여 한 미국인이 내린 분석이 재미있다.

당시 주한 미 대사관 노블 영사가 1971년 『조선일보』에 기고한 글에 흥미진진한 내용이 적혀 있다.

경무대는 비서와 경위대가 독자적인 정보기관을 갖고 따로 일하고 있었다. 나는 그들이 일본 방송을 듣고 대통령에게 흑색정보를 보고하고 있음을 알고 놀랐다. 그 정보는 공산주의자들의 영향을 받은 일본 방송 보도나, 허무맹랑한 소문을 주워 모은 경우가 많았다. 이 보고가 경무대에 공포 분위기를 불러일으킨 것 같았다. 당시의 내무장관 백성욱은 운명론자이며 군사 비판론자였는데, 그가 대통령에게 우울한 영향을 준 것 같다.(『조선일보』 1971.8.3)

노블은 국무총리 겸 국방장관 신성모에게도 책임이 있다고 썼다. 그는 대통령이 전선 가까이 있는 것을 불편해했다. 걸핏하면 묻고 명령하는 대통령과 멀리 떨어져 일하고 싶어 했다는 것이다.

대통령 피란 열차는 대구까지 달려갔다. '너무 멀리 온 것 아니냐'는 측근의 귓속말이 주효했을까. 대통령은 열차를 돌려 대전으로 가자 했다. 그렇게 되짚어 올라간 대전에서 29일 수원비행장으로 맥아더 방한을 마중하고 와 하룻밤을 자고 또 대전을 떠났다.

이번에는 호남 쪽이었다. 한강 방어전이 한창이던 7월 1일, 승용차 편으로 대전을 떠났다. 이번에도 새벽 3시였다. 시민들 몰래 떠나고 싶었을 것이다. 추적추적 비가 내리는 새벽이었다.

비포장 빗길을 한참 달리다 이리(지금의 익산)에서 자동차가 고장났다. 8시간을 기다려 기차로 갈아타고 목포에 이르렀다. 여기서부터는 바닷길이었다. 열차 안에서 배편이 마련되기를 2시간 넘게 기

대구 임시수도 국회청사였던 문화극장을 나서는 이승만과 신성모

다려, 해군 소해정에 올랐다. 밤낮 19시간 항해 끝에 부산에 닿았다. 뱃멀미에 시달리며 폭풍우 바다를 헤쳐 간 위험한 뱃길이었다. 일주일여 부산에 머물다 또 대구로 올라간 것이 7월 9일이었다.

경무대를 떠나 남한 구석구석을 돌고 돌아 다시 대구에 도착한 열흘 남짓 동안, 이 나라에는 대통령이 없었던 셈이다. 측근 몇을 빼고는 아무도 그의 소재지를 몰랐다. 알 만하면 떠나고, 또 떠나기가 몇 번인가.

대구에 간 것은 그때 정부가 그곳에 있었기 때문이다. 대구가 목적지였다면 왜 호남을 삥 돌아 풍랑이 위험한 뱃길을 택한 것이었을까. 이 풀리지 않는 수수께끼들은 대통령의 귀에 달콤한 말만 불어넣는 간신배 부류의 '입질' 탓이었다는 게 통설이다.

"내가 잘못 판단했어. 이렇게 빨리 부산에 오지 않아도 되는 건데……. 미국 사람들 정보에는 왜 이렇게 엉터리가 많지!"

부산에 도착한 대통령은 두 손을 모아 입에 대고 후후 입김을 불어 넣으면서 방 안을 서성거렸다. 몹시 화가 날 때 하는 버릇이었다.

"각하, 부산까지 오셨으니 국민들에게 한 말씀 하셔야 하지 않으시겠습니까."

양성봉(梁聖奉) 경남지사가 대통령께 한마디 권했다가 핀잔을 받았다.

"지금 무슨 소릴 하는 거야? 도망쳐 나온 주제에 무슨 말을 하란 말인가. 모두 그만두어!"

국민 몰래 도망쳐 온 사실을 그는 인식하고 있었던 것이다. 그게 켕긴 것도 사실이었다. 방 안을 서성이던 그는 황규면 비서를 불러 "스캡(SCAP, 연합국최고사령부)에 전화를 걸라"고 지시했다. 왜 엉터리 정보를 제공하여 사람을 고생시켰느냐고 따져봐야 하겠다는 것이었다.

이어 신성모 국방장관을 전화로 대라 했다. 아직 한강방어선이 지켜지고 있다는 보고를 받고 또 화가 난 것 같았다. 19시간을 뱃멀미에 시달리며 폭풍우 바다를 헤쳐 오느라고 고생한 것이 억울했던 모양이다. 지름길을 두고 돌고 돌아 왔으니 그럴 법도 했다.

대전에서 대구는 지척이다. 처음처럼 기차로 가면 두 시간도 안 걸리는 거리인데, 왜 그랬을까. 한 측근이 추풍령 일대에 빨치산이 준동할 가능성이 있다는 미군 정보를 귓속에 불어 넣었다. 우리 군경에 명령을 내려 위험요소를 제거하고 가면 될 것을, 국군보다 미군을 믿은 탓이었다.

　그러고도 무엇을 잘못했는지 모르는 대통령이었다. 극비 피란을 이유로 국회가 대통령의 대국민 사과 결의를 통과시켰지만 소용 없었다. 정부를 따라 대전으로 내려온 신익희(申翼熙) 의장과 조봉암, 장택상 의원이 충남지사 관저로 이 대통령을 찾아가 국회 결의를 통보했다. 국민에게 사과를 해야 한다는 '국민의 뜻'이었다.

　"내가 왜 사과를 해? 내가 당 덕종이오? 사과하려거든 당신들이나 해요."

　즉석에서 돌아온 응답이 이랬다. 그러고는 문을 쾅! 소리가 나도록 닫고 나갔다. 대통령이 언급한 당(唐)나라 덕종(德宗)은 절도사들의 잦은 반란으로 장안을 버리고 파천한 일을 전란 후 국민에게 사과한 죄기조(罪己詔, 잘못이 자신에게 있음을 고백하는 조서)로 유명하다.

　사과는커녕, 한강 다리를 끊어 피란을 가지 못한 시민들에게 '부역자' 누명을 씌워 죽이고 옥에 가둔 부역죄 소동은 또 무엇이었던가. 9·28 서울 수복 후 잔류파 시민에게 가한 혹독한 사상 검증이 그의 뜻이었으니, 적반하장도 그럴 수는 없다. 보도연맹 사건이다, 국민방위군 사건이다, 하는 치사극과 학살극의 정점에도 그가 있었으니, 그에게 국민은 대체 무엇이었던가.

미국의 치욕―사단장, 포로가 되다

　　　　한강방어선을 뚫기에 또 사흘을 허비한 인민군은 7월 3일 전차를 앞세우고 강을 건너기 시작했다. 한강 방어전에 총력을 쏟아부은 국군은 이제 더 이상 여력이 없었다. 폭파되지 않은 단선철교 하나에 목재를 깔고 그 전차들이 넘어오기 시작한 것이다.

　이 시기에 맥아더 장군의 한강방어선 시찰이 있었고, 그 시찰에서
　김홍일(金弘壹) 소장이 길목을 지켜 섰다가 남하하는 패잔병을 끌어모아 임시로 편성한 시흥지구전투사령부는 잘 싸웠다. 덕분에 금쪽같은 시간을 일주일 가까이 벌었다.

　이 시기에 맥아더 장군의 한강방어선 시찰이 있었고, 그 시찰에서 희망의 싹을 본 그는 바람 앞의 등불처럼 흔들리는 한국을 구하기로 결심한다. 한강을 시찰하고 도쿄로 돌아가자마자 맥아더 장군은 본국에 긴급 병력 지원을 요청했다. 그리고 규슈(九州), 구마모토(熊本) 주둔 24사단 선발대(스미스 부대)를 한국 전선에 급파했다. 뒤이어 24사단 본대를 파견하면서 그는 "시급한 것은 6일간의 시간"이라고 말했다.

한강방어선 구축은 중국 국민당군에서 오랜 실전 경험을 쌓은 김홍일 장군의 공로였다. 많은 전사(戰史) 전문가들은 한강방어전에 성공한 그를 6·25 전쟁의 '진정한 영웅'으로 평가하기를 주저하지 않는다. 서울-수원 국도를 지키고 서서 끌어모은 낙오병 혼성 2개 사단을 꾸리지 않았으면 '시급한 시간'은 훨씬 급박해졌을 것이다.

서울 노량진 한강지구방어전투 기념조형물
ⓒ문창재

6월 29일 도쿄에서 전용기 바탄호를 타고 수원 비행장에 날아온 맥아더는 곧장 한강 남안으로 달려갔다. 그를 전선으로 안내한 사람은 시흥지구전투사령부 참모장 김종갑(金鐘甲) 대령이었다. 김홍일 장군이 전선에 나가 있었기 때문이다.

가는 길에 영등포 도로변에 서 있던 버스가 한강 북안에서 쏜 120밀리 박격포에 맞아 박살이 났다. "위험하니 돌아가시는 게 어떻겠느냐"는 부관의 권유를 장군은 한마디로 물리쳤다. "나는 한강을 보아야 하겠다(No, I want to see Han River)."

영등포역 뒤편, 옛 동양맥주 공장 언덕에 올라가 쌍안경으로 한강 전선을 시찰한 맥아더는 바로 옆 개인호를 지키고 있는 일등중사에게 물었다.

"자네는 언제까지 그 호 속에 있을 셈인가?"

"저희 상사로부터 철수명령이 내려질 때까지, 아니면 제가 죽는 순간까지 이곳을 지킬 작정입니다."

이 대답에 장군은 미소를 머금고 김 대령에게 말했다.

"그에게 말해주시오. 도쿄에 돌아가서 지원 병력을 보내줄 테니 안심하고 싸우라고."

현장을 떠나면서 장군은 그 병사의 어깨를 두드려주었다. 맥아더 장군은 그때 미국 지상군 투입과 인천상륙작전을 구상했다고 그의 자서전에 밝혀놓았다.

"수도를 빼앗기고 병력도 3 대 1 정도로 열세인 한국군을 지원하기 위한, 패배를 승리로 이끌 수 있는 반격작전, 즉 인천상륙작전의 구상이 머리에 떠올랐다."

적의 보급로를 차단하는 방법으로 인천상륙을 구상했다는 것이다.

인민군의 남진을 저지시키라고 맥아더가 수송기 편으로 급파한 스미스 부대는 7월 5일 오산 죽미령 전투에서 특임부대 임무 수행에 실패했다. 적 전차를 저지할 마땅한 무기가 없었던 탓이다.

스미스 부대의 정식 명칭은 대대장 이름을 딴 스미스 특임부대 (Task Force Smith)였다. 특별한 임무를 수행하라는 의미가 부여됐지만, 바주카포, 박격포, 무반동총 정도의 경무장이었다. 최단 시간에 건너가야 한다는 방침에 따라 수송기에 몸을 실은 탓이었다. 일본 점령군 생활을 즐기던 스미스 부대 장병들은 그 기분 그대로 비행기에 올랐을 것이다. 주말 밤 규슈 구마모토(熊本)의 클럽에서 아가씨들의 술

시중을 받으며, 마시고 춤추고 떠들던 기분이 가시지 않았을 것이다. 다가올 주말을 기다리던 중에 맞은 소집 명령이었으니 쾌락에 들뜬 기분 그대로 온 것이다. 세계 최강의 독일군과 일본군을 무찌른 무적 군대라는 자부심에 가득 찬 부대였다. "북한 병사들은 미군의 참전 사실만 들어도 도망쳐버릴 것으로 여겼다"는 게 대다수 참전용사들의 증언이었다.

6월 30일 일본 구마모토 주둔지에서 부산 수영비행장에 공수된 스미스 부대 2개 중대는 열차 편으로 이동, 7월 4일 밤 인민군이 남하해 내려올 오산 1번 국도변 죽미령 좌우 숲속에 진을 쳤다. 7월 5일 새벽, 작업을 마친 장병들은 가랑비 속에 레이션 박스를 열어 아침식사를 했다.

7월 3일 한강을 건넌 인민군은 별다른 저항을 받지 않고 오산까지 내려왔다. 결론부터 말하자면 인민군과 미군이 처음 맞붙은 이 전투의 결과는 미군의 처참한 패배였다.

오전 8시가 조금 지나 북쪽에서 전차를 앞세우고 내려오는 적 전차 행렬이 목격되었다. 무반동총과 박격포 세례를 퍼부었다. 전차들은 끄떡도 하지 않았다. 전차 2대의 전진을 저지시켰을 뿐이다. 뒤를 이어 긴 꼬리를 달고 밀려오는 36대의 전차 행렬을 막을 방법이 없었다. 전차들이 불을 뿜고 뒤따라온 보병부대가 진지로 기어오르며 근거리 공격을 가해 오자 미군 전사자가 발생하기 시작했다. 교육훈련이 느슨했던 스미스 부대원들은 당황했다. 근접전에서는 인민군의 적수가 되지 못했다. 게다가 오후 들어서는 실탄이 소진되어 속수무책으로 당했다.

540여 명의 부대원 가운데 전사 159명, 부상 85명, 포로 31명. 어이없는 패배였다. 6시간 정도 적의 남진을 저지한 것으로 만족해야 했다. 미군이 촬영한 것으로 보이는 전투 현장 동영상에는 수십 명의 미군이 손을 머리에 얹고 길가에 꿇어앉은 주위를 인민군들이 지나가면서 놀리는 장면이 나온다. 세계 최강 군대 꼴좋다는 듯이.

뒤따라 부산에 상륙한 미 24사단 본대병력 역시 평택-안성 저지선, 천안 저지선, 금강 저지선에서 차례차례 밀렸다. '대전 사수'가 급선무가 되었다. 워커 8군사령관은 24사단장 윌리엄 딘 소장에게 '7월 20일까지 대전을 반드시 지키도록' 명령했다. 포항에 상륙할 미 해병1사단을 추풍령 전선에 배치할 시간을 벌어달라는 것이었다.

야크기 지원을 받은 적 제3, 제4사단이 경부 축선을 따라 밀물처럼 치고 내려왔다. 교통의 요지인 대전에는 옥천 · 유성 · 논산 · 금산 · 조치원 등 5개 지역으로 분기되는 도로망이 있어 수비 병력이 분산될 수밖에 없었다.

윌리엄 딘 소장

병력 부족에 지리가 어둡고 훈련되지 않은 병력을 거느린 지휘관들은 전투 일선에 나서 독려하지 않을 수 없었다. 천안전투에서 34연대장 로버트 마틴 대령이 전사한 뒤, 딘 장군도 바주카포를 메고 일선으로 달려갔다. 제2차 세계대전 때 유럽에서 용명을 떨친 이 포병 전문가는 직접 바주카포

딘 장군이 격파한 인민군 전차와 그의 지프차(The Archive of Korean Histoy)

를 쏘아 적 전차를 파괴하는 기염을 토했다. 그러나 중과부적이었다. 전차를 앞세우고 병력을 가득 태운 트럭들이 대전 시내로 들이닥쳤다.

시가지 혼전 중에 그의 사단은 통신장비마저 불통되어 부대 간 연락이 끊겼다. 원래는 지연작전이 19일 밤까지로 예정되었지만, 하루가 연장되어 병사들은 크게 지쳐 있었다. 20일 악전고투 끝에 연락병을 투입해 철수명령을 내린 딘 소장은 인접 병력을 모아 50여 대의 차량 편으로 철수에 나섰다.

바로 이때 돌이키지 못할 실수가 발생했다. 운전병이 옥천–영동 방향으로 좌회전해야 할 네거리를 지나쳐 남쪽으로 계속 달린 것이다. 그리고 곧 첫 번째 위기가 닥쳐왔다. 길가에 매복했던 적의 공격으로 대원들이 뿔뿔이 흩어졌다. 딘은 몇 사람의 대원과 함께 산속으

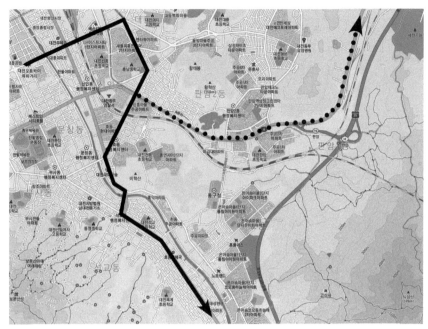

딘 소장이 잘못 든 길을 표시한 지도. 점선이 예정했던 탈출로이고, 실선이 실제 탈출로.

로 피했다. 그중에 부상병이 포함되었다.

부상병이 심한 갈증을 호소하여 딘은 물을 찾아 계곡 아래로 내려가다 굴러떨어져 의식을 잃었다. 기다리다 지친 대원들이 떠나고 나서야 의식을 되찾은 그는 혼자 산야를 헤매었다. 그러다가 역시 혼자가 된 동료를 만나 함께 행동했다.

산짐승이나 다름없는 도피 생활이었다. 낮에는 자고 밤에 별자리를 보고 동쪽으로 간다는 게 제자리를 뺑뺑 돈 적도 있었다. 허기를 달래려고 밭에 버려진 날감자를 먹고, 갈증이 나면 빗물을 마셨다. 그게 탈이 되어 심한 이질로 고생하기도 했다.

그러다가 천사를 만났다. 전북 무주군 적상면 한 농가에 들어가 배가 고프다는 시늉을 하자, 집주인(박종구)은 음식을 차려주고 정성

스레 잠자리까지 돌봐주었다. 그 집에서 이틀 밤을 자며 몸을 추슬러 길을 나섰는데, 이번엔 악마를 만났다.

키 작은 중년 남자 둘에게 대구까지 길 안내를 해주면 100만 원을 주겠다고 제안하자, 그들은 "오케이!"를 연발했다. 그들을 따라가다가 10여 명의 청년들과 마주쳤다. 그들은 불문곡직, 딘을 결박해 진안군 어느 파출소로 끌고 갔다. 미리 신고를 했던 모양이다.

포로가 된 딘은 전주를 거쳐 대전으로 압송되었다가, 평양으로 끌려갔다. 국군의 북진 때는 북한의 임시수도 강계(江界, 평북) 수용소로 이송되었다. 그는 포로 심문 과정에서 신분을 감추느라 심한 고초를 겪었다. 44시간 잠을 못 자게 하는 고문도 당했다. 90킬로그램 가깝던 거구가 58킬로그램이 되었을 정도였다.

이때 그를 심문한 통역은 도쿄 유학을 다녀와 김일성대학에서 문학을 강의하던 이규현(李揆現)이었다. 그는 국군 북진 때인 1950년 10월 미군부대에 투항해 자유인이 되었다. 언론계(한국일보 논설위원, 중앙일보 편집국장)에 종사하다가 문공부 장관에 발탁되었다.

그에 따르면 딘은 인민군 정치보위부장 방학세의 직접 심문까지 받았지만 끝까지 비밀을 지켰다. 인천상륙작전 비밀을 지키려고 자살 시도까지 했다. 그 과정에서 감추려던 신분이 탄로되었다.

사단장이 실종되자 미군은 즉시 구출작전에 나섰다. 미국 역사상 처음인 불명예를 씻으려는 단호한 행동이었다. 33명으로 구성된 결사 특공대는 열차 편으로 대전역에 돌입했다. 대전역 가까이 어딘가에 고립되었을 것으로 추정한 것이었는데, 그게 착각이었다.

대전 동남쪽 경부선 세천터널 일대에 배치된 적 매복조의 집중사격을 받아 10여 명이 전사했다. 가까스로 도착한 대전역에서 1시간 가까이 수색전을

미 24사단 부대원들이 대전역에 내려 작전지역으로 이동하고 있다.

펴다가 퇴각 중 또 공격을 당해 대원 20여 명과 기관사(김재현)까지 전사했다. 특공대 전원 사상(33명 전사, 1명 중상)의 참패였다. 사단장 실종, 연대장 전사, 부대전력 40% 망실, 특공대 전원 사상이라는 비참한 기록은 미국 역사상 처음 있는 치욕이었다. 특히 사단장 실종이 뼈아팠다.

미군 병사들이 왜 그렇게 허약했는지, 그것도 미스터리의 하나였다. 아무리 훈련되지 않은 병력이라 해도 며칠 사이 그렇게 괴멸된 것은 누구라도 고개를 갸웃거릴 일이다. 군사 전문가들은 당시 극동 주둔 미군의 정신적 해이에서 원인을 찾는다.

주한미군 군사고문단 하우스만 참모장은 미 24사단 병력을 '도쿄 긴자 거리에서 게이샤들과 즐거운 외출 시간이나 갖던 부대'라고 혹평했다. 2차 세계대전이 끝난 지 5년, 평화 무드에 안주한 주일미군의 군기는 풀릴 대로 풀려 있었다. 전투 경험자는 부대원의 15%에 불과했고, 교육도 훈련도 형식적이었다. 세계 최강 군대라는 헛된 자긍심에만 부풀어 있었다.

막상 전투 상황에 닥치자 사병들은 몸을 사렸다. 조그만 실수에도 우왕좌왕했다. 최신 대전차포가 공수돼 왔지만, 다룰 줄 아는 병사가 드물었다. 며칠 사이에 통신이 두절된 것도 비슷한 사정이었다.

딘 장군의 생존 사실은 1951년 12월 18일 오스트레일리아 종군기자 월프레드 버체트의 인터뷰 기사로 세상에 알려졌다. 그는 북한 당국의 초청으로 평양에 들어가, 어느 이층집에서 딘 장군을 만났다. 딘이 인민군 사병과 장기를 두는 사진을 곁들여, "딘 장군은 스위스 휴양지 같은 곳에서 생활하고 있다"는 기사를 썼다. 북한이 왜 자신을 선택했고, 왜 딘 장군을 노출시켰는지, 그 의도에 눈감고 특종에만 급급했다는 비판이 따랐다.

딘 장군은 1953년 정전 후 포로 교환 때 인민군 총좌 이학구(李學九)와의 교환 형식으로 풀려났다. 꺼칠한 몰골에 먼지를 잔뜩 뒤집어쓴 모습으로 귀환한 그는 지나친 '영웅 대접'을 민망해했다. "나는 영웅이 아니다. 한 사람의 포로에 불과하다"는 말을 입에 달고 살았다.

그는 한국전선에 3.5인치 대전차포를 처음 들여온 사람이다. "지금 곧 3.5인치 대전차포를 보내달라고 전문을 보내주게. 포트 베닝 기지(조지아주)에 여분이 있을 테니까. 오늘 2.36인치 포를 쏴봤는데, 적 전차가 끄떡도 하지 않더군." 이 부탁을 받은 하우스만의 급전으로 대전차포가 공수되어 주한미군에 긴급 배치되었다. 한국군 사단에도 대전차포 중대가 하나씩 배속되어 낙동강 방어전을 역전승으로 이끌 수 있었다.

그는 한국과 인연이 깊은 사람이었다. 1947년 제2대 주한 미군정 장관 겸 주한미군 부사령관으로 부임하여 제주 4·3사건 진압을 지휘했다. 사건 발생 1개월 후인 1948년 5월 5일 제주에 날아간 그는 진압 대책회의를 주재했다.

회의 중 조병옥 경무부장과 김익렬(金益烈) 9연대장 사이에 충돌이 일어났다. 평화적 해결을 주장한 김 중령이 강경책 일변도의 조 부장 멱살을 잡고 흔들어 육탄전이 벌어진 것이다. 그 싸움은 희대의 활극이었다. 김 중령은 무력 위압과 설득, 선무 귀순공작을 병행하자고 주장하며 경찰의 대응을 비판했다. 그러자 조 부장이 그를 공산주의자로 몰아붙여 고성과 삿대질이 시작되었다.

조가 김의 아버지까지 국제공산주의자로 몰아붙이자, 격분한 김은 조에게 주먹질을 했다. 넥타이를 잡아당겨 목이 졸린 조가 비명을 질렀다. 안재홍(安在鴻) 민정장관, 송호성(宋虎聲) 경비대총사령관 등이 아무리 호통을 치고 뜯어말려도 소용 없었다.

결국 딘 장군이 미군 헌병을 불러들였다. 그들이 김을 제압해 의자에 결박한 뒤에야 소동은 가라앉았다. 회의는 아무 성과 없이 끝났고, 김은 9연대장에서 해임되었다. 미군정 시대 다른 시국 이슈에서도 딘의 강경 보수정책이 많은 파란을 일으킨 것이 사실이다.

그것은 접어두고, 6·25전쟁만 보기로 한다. 포로로 잡히는 수모를 당해가면서 그가 경부 축선을 지킨 것은 눈에 보이지 않는 전공이다. 졌으면서도 이긴 전투였다. 그와 그의 사단이 없었으면 낙동강방어선도 제 몫을 못했을 테니까.

한국전쟁 10대 미스터리 논란

"6 · 25 당시 육군 지도부에 통비(通匪) 분자가 있었다."

대한민국 군번 1번으로 유명했던 이형근(李亨根) 장군 주장이 큰 파문을 일으켰었다. 그는 1994년 『군번 1번의 외길 인생』이란 자서전을 통해 한국전쟁 열 가지 미스터리를 꼽으며 그렇게 주장했다.

군 지도부에 적과 통하는 세력

이형근

이 있었고, 미스터리가 열 가지나 된다니 너무 충격적이었다. 열 가지 미스터리란 다음과 같다.

첫째, 일선 부대의 남침 징후 보고를 군 수뇌부가 묵살 내지 무시한 점.

둘째, 전쟁 발발 코밑에 단행된 주요 지휘관 대규모 인사이동.

셋째, 전쟁 직전 대대적인 전후방 부대 교체.

넷째, 6월 24일의 비상경계령 해제.

다섯째, 24일 전 장병의 50% 휴가 및 외출 외박.

여섯째, 24일 밤 육군 장교클럽 댄스파티.

일곱째, 의정부 축선 병력 축차(逐次) 투입.

여덟째, 국군이 반격해 북진 중이라는 허위 방송.

아홉째, 한강교 조기 폭파.

열째, 공병감 최창식(崔昌植) 사형 조기 집행.

이런 의문점에는 부분적으로 불가피성이 인정되는 측면도 있다. 국군은 유의했지만 미군이 사소하게 평가했고, 전술상 필요한 측면이 있었던 게 부분적으로는 사실이다. 이 장군 개인적 감정이 내재된 점도 인정된다. 그러나 국군의 해주 점령, 평양 진격, 서울 사수 방송, 한강교 조기폭파, 최 대령 사형 조기집행 등은 속 시원히 해명되지 않았다.

군 수뇌부가 일선 부대의 남침 징후 보고를 묵살했다

"1950년 4~5월 8사단뿐만 아니라 다른 사단에서도 적의 대규모 남침 징후가 보인다는 보고가 잇따랐을 것이다. 8사단의 경우 1950년 3~5월 태백산맥으로 침투한 이호재 부대의 잔당과 김무현 유격대를 토벌하던 중 생포한 포로들 심문 결과 이구동성으로 적의 대규모 남침을 거듭 예고했기 때문에 이 정보를 육본에 수차례 보고했으나 아무 반응이 없었다."

이형근 장군의 이 주장에 대한 반론은 이렇다.

"일선 부대의 적정 보고가 묵살된 것은 맞다. 하지만 그 주체는 국군 수뇌부가 아니라 미국이었다. 육군본부는 6월 23일 미국 측에 적의 남침 징후를 보고했다. 그러나 미국은 1950년 들어 계속된 위기설과 동일하게 취급했다. 한국군 역시 수개월간 지속된 비상경계령으로 야기된 피로와 부작용을 감당하기 힘든 수준이었다. 당시 한국군은 유엔 한국소위 승인 없이는 평시에 함부로 탄약을 불출(拂出)할 수 없는 상황이었다. 남침 징후를 보고받고도 적극적으로 대응할 수 있는 방안은 거의 없었다. 신성모가 '점심은 평양, 저녁은 신의주에서'라고 떠들 정도로 북진 통일을 주장하던 상황이어서 미국 등이 의심한 것은 당연한 일이었다. 당시에는 미국도 북한의 남침 의도를 분명하게 알지 못했던 상황을 염두에 두어야 한다."

이에 대하여 2005년 국방부 군사편찬연구소 연구원이었던 최용호(당시 중령)는 인사이동의 당위성과 불가피성을 다음과 같이 주장했다.

"제4대 참모총장으로 부임한 채병덕 소장이 대통령과 신성모 국방장관의 신임을 배경으로 지휘 조직을 확실하게 정비할 필요성을 갖게 된 것은 당연한 결론이었을 것이다. 따라서 세대교체를 포함해 자신의 인맥을 구축하기 위한 대규모 인사가 불가피했을 것이다. 한편 이 같은 대규모 인사이동 15일 만에 전쟁이 발발했다는 결과론적 입장에서 볼 때는 적의 위협을 코앞에 두고 그런 대규모 인사가 꼭 필요했는가 하는 문제가 있는 것도 사실이다."

이형근의 주장에는 충분한 근거가 있다. 5월 10일 신성모 국방장

채병덕 육군참모총장

관은 "북괴군이 38도선에 병력을 집중시키고 있다"는 성명을 발표했다. 일선 부대의 정보 보고가 근거였을 것이다. 같은 날 이승만 대통령도 기자회견에서 "북쪽에서 위기가 다가오고 있다. 5, 6월에 무슨 일이 일어날지 모른다"고 말했다. 국방부 장관부터 대통령까지 같은 위기 의식을 갖고 있었으면서 대비에는 게을렀던 셈이다.

채병덕 육군참모총장은 6월 10일 북측의 제안(남한이 억류 중인 이주하와 북이 억류하고 있는 조만식의 맞교환)을 평화 공세로 규정, 11일부터 비상경계령을 발령했다. 이 기간 중 의정부 주둔 7사단 등 일선 부대로부터 삼팔선 일대의 북한군 동향이 심상치 않다는 보고 전화가 빗발치듯 했다.

이선교의 『6 · 25 한국전쟁 막을 수 있었다』에 따르면, 장도영(張都映) 육본 정보국장은 휴가령이 내려진 6월 24일 전방 각 부대에서 날아오는 정보를 종합해 전면전 징후로 보고 총장실로 달려갔다. 그는 "일요일이 위험하니 당장 비상을 걸어 경계를 강화시켜야 한다"고 주장했다.

"오전에 해제한 경계령을 어떻게 오후에 부활시키겠는가!"

채 총장은 화를 벌컥 내고 방을 나가버렸다. 장 국장은 어이가 없었지만 즉시 인사 · 작전 · 군수국장 등 동료 참모들을 불러모아 곧 전면전이 일어날 것 같다고 설명했다. 그런데도 다들 묵묵부답이었다. 평소 그런 말을 하면 총장이 "유언비어를 퍼트려 사회를 혼란시킬 작정인가. 너 빨갱이 아니야?" 하고 혼을 내기 때문이었다.

화를 내고 나간 게 마음에 걸렸던지, 채 총장은 오후 3시쯤 정보국에 들러 "직원들을 동두천 개성 방면에 풀어 25일 오전 8시까지 보고하라"고 지시했다.

이 대목에서 한번 가정법을 써본다. 만일 그때 총장이 정보국장 말을 수용했다면 결과는 그렇게 비참하지 않았으리라고 누구나 인정할 것이다. 믿을 만한 지휘관과 참모를 거느리려고 단행한 인사이동이 아니었던가!

미국을 설득하여 움직이도록 하지 못한 책임도 모면할 수 없다. 나라를 지킬 책임은 우리 군과 정부에게 있다. 어떤 수단과 방법을 동원해서라도 미국을 움직여 만반의 대비 태세를 갖추어야 마땅하지 않은가. 그 절체절명의 위기 속에서 육군은 반대로 비상경계령을 해제했다. 그 책임은 역사에 길이 남을 것이다.

전쟁 발발 이전 북한군의 남침 징후와 관련된 정보 보고는 수백 건에 이른다. 이 가운데 남침이 임박한 시점에 전선별로 보고된 몇몇 사례만 살펴보자.

6월 22일, 중부 전선 강원도 화천 정면 6사단 7연대에 인민군 전사 1명이 귀순했다. "나는 전차병인데, 화천 지구에 1개 대대의 전차가 집결하고 있습니다." 귀순자의 진술에 놀란 임부택 연대장은 정찰을 위해 즉시 관측소로 달려갔다. 화천군 유천면 지역 북한군 부대에 지금껏 보지 못한 포진지가 생겼고, 포신이 모두 남쪽을 향하고 있었다. 놀란 그는 망원경으로 한동안 살펴보았다. 평소에 보이지 않던 차량이 빈번히 움직이는 것을 본 연대장은 직접 육본 정보국에 보고하고 대책을 건의했다.

6월 19일, 동부전선 강릉 해안으로 인민군 전사 1명이 귀순했다. "일주일 후면 전면 남침이 시작될 겁니다. 엄청난 수의 인민군 부대가 삼팔선 가까이 집결하여 남침명령을 기다리고 있습니다. 이를 알려주려고 내려왔습니다." 이 정보도 연대장에 의하여 즉각 육본에 보고되었다.

6월 24일, 17연대 옹진반도 정면에 갑자기 인민군 부대 병력이 증강되었다. 모든 포신이 남쪽을 향했고, 군관들이 쌍안경으로 남쪽을 관측하는 모습이 포착되어, 백인엽 연대장이 즉각 육본에 보고했다. 그러나 결과는 앞에서 본 그대로였다.

이는 군내 통적(通敵)분자들의 작용을 의심할 만한 정황이다. 이런 의심에는 충분한 근거가 있다. 국군 내부에 공산주의자들이 존재했던 것은 사실이다. 1949년 여수 주둔 14연대 반란 사건을 계기로 대대적인 숙군(肅軍) 사업이 벌어져 좌익 세력 5천여 명이 숙청되었다지만, 충분했다고 볼 수는 없다.

1949년 5월에는 6사단 2개 대대 집단 월북 사건이 있었다. 표무원·강태무 두 대대장이 야간 작전훈련을 한다고 대대원들을 인솔하여 넘어갔다. 채병덕 국군총참모장의 부관 나최광(羅最鑛) 중위가 군적이 없는 장교였던 사실도 확인되었다. 그는 6·25 발발 이후 종적을 감추었는데, 피살설·자살설·도피설 등이 분분하지만 아무것도 확인되지는 않았다.

6월 25일 당일 상황은 정말 속이 터질 지경이었다. 전쟁 발발 사실이 국방부 장관에게 보고되기까지 3시간, 대통령에게 보고되기까지는 무려 6시간이 걸렸다. 전화가 있는 시대에 이게 정상인가.

24일 저녁 육군 장교클럽 낙성식 댄스파티 술자리가 길어져 새벽 2시 용산구 갈월동 총장 공관에 도착한 채병덕 총장은 곧 곯아떨어졌다. 25일 오전 5시 10분 육본 일직사령에게서 전화로 전쟁 발발 소식이 날아왔다. 채 총장은 믿어지지 않는다는 듯 정보국 북한반장이며 당직 근무자였던 고 김종필(金鍾泌) 중위를 공관으로 불러 사실 여부를 물었다.

"옹진 쪽에서 주문진까지 삼팔선 전 지역에서 북한이 대규모 공격을 하고 있습니다."

보고를 받고서야 "알았다. 즉시 즉각 비상을 걸고 참모들을 전원 소집하라"는 지시를 내렸다. 이때가 오전 6시였다.

비상시 핵심 보직인 육본 작전국장 장창국(張昌國) 대령은 이사한 지 며칠 되지 않아 전화 연락이 안 되었다. 채 총장은 보고를 받고 장관에게 보고해야 하겠다면서 신성모 장관 집으로 전화부터 걸었다. 그러나 전화 연결이 되지 않자 장관 비서에게 연락하여 함께 지프를 타고 집으로 달려갔다. 오전 7시께였다. 그리고 육군본부에 그가 나타난 시각이 7시 30분이었다.

아침부터 비원에서 낚시를 즐기던 이승만 대통령은 오전 10시쯤 경찰 보고를 받고 경무대로 돌아왔는데, 이때야 신 장관이 허겁지겁 달려왔다. 총장에게서 상황 보고를 받은 시간이 오전 7시인데, 3시간 넘도록 어디에서 무슨 일을 했는지는 확인되지 않았다. 그는 간략한 상황 보고 끝에 "크게 걱정하실 것 없다"는 말만 거듭했다.

전쟁 코밑의 6·10 인사이동

"6·25 발발 불과 2주일 전 중앙 요직을 포함한 전후방 사단장과 연대장 급의 대대적인 교류와 이동이 단행되었다. 중요한 것은 한꺼번에 많은 인사를 단행한 것이 문제라는 것이다."

이 주장에 대한 반론은 이렇다.

"의도는 좋았다. 1950년 3, 4월 전쟁위기설이 나온 상황에서 기존의 빨치산 토벌 및 치안유지 위주로 임무를 수행했던 국군의 인사체계 및 부대 배치를 그대로 방치하는 것은 위험한 일이다. 당시 채병덕 총장을 비롯한 육군 수뇌부는 이를 해결하기 위하여 유능한 지휘관을 엄선하여 전방 야전부대에 배치하고, 이 부대들을 빨리 개편하여 전투력을 끌어올리려 했다. 이런 의도는 좋았지만 재편성을 위한 시간의 지연은 불가피했다. 이런 상황에서 남침을 당한 것이다."

이형근의 주장은 모두 사실이다. 본부 요직과 사단장·연대장 급이 동시에 거의 대부분 교체되어 전투태세 정비에 혼란을 일으켰다는 주장에 충분한 설득력이 있다.

6월 10일자 인사 발령 내역은 다음과 같다. (괄호 안은 전직)

유재흥 준장(대전 2사단장)→의정부 7사단장

김종오 대령(참모학교)→원주 6사단장

이성가 대령(10연대장)→강릉 8사단장

이종찬 대령(국방부 1국장)→수도 사단장

이형근 준장(강릉 8사단장)→대전 2사단장

이준식 소장(의정부 7사단장)→육사교장

신상철 대령(춘천 6사단장)→육본 인사국장

강문봉 대령(육본 작전국장)→ 미 참모대학

김점곤 중령((12연대 부연대장)→육본 정보국 차장

장창국 대령(참모학교 부교장)→육본 작전국장

박임항 대령(3연대장)→육본 작전국 차장

정래혁 중령(참모학교)→육본 작전과장

전방 사단장 가운데 이동이 없었던 사람은 4월 인사로 부임한 1사단장 백선엽 대령뿐이었다. 전선 사정을 그런대로 파악하고 있었던 그도 육군보병학교 고등군사반 생도로 입교 중 6·25를 맞았다.

취임 직후 단행한 4월 인사 2개월 만의 전면 인사이동이었다. 특색은 이응준(李應俊), 유승렬(劉升烈) 같은 군 원로와 자신의 경쟁자(이형근)를 후방 사단장으로 보내고, 젊고 투지 있는 사람을 전방 지휘관으로 발탁한 것이었다.

전쟁 코앞의 대규모 지휘관 이동은 잦은 총장 교체와 연관되어 있다. 초대 참모총장 이응준은 5개월 만에 국군 2개 대대 월북 사태에 인책 사임했고, 후임 채병덕 역시 원로 김석원(金錫元) 장군과의 불화로 5개월 만에 물러났다.

3대 총장 신태영(申泰英)도 몇 개월 재임에 그쳤고, 채병덕이 다시 기용되었다. 20개월 동안 총장이 네 차례 바뀌었으니 평균 재임 기간이 5개월이었다.

6·10 인사는 채병덕이 4대 총장으로 취임하자마자 서두른 것이었다. 자기 체제를 굳히기 위한 포석이었다. 육군본부에서도 정보국

장과 군수국장을 제외한 모든 참모를 갈아치웠다.

국방부 측 해명은 이치에 맞지 않는다. 채병덕 총장은 3대 신태영 총장 후임이다. 그 앞에 2대 총장을 역임한 사실도 있다. 그렇다면 1949년에는 위기 상황이 없었다는 말이 되는데, 이는 사실과 다르다. 그때도 개성과 옹진 지역에서 크고 작은 군사적 충돌이 빈발했다. 이런 위기 상황에서 전후방 지휘관 전면 교체는 너무 위험한 일이었다.

휘하 지휘관 및 참모들 인적 사항을 파악하고, 작전지역 지형지물과 취약지점 파악, 보강 대책 수립과 시행 등에 적지 않은 시일이 필요하다는 것은 누구라도 인정하는 일이다. 가령, 벙커 하나라도 신축 또는 보수할 일이 있으면 예산 신청과 공사 입찰, 선정과 시행에 일정 기간이 필요하지 않은가.

빨치산 토벌이나 적의 남침 위기에 대비하는 것은 서로 다른 일이 아니다. 전투행위를 전제로 한 준비와 대응에 다를 것이 무언가. 전방부대 지휘관들이 다 무능하고 후방부대 지휘관이 다 유능하다는 것을 누가 판정했는가. 오히려 군 경험이 많은 원로들이 전방을 맡는 것이 낫다는 의견도 있다.

의혹을 제기한 이형근 장군이 전방에서 후방부대 지휘관으로 좌천된 장본인이어서 의도를 의심하는 사람도 있다. 인사에 대한 사적인 감정이 개재된 주장으로 보는 것이다. 그래서 조심스러운 측면이 있지만, 전후방 지휘관 일제 교체는 균형 인사 원칙에도 어긋난다. 교체 기간을 틈타 벌어질 상황에 대비하는 것이 최고 지휘관의 지혜이고 상식이다.

전후방 부대의 대대적 교체

"6월 13일부터 6월 20일에 걸친 전후방 부대 교체 역시 부적절한 조치였다. 전투를 지휘해야 할 지휘관들이 적정이나 지형은커녕 부하들 신상파악조차 할 수 없었다. 각급 지휘관 교체와 일맥상통하는 부대 교체도 조금씩 해야 하는데, 한꺼번에 많은 부대를 동시에 교체하는 바람에 전력 공백을 야기했다."

이 주장에 대한 반론은 2항과 같이 '잘하려다 그리 된 것'이라 했다.

이형근 장군의 주장대로 전방 사단장 인사에 이어 전후방 부대 교체도 동시에 이루어졌다. 그 내용은 아래와 같다.

대전 2사단 25연대(온양주둔)→의정부 7사단 배속
의정부 7사단 3연대(의정부 주둔)→수도사단 배속
수도사단 2연대(서울)→6사단 배속
원주 6사단 8연대→수도사단 배속

배속명령은 6월 13일부터 20일 사이에 내려져 부대 이동에 큰 혼란이 벌어졌다. 많은 부대에서 대규모 이사 소동이 벌어졌다. 이들 배속 부대 가운데 온양 25연대 병력은 6월 25일 당일 의정부에 도착하지 못하여 중앙 축선 방어에 결정적인 차질이 빚어졌다.

6월 13일 배속 변경 명령을 받은 부대가 25일까지 임지에 도착하지 않은 것이 무슨 사정 때문이었는지 알려진 바는 없다. 이 또한 수수께끼의 하나다. 1개 사단 병력을 넘는 전후방 4개 연대 교체가 왜 필요했는지, 이것도 수수께끼다.

25연대의 이동 지체는 같은 날짜로 배속 변경이 된 7사단 3연대가 15일 수도사단으로 이동을 완료한 것과 너무 대조적이었다. 25연대의 도착 지연으로 최전방 경계 구역 일부가 통째로 비었다는 이야기다. 평소에도 있어서는 안 될 일이 하필 그때 일어났다.

원주에서 서울로 옮겨간 6사단 8연대도 당일 서울 도착이 늦어 서울 방어 전력에 그만큼 차질이 생겼고, 결과적으로 수도 방어 실패의 한 원인이 되었다.

예정일에 도착한 부대들도 부대 상황 파악, 인수 인계, 전선 배치, 부대별 숙영지 배정 등으로 어수선했다. 그런 상황에서 전쟁이 터져 일사불란한 대응이 불가능했다. 그 많은 병력을 수송할 차량이나 열차편이 원활하지 못하여 일어난 일이다.

한 가족이 이사를 가도 미리 이삿짐 센터와 계약해 이사 날짜를 정한 뒤에 짐 싸고 청소하고 아이들 옷 갈아입혀 떠나기에 부산스러운 법이다. 수천 명 부대 이동이야 하물며…….

차량 사정이 나빴던 것은 수리 보수를 이유로 전 부대 차량 1,500여 대 가운데 500여 대와 중화기들을 부평 기지창으로 이동시킨 탓이었다. 이런 조치 등을 근거로 6 · 25 전사연구가 이선교는 2007년 발간한 『6 · 25 한국전쟁 막을 수 있었다』에서 채병덕 총장을 간첩이라고까지 단정했다.

그 이유로, 웬만한 고장은 부대에서 수리하고, 부속품이 없으면 부평 기지창에서 조달받아 고치는 것이 상식인데, 멀쩡한 것들까지 먼 곳으로 보낸 의도가 의심스럽다는 것이다. 그 상식 밖의 조치로 최전방 9연대의 경우 차량이 5대밖에 없었고, 수도사단에서도 차량 부족으로 병력 수송이 늦어졌다고 그는 주장했다.

적기 병력 투입이 어려웠던 포천 9연대가 초전에 무너졌고, 예비 병력이 제때 투입되지 못하여 중앙 축선 붕괴로 이어졌다. 중화기가 부족해 밀려오는 적 탱크에 맞설 수단이 없었다니, 변명의 여지가 없게 되었다.

『한국전쟁』의 저자 조지프 굴든에 따르면 장비 수리는 단계적인 조치였다 한다. 꼭 1년 전인 1949년 6월 미군이 철수할 때 한국군에게 넘겨준 무기는 소총 10만 정, 소총 탄환 5천만 발, 로켓 발사기 2천 대, 차량 4만 대였다. 1950년 3월 국방부는 정비를 이유로 차량 526대를 회수 정비한 데 이어, 1,040대에 대한 검사도 실시했다.

정비는 1950년 6월에도 계속되었다. 차량과 야포류들이 부평 정비창으로 이동된 상태에서 전쟁이 발발했다. 무슨 까닭에서였는지 6월 18일에는 5만 분의 1 작전지도까지 회수되었다.

공교롭게 된 일인지, 의도에 따른 것인지, 확인할 길은 없다. 중요한 것은 이런 조치들이 최전선 고전과 중앙 축선 궤멸에 직결된 사실이다.

지휘관 이동은 나름대로 까닭을 인정할 수 있다. 중요한 곳에 유능한 지휘관을 두고 싶은 것은 누구라도 그럴 것이다. 그러나 전후방 부대 이동은 어떤 이유로도 납득하기 어려운 일이다.

전쟁 발발 전날 비상경계령 해제

"북한의 평화 공세에 남한은 6월 11일부터 비상경계령을 발동했다. 그 이유는 6월 10일 이른바 '조국 통일 투사 체포 사건'에 대하여 평양방송이 맹렬히 비난하며 무력행사 위협을 해왔기 때문이다. 공교롭게도 6월 23일 김일성이 남침 준비를 완료하고 대기하도록 결정한 날 자정에 비상경계령을 해제했다. 부연 설명하면 북한 측은 남북 협상을 위해 특사 3명을 파견할 것이니 남쪽에서 메시지를 받으라 했다. 남측은 이날 삼팔선 남방 1킬로미터 지점에서 그들을 맞아 메시지를 인수했다. 그러나 특사들은 유엔 감시위원단에도 수교할 문서가 있다면서 서울로 들어가겠다고 떼를 썼다. 우리 경찰이 이들을 체포했는데, 북측은 즉각 석방하지 않으면 강력한 무력행사를 하겠다고 협박했다. 이렇게 남북이 티격태격하고 있는데도 육본은 6월 24일 자정부터 비상경계령을 해제한 것이다."

이 주장도 모두 사실이다. 한마디 반론도 있을 수 없을 것 같지만 역시 반론이 있다.

"이 장군은 비상령이 6월 11일부터 내려졌다고 하는데 실제론 그 이전에도 있었다. 4월 27일에 최초의 비상령이 떨어졌다가 5월 3일 해제되었고, 9일 다시 발령되었다. 그리고 6월 2일 해제되었다가 11일 또 발령되었다. 이런 장기간의 경계령으로 인한 스트레스와 피로가 쌓여 장병의 전투력이 많이 떨어졌다. 당장 경계 태세를 유지해 선전한 것으로 알려진 춘천 6사단의 경우도 김종오 사단장이 경계령을 유지하려고 하자, 휘하 참모와 지휘관들이 애들 목욕하고 이발할 시간은 주어야 한다고 건의해 휴가, 외출, 외박만 금지하고 경계 병력을 최소한으로 축소시켰기 때문이다. 6월은 농번기고 보릿고개 철이다. 국군의 군량미도 바닥이 난 상태였고, 반대로 건빵은 남아돌았다. 휴가 장병에게만 건빵을 지급했는데, 휴가가 오래 중지되었던 것이다. 군량미가 절대 부족했던 당시 휴가와 외출 외박 금지로 군량미가 많이 소비되었는데, 그로 인한 군량미 소모는 결코 무시할 수준이 아니었다. 문제는 불행하게도 북한이 이 시기를 택하여 쳐들어온 것이다."

잘한 일이지만 시기가 나빴을 뿐이라는 이 반론은 그럴듯해 보인다. 그러나 역시 용납되어서는 안 된다. 국군의 존재 이유는 적의 침략으로부터 국민의 생명과 재산, 그리고 국토를 지키는 일이다. 더구나 삼팔선 상황이 안심할 수 없었던 비상시기 아니었던가.

건빵 소비를 촉진하고 군량미를 절약할 필요가 있었다는 것은 무슨 말인가. 휴가와 외출·외박 금지로 군량미 소모가 무시할 수 없을 정도였다면, 군량미를 아끼기 위해 경계를 소홀히 해도 좋다는 논리인가. 주식과 부식을 둘러싼 부정과 비리는 군 경험이 있는 노장층은 누구나 아는 일이었다. 말하고 싶어도 군 당국이 말해서는 안 될 말이다.

전군 비상경계령이 해제된 시각은 공교롭게도 6월 24일 자정이었다. 전쟁 발발 하루 전날 전군의 3분의 1, 또는 2분의 1이 휴가, 외출, 외박을 나갔다. 병정들로 우글거리던 부대마다 하루아침에 썰렁해진 틈에 상황이 발생했다. 병력과 무기, 그리고 정신력에서 비교가 되지 않았던 전쟁은 이렇게 시작되었다

이 배경에도 채병덕이 등장한다. 6월 23일 채병덕은 참모차장 김백일(金白一)을 불러 "24일 12시를 기해 경계령을 해제하고 휴가와 외박을 실시하라"고 지시했다. 빗발치듯 올라오는 전방부대의 남침 징

후를 정리해 건의한 장도영 국장의 보고를 무시한 처사였다. 오랜 경계령으로 장병 사기가 떨어졌고, 농촌 일손을 도와야 한다는 이유를 들었다. 건빵 소비와 군량미 절약도 그의 입에서 나온 말이라 한다.

이 사실을 알고 정보국장이 건의했다. "북괴의 전면공세가 오늘 밤일지도 모릅니다. 내일은 일요일이어서 위험합니다. 오늘 저녁이 중요하니 경계령만이라도 좀……." 이에 화를 내고 문을 박차고 나갔다니, 김종오 6사단장의 경우와 대조되는 일화다.

전 장병의 2분의 1에 휴가 및 외출 · 외박 실시

"정말 황당한 것은 육본 정보분석과에서 북한의 움직임이 심상치 않다는 보고를 대한민국 육군참모총장에게 올렸음에도 불구하고 이런 조치를 취했던 것이다."

이 주장도 분명한 사실이다. 반대론자들은 4항에 인용한 대로 '잘한 일이지만 시기가 나빴다'는 논리를 펴지만, 한꺼번에 전 병력의 50%를 내보내 부대를 텅 비게 할 수 있는 일인지 모르겠다.

이 주장에 대한 반론은 앞에 기술되어 있다. 국방부 측도 이 문제를 비판적으로 보았다.

"계속된 비상경계령을 풀어 일정 기간 휴식하게 한 뒤 다음 단계의 대비를 위한 조치로 볼 수는 있다. 그러나 이로 인해 전쟁 발발 당일의 전투 준비 태세에 커다란 허점이 생기고 말았다. 당일 국군의 240킬로미터에 달하는 삼팔선 진지에 배치된 부대는 불과 11개 대대로, 1개 대대 책임 지역은 평균 22킬로미터 내외였다. 여기에 휴가와 외박 외출을 허용함으로써 25일 전선부대 영내 병력은 2분의 1, 또는 3분의 2 수준인 경우가 대부분이었다.”

지금과 달라서 그때는 모든 일을 직접 현장에서 손으로 하는 아날로그 시대였다. 남은 병력이 거의 전원 경계초소에 나가 병영이 텅비다시피 된 사실을 말하는 것이다.

평소에도 주말이면 경계심이 해이해지게 마련인데, 비상경계령까지 해제되어 남은 병사들도 긴장이 풀어져 마음 놓고 쉬었을 것이다.

24일 밤 육본 장교들의 댄스파티

“육군 장교클럽 댄스파티가 24일 밤에 열렸다. 장교클럽 낙성식 파티를 연다고 전후방 고급장교들에게 초청장을 보냈다. 일부 미 고문관과 한국 장교들은 2차를 가기도 했다.”

이 주장도 사실이었지만 반대론자들은 또 우연이었다고 말한다.

“이는 어디까지나 우연의 일치이다. 개전 직전에 서울의 육군본부에서 장교클럽이 개관한 것은 사실이며, 군이 이날 개관 파티를 연 것도 휴가 및 외출 외박 실시처럼 매우 운이 나쁜 우연의 일치이다. 또한 일반적인 통념에는 이 파티에 한국군 수뇌부 및 야전 지휘관까지 대부분 참석해 술에 잔뜩 취한 상태에서 전쟁이 터졌다고 생각할 수 있는데, 실제로는 그렇지 않았다. 당시 축하연에는 육본 및 서울에 있던 부대의 참모장교들이 참석했을 뿐, 이형근 외에도 전방의 야전 지휘관들은 연회에 참석하지 않고 부대에 남아 있었다.”

모든 것이 우연이라는 이야기에 고개를 끄덕일 수 있을까. 경계령 해제, 휴가 및 외박 외출 실시, 고급장교들 댄스파티가 모두 우연이라니…… . 장기간 치밀하게 준비한 적이 쳐내려오는데, 우리 군 경계

태세가 그렇게 해이해진 것이 다 우연이었다니…….

"6월 24일 23시. 정보국, 정보국! 주문진 첩보대입니다. 동해바다에 상당수 선박이 남하 중임. 민간 고기잡이 어선은 아닌 것 같음. 그러나 확실한 것은 알 수 없음."

"여기는 옹진 첩보대입니다. 25일 새벽 1시 인민군 대군이 국사봉을 오르고 있습니다."

"여기는 문산 첩보대. 25일 새벽 3시 인민군이 구화리로부터 도하용 찡을 운반하고 있습니다."

"여기는 의정부 정보처. 25일 새벽 4시, 양문리 삼팔선을 넘어서 인민군 전차 소리가 요란하게 들리고 있습니다. 어…… 어……, 떨어지고 있습니다. 지금 사정없이 포탄이 떨어지고 있습니다. 인민군 전면공격이요. 현재 시간 25일 4시 15분입니다. 이상!"

전방부대가 텅 비고 대한민국 군 수뇌부와 각급 부대 지휘관 참모 등 고급장교 50여 명이 술과 댄스에 취해 있을 때, 전방 각지에서 날아든 숨 가쁜 육성 무전음들이다. 이선교는 이 파티 참석자를 "채병덕 김백일 장창국 장도영 신상철 양국진 유재홍 김종오 이치업 이상국 등 육본 각 국장과 실장, 재경 부대장, 주한 미고문단 등이며, 밤 10시에 연회가 끝난 뒤 육본 국·실장 등 10여 명은 2차로 명동 카바레에서 25일 새벽 2시까지 술을 먹었다. 이들 중에는 집에 가지 않고 여관에 들어간 장교도 있어, 인민군이 남침했을 때 군 작전이 마비되었다"고 썼다.

2시에 귀가해 술이 깨지 않은 상태에서 상황 보고를 받은 채병덕은 즉시 전군에 비상을 내리고 각 국·실장을 소집토록 지시를 내렸

현재는 전쟁기념관으로 사용되고 있는 옛 육군본부 건물 ©문창재

다. 그리고 신성모 장관 집에 달려가 보고한 뒤 의정부로 달려가 유재흥 사단장으로부터 보고를 받고 육본에 돌아왔다.

그때가 9시 30분이었는데, 아직 참모들이 모이지 않아 작전회의를 할 수 없었다. 정보국장 장도영이 5시 40분에 달려오고 작전국 이치업 차장이 두 번째로 도착했다. 나머지는 늦게라도 연락이 되었지만, 며칠 전 이사를 간 장창국 작전국장은 끝내 연락이 되지 않아 뒤늦게 라디오 방송을 듣고 달려왔다.

9시 30분이면 이미 개성이 떨어져 임진강이 위협받는 시간인데, 육본은 작전회의도 열지 못하고 있었다. 그 까닭이 술 취한 고급장교들이 모이지 않은 탓이었다. 우리 군 역사에 길이 남을 치욕이다.

서울북방 병력 축차 투입, 불필요한 희생 강요

"아무리 급한 상황이라지만 군사적 기초 상식을 깬 명령이다. 시간을 벌려는 목적으로 보이나 이는 적의 경험치만 높여줄 뿐, 적에게 피해를 입히거나 시간을 벌 수 있는 게 아니었다."

이 주장에는 시비가 있을 수 있다. 어떻게든 서울을 지켜야 하는 절체절명의 상황에서 급한 대로 후방 병력을 투입할 수밖에 없는 군 수뇌부의 판단도 인정할 수 있다.

이에 대한 반론은 군 수뇌부의 혼란과 정치권의 압박이 빚은 참사라고 보는 것이다. 그러면서 당사자인 이형근의 책임도 거론한다.

"6사단과 1사단이 간신히 방어를 하고 있던 춘천과 문산 축선을 제외하면, 모든 전선에서 압도적으로 밀리고 있었고, 미숙한 지휘 능력으로 인해 육본은 제대로 된 상황 파악을 하지 못하고 있었다. 여기에 기필코 수도 서울을 사수해야 한다는 정치권의 압박은 도를 넘고 있었다. 이 때문에 채병덕 총장을 비롯한 육군 지휘부에서는 체계적인 서울 방어 계획을 세우지 못한 채 여유 병력이 생기는 대로 서울 북부 방어선에 축차 투입하는 실책을 저질렀다. 이 실책에는 오히려 이형근 본인의 책임도 일부 존재한다. 그가 지휘하는 보병 2사단 병력은 당시 포천-의정부 축선에서 서울로 통하는 중요 방어선인 축석고개를 확보하려 했는데, 채 총장이 2사단 병력의 축차 투입 명령을 내린 것과는 별도로, 이형근도 예하 연대 병력 일부를 대대별로 임시 배속해서 축차 투입해버렸다."

이 점에 대해 이형근은 생전 다른 책에서 "다급한 나머지 결과적으로 축차 투입으로 연결되는 명령을 내렸다"고 실수를 일부 인정했다. 축석고개 방어전 실패에 이형근과 채병덕 중 누구 책임이 큰지 단언하기는 어렵다. 확실한 것은 이형근 본인도 축차 투입 책임을 피할 수 없다는 사실이다.

축석고개는 포천-의정부 국도에 있는 표고 150미터 고지다. 서울 북부 축선에서 의정부와 서울을 지키는 마지막 보루인데, 이곳을 별다른 저항 없이 내주어버렸다. 다급해진 채 총장은 후방 병력이 모이는 대로 투입시켰지만, 탱크를 앞세우고 넘어오는 적을 어쩌지 못했다.

7사단 3연대는 포천에서 남진하는 적을 저지하라는 명령을 받고 비상을 걸었다. 휴가 장병이 많아 병력이 너무 부족했다. 수도사단에서 배속되어 오는 8연대 지원을 받도록 돼 있었는데, 홍천을 떠난 병력이 아직 도착하지 않았던 것이다.

전쟁 발발 직후 의정부 주둔 9연대장은 "빨리 출동해 포천 전선을 지키라"는 다급한 명령을 받고 급히 달려갔다. 그러나 적 전차들이 벌써 만세교를 넘어오고 있었다. 대전차포에 끄덕도 하지 않는 전차에 겁을 먹은 장병들이 도망치기 시작했다. 9연대 정면은 삽시간에 무너지고, 3연대는 포천 송우리에서 참패했다.

3연대장 이상근 중령은 축석고개에 저지선을 치라는 명령에 따라 후퇴하는 병력을 끌어모았다. 2개 중대 병력밖에 안 되었다. 중화기는 모두 버리고 소총만 들고 온 패잔병들이었다.

겁이 난 연대장은 보고도 없이 의정부로 철수해버려, 축석고개에는 단 한 사람의 병력도 없었다. 전차를 저지하는 것이 최급선무였는데, 아무 조치도 없이 모두 현장을 버리고 도망친 것이었다. 도로에 함정이라도 몇 군데 파놓았으면 그만큼 시간을 벌었을 것을, 모두 맨손으로 달아나기 바빴다.

육본은 대전 2사단, 대구 3사단, 광주 5사단 등 후방 예비 병력을 투입해 축석고개를 지키라 했다. 제일 가까운 대전 2사단 병력의 도착이 늦어져, 도착 순서대로 투입하여 병력 손실만 키웠다. 탱크에 대항할 준비 없이 대대 단위로 투입된 병력은 이형근 장군 표현대로 인민군에게 '한술 밥'이 되고 말았다.

다급해진 채 총장은 의정부로 유재흥 3사단장과 이형근 2사단장을 불러 각각 책임 방어 구역을 정해주고, 온양에서 오는 2사단 병력을 투입토록 명령했다. 이 과정에서 일어난 항명 사건은 군의 사기에도 악영향을 미쳤다. 군 수뇌부 책임론은 여기서도 예외가 아니게 되었다.

미 군사고문단 참모장 하우스만 대위 증언록 『한국 대통령을 움직인 미군 대위』(한국문원, 1998)에 따르면, 25일 하오 의정부 전선에서 그가 목격한 채 총장과 이형근 2사단장의 충돌은 수뇌부 추태의 백미였다.

25일 오후 나는 채병덕 총장을 따라 의정부 전선에 나갔다. 벌써 후퇴하는 병사들의 초라한 모습이 보였고, 피란민 행렬이 도로를 메우고 있었다. 의정부에서 유재흥 3사단장과 이형근 2사단장이 소집됐다. 이형근 2사단장은 대전에 있었으나 육본 특명으로 전선에 불려 올라와 있었다. 채 총장은 유재흥과 이형근에게 이날 밤 포천과 연천 방면을 각각 책임 맡아 인민군에 대공격을 개시하라고 명령했다. 유재흥은 명령을 받았다. 그러나 이형근은 지금 부대 이동이 다 안 됐고, 소규모 부대로 적을 공격한다면 적에게 한술 밥을 먹여주는 것에 지나지 않는 자살 행위라면서, 명령을 받지 못하겠다고 했다. 채 총장은 권총을 꺼내 들고 이형근을 쏘려고 했다. 참으로 어이없는 장면이었다. 채병덕은 일본육사로 따져 2기 선배이지만, 군번은 이형근이 1번, 채병덕이 2번이어서 서로가 으르렁거리는 사이였다. 아마도 평소에 쌓인 악감이 바로 이 전란의 위기에서 발로된 것이 아니었던가 생각된다."(하우스만, 정일화,『한국 대통령을 움직인 미군대위』, 한국문원, 1998)

국군이 반격, 북진 중이라는 허위 방송

"적의 공세로 국군이 퇴각하는 상황에서도 6월 25일~27일 중앙방송은 국군이 반격, 북진 중이라고 허위 방송을 함으로써 군부는 물론 국민들까지 상황판단을 그르치게 했다. 서울 북방에서 접전 중이던 국군이 상황 판단을 제대로 했다면 육본은 그들을 재빨리 전장에서 이탈케 해 다음 작전에 대비시킬 수 있었을 것이다."

이 주장의 원인과 경과, 정부와 군과 민간에 미친 영향 등에 대하여서는 앞장에서 상세히 다루었다. 다만, 서울 북쪽에서 접전 중이던 국군에 미친 영향에 대해서는 언급하지 못했다. 전황을 속이지 않고 사실대로 보도했으면 무리하게 맞서게 하지 말고 일단 철수시켜, 다음 작전에 투입해야 한다는 주장에는 반론이 있을 수 없을 것이다.

이에 대한 반론은 정부의 책임이므로 '군과는 무관'하다는 주장이다.

"이는 이승만 대통령 등 정치권에서 저지른 실책이다. 허위 방송을 한 이유를 굳이 옹호하자면, 유언비어로 인해 서울 시내가 혼란에 빠지는 것을 막고 국민들을 안심시키려 한 것으로 볼 수 있겠지만, 개전 직후의 상황은 전혀 그렇지 않았다. 25일 개전 당일에 포천 축선이 뚫려 의정부가 함락당할 위기에 처한 상황에서 행정부는 최대한 사실 그대로 전파하고 최악의 시나리오인 서울 포기 또한 미리 고려해야 했다. 그럼에도 신성모 등은 서울을 포기하는 것은 있을 수 없다며 제대로 된 후퇴 방어 계획이 아닌 무모한 반격만을 주장해 서울을 포기하는 데 필요한 시간이 낭비되었다. 게다가 이승만 대통령이 서울을 빠져나간 것 자체는 급박한 전황 때문에 용납할 수 있지만, 대통령이 도주한다는 책임을 잠깐이라도 면하기 위하여 말 그대로 몰래 서울을 도망치면서, 서울 시민의 동요를 막기 위한 명목으로 허위 방송을 계속 내보낸 것이다."

행정부 책임이든, 군의 책임이든, 국민으로서는 용납할 수 없는 일이었다. 군은 중앙방송 관장이 행정부 소관이니 그것만이라도 책임을 피하고 싶을지 모르지만, 국민의 입장에서는 관심 없는 관할 떠넘기기다.

설혹 그것이 행정부 책임이라 하더라도 '북진'의 근거가 된 백인엽 17연대장의 호언장담과, 그 말을 윗사람 입맛에 맞도록 가공하여 대통령과 국민과 국회까지 속인 것은 모두 군에 귀책사유가 있다. 게다가 '평양을 향해 진격 중' 같은 언사는 모두 군의 창작물 아니었던가.

당일 오전 11시 이승만 대통령에게 처음 상황을 보고한 신성모 국방장관은 아무 근거도 없이 대통령을 안심시키려고만 했다.

"적이 삼팔선을 넘어 남침하고 있으나 걱정하실 것 없습니다. 각하의 신금(宸襟)을 어지럽혀 드린 일은 송구스럽기 짝이 없으나 충용(忠勇)무쌍한 국군은 적을 격퇴하여 수일 내에 북한을 수복해 보일 것입니다."

이 말에서 유의할 것은 '각하의 신금'이란 어휘다. 신금이란 신료가 임금의 마음을 이를 때 쓰는 말이다. 당시 경무대는 오직 대통령한 사람만 바라보고 신임을 잃지 않으려고 애쓰는 각료와 국군 수뇌에 둘러싸여 있었다.

일본군 병기장교 출신인 채병덕은 서울을 지키라는 명령에 따라 초전 3일 동안 의정부 전선만 일곱 차례 다녀왔다. 그러느라고 잠을 자지 못하고 피로에 지친 나머지, 담화 중에도 코를 골고 잠꼬대를 했을 정도다.

국방부 군사편찬연구원 출신 최용호는 "채 총장은 대부분의 시간을 오로지 의정부 축선에만 매달려 있었으므로 타 지역의 상황은 알 수도 없었고, 조치도 불가능했다. 그가 초전 3일 동안 수행해온 일과를 분석해볼 때 그는 한 나라의 군(육해공)을 책임진 총사령관이 아니라 의정부 지역 사령관이었으며, 신성모 장관의 조급증을 해소해주는 충직한 연락장교에 불과했다"고 혹평했다.

한강교 조기 폭파

"전술의 원칙상 폭파나 차단은 퇴각군의 퇴로를 막기 위해 추격군이 감행하는 법인데, 한강교는 우리 측이, 그것도 한강 이북에 국군만 믿고 있는 많은 시민, 그리고 수많은 병력과 군수물자를 방치한 채 서둘러 폭파했다. 더구나 대통령, 정부 고관, 육군참모총장이 국민들에게 이 사실을 미리 알리지도 않고 한강 이남으로 도피한 뒤 한강교를 폭파한 것은 전술적으로나 도의적으로 용납될 수 없는 하책이며 반역 행위였다. 고관대작들이 자신의 신분을 이용하여 슬그머니 빠져나간 뒤 탈출구를 봉쇄해버린 것이다."

이 주장에 대한 반론은 폭파 시기에 문제가 있었다는 사실만 인정한다. 그러나 폭파 명령에 관해 최초 폭파 계획은 채병덕 총장이 세웠지만, 실행 명령한 것은 그가 아니었다고 말하고 있다.

"한강교의 폭파 계획은 채병덕 총장이 세운 것이지만, 폭파 시기를 사전에 정해놓지는 않았다. 따라서 전황의 판도를 고려해 아군과 민간인들이 적절히 대피한 뒤에 폭파했다면 매우 적절한 조치로 평가받았을지 모른다. 문제는 채병덕 등 군 수뇌부가 지나치게 당황했다는 점이다. 한강교를 폭파하기 전 미아리고개 방어선을 뚫은 북한군 전차 몇 대가 서울 시내로 진입했다는 정보를 입수한 육본은 패닉 상태에 빠졌다. 이때 미아리 방어선을 지키던 병력은 아직 부대 건재를 유지했었다. 비록 전차가 버거운 상대였지만 후속 부대 없이 소수의 전차만 들어왔으므로 지뢰와 장애물 등으로 최대한 시간을 벌 수도 있었다. 그 뒤에 병력을 서울 시내로 후퇴시켜 시가전을 준비하게 하거나, 시가지를 포기하고 한강교 북단으로 퇴로를 확보하는 등의 명령을 내릴 수도 있었다. 하지만 너무 큰 충격을 받은 육본은 전차 출현을 서울 함락으로 여기고 병력 이동이나 민간인 대피는 고려하지 않은 채, 다급한 마음에 폭파 명령을 내려버린 것이다. 흔히 알려진 대로 채 총장의 폭파 명령도 사실이 아니다. 그때 그는 정신을 잃고 쓰러져 후송된 상황이었다. 따라서 육본이 패닉 상태에서 누가 명령을 내린 것인지 확인할 길이 없다. 다만 정황상 신성모 장관의 지시였다는 증거들이 나오기 때문에 이쪽이 유력한 것으로 보인다."

채 총장이 쓰러져 후송되었다는 것은 이 반론에 처음 나오는 이야기다. 조지프 굴든의『한국전쟁』에 의하면 채병덕은 몇 시간만 버티면 당장 필요한 병력과 장비를 보존할 수 있음을 알고 있었기 때문에 교량 폭파에 반대했다. 그러나 국방부 고위관리는 바로 폭파해서 북한군 탱크를 막아야 한다고 주장했다는 것이다. 조지프 굴든은 채병덕이 반대 의견을 굽히지 않자 그를 지프에 태워 한강 너머로 보내버렸다고 기록했다.

'지프에 태워져 강 남쪽으로 보내졌다'는 표현은 강제로 실려갔다는 의미다. 본의와 달리 움직여진 것은 아닌가 하는 의문이 성립될 수 있다. '국방부 고위관리'가 신성모라고 단정하기도 어렵다. 장경근 차관도 그렇게 불릴 수 있으니까. 그러나 신성모 장관 명령이었다는 증거들이 나오고 있다는 언급은 주목할 일이다.

국내 기록에는 대부분 채 총장이 육본에서 전차 진입 보고를 받고 폭파 명령을 내린 뒤 먼저 강을 건너간 것으로 돼 있다.

> 채 총장이 "즉시 한강교를 폭파하라"고 명령하고 짚차로 육본을 떠난 뒤 미아리 전선에서 육본에 도착한 이응준 이형근 유재흥 장군 등이 김백일 참모부장에게 폭파 연기를 강력히 요청했다. 김백일 부장은 장창국 작전국장을 폭파 지휘소가 있는 북한강파출소로 급히 보냈다. 장 대령은 참모들을 차에 태우고 한강으로 출발했는데, 피란 차량과 인파를 뚫고 겨우 파출소에 이르렀을 때 폭발 굉음이 울렸다. 한강교는 새벽 3시 30분에 폭파되고 말았다.(한국언론자료간행회,『한국전쟁 종군기자』, 1987)

이 자료에 의하면 폭파 장치는 27일 오후 3시 30분 설치되었다.

서둘러 철수했던 육본이 시흥(서울 금천구 시흥동)에서 서울로 복귀하게 되어 폭파는 일단 연기되었다. 28일 새벽 2시경 강문봉 대령에게서 적 전차가 시내로 돌입했다는 보고를 받은 채 총장은 다급하게 최창식 공병감을 불러 "지금 적 탱크가 돈암동에서 동소문 쪽으로 오고 있으니 빨리 폭파하라"고 지시했다는 것이다.

한국전쟁 저술가로 유명한 페렌바크의 『실록 한국전쟁』에도 비슷한 내용이 있다. 미 군사고문단과 채 총장 사이에는 북한 공산군 탱크가 육본 앞에 당도하기 전에는 한강 다리를 폭파하지 않는다는 굳은 합의가 있었다. 그런데 조기 폭파설이 돌았다.

이를 확인하려고 달려간 주한미군 고문단 참모장 그린우드 중령이 총장 직무대행 김백일 대령에게 폭파 연기를 요청했다. 김백일 대령은 그린우드 중령의 요청을 거절했다. 국방부 차관이 다리를 오전 1시 30분에 폭파하라고 명령했으니 자신에게는 그 명령을 거역할 권한이 없다는 것이다.

그때 육본에 당도한 이형근 준장이 또 폭파 연기를 요청했다. 김 대령은 작전국장 장창국 대령에게 빨리 차를 타고 가서 폭파를 연기시키라고 지시했다. 그 뒤의 상황은 앞의 증언과 같다.

이선교의 『6 · 25 한국전쟁 막을 수 있었다』에는 폭파 중지를 지시하게 된 사유가 이렇게 실려 있다. "이응준 육군5사단장도 한강교 폭파 소식을 듣고 김백일 대령에게 '미아리에서 주력부대가 싸우고 있는데 퇴로를 차단해 포로가 되게 하는 작전이 어디 있는가. 국군을 다 죽일 셈인가. 중화기와 군수품을 몽땅 인민군에게 바치려 하는가. 이거 사상이 이상한 것 아닌가' 하고 호통을 쳤다. 아차, 잘못하면 빨갱이로 오해받겠구나 싶어, 김백일 대령은 장창국 작전과장에게 즉시 폭파를 중지시키도록 명령했다."

공식 전사인 군사편찬연구소 『한국전쟁사』에도 채병덕 총장이 6월 28일 새벽 1시 45분께 적 전차가 시내로 침입했다는 보고를 받고 즉시 최창식 공병감에게 전화를 걸어 폭파를 지시했다고 돼 있다. 최창식 대령도 뒷날 재판정에서 그렇게 진술했다. 다음은 1950년 9월 초 부산에서 열린 군사재판 문답이다.

재판장　28일 02시 현재 시내에 잠입한 적은 탱크 2대뿐이었다. 몇 시간 기다렸다가 폭파해도 무방하지 않았겠는가.

최창식　채 총장의 명령은 적 전차가 시내에 들어오면 즉시 폭파하라는 것이었다. 따라서 나에게는 아무런 재량권도 없었다. 만일 폭파를 주저했더라면 어떤 사태가 벌어졌을지 모를 일 아닌가.

재판장　폭파 당시 한강 북안에 있는 아군의 후퇴 상황을 파악하지 않은 데 대해 귀관의 책임이 없다는 말인가.

최창식　아까도 말한 바와 같이 비가 쏟아지고 암야(暗夜)인 데다 등화관제가 되어 한강 북안의 전반적인 상황을 확인할 것은 없었다.

군사편찬연구원 출신 최용호도 "28일 01시 45분 채 총장은 작전국장 강문봉 대령으로부터 적 전차가 시내에 진입했다는 보고를 받고 공병감 최창식 대령에게 한강교 폭파를 지시한 후 전방부대 지휘를 김백일에게 맡긴 채 자신은 육본을 떠나 시흥으로 향했다"고 기록했다.

장창국이 폭파 중지 지시를 위해 급히 육본을 떠나 한강교로 간 사실, 차와 피란민으로 거리가 메워져 차에서 내려 남한강파출소를 향해 뛰어간 일, 다리 150미터 못 미친 지점에서 천지가 진동하는 폭파음이 난 것 등은 여러 사람의 증언이 일치된다.

폭파 실무 사무소가 북한강파출소냐, 남한강파출소냐, 이 문제에 관한 증언은 서로 다르다. 그러나 채 총장이 먼저 육본을 떠났고, 김백일 대령이 폭파를 중지시키기 위해 급히 장 대령을 파견한 상황, 길이 복잡해 차에서 내려 뛰어갔다는(혹은 걸어갔다는) 정황은 유사하다.

북한강파출소인지 남한강파출소인지, 이 문제도 연구가 필요하다. 지금 한강 남쪽에 '남한강파출소'는 없다. 아마도 노들섬(중지도)에 있는 검문소를 말하는 것이 아닌가 싶지만, '남한강파출소'라 했으니 단정할 일은 아니다. 노들섬 검문소도 한강 본류로 보면 한강 북쪽이다.

신성모 책임론에 대한 정확한 연구도 필요하다. 페렌바크의『한국전쟁』에 나오는 '폭파 명령자가 내무차관'이라는 대목은 장경근(張暻根) 차관을 지칭하는 것이다. 국방부 차관이 이 문제에 관여한 것은 신성모 장관 지시를 대행한 것으로 보아야 한다. 그러나 직접 신성모 장관이라고 지칭하지 않았으므로 단정할 수는 없다.

그러나 미국 측 기록에 따르면 신 장관 책임론에도 상당한 근거가 있다. 조지프 해럴드 노블의 『이승만 박사와 미 대사관』에 의하면, 27일 새벽 2시 이범석(李範奭) 장군이 국무회의에 참석하여 정부가 강을 건넌 후에 한강교를 폭파하자는 제의를 했다고 한다. 한편으로는 적의 도강을 막고, 한편으로는 퇴로가 사라진 잔류군이 더욱 완강하게 싸우게 될 거라 기대했기 때문이었다. 이를 주재한 신성모 장관은 이범석 장군의 말을 받아 적었다고 한다. 그만큼 강한 임팩트를 받은 것이다.

조지프 굴든의 『한국전쟁』에 의하면 채병덕의 대리인 김백일 부장은 폭파에 동의했다고 한다. 신성모의 뜻에 따라, 극구 반대하는 채병덕을 지프에 실어 보내고 국방부 '고위관리'의 주장에 동의하는 김백일을 시켜 명령을 내렸다고 볼 수도 있는 증언이다.

폭파 명령자가 누구였든 최종적으로는 국군 통수권자인 대통령 이승만의 책임이다. 전쟁이 나면 국가 지도자는 스스로 총사령관이 되어 국가적 관점의 종합 판단을 내리고, 신속 정확하게 지휘 통솔해야 한다.

국가 지도자가 모든 결정을 내리고 스스로 선봉장이 되어 적과 싸웠던 왕조시대의 여러 사례에서 보듯, 국군 통수권자의 책무는 아무리 강조해도 지나치지 않다. 당시 75세 고령의 대통령에게 전쟁 지도와 전략 구상 같은 직무를 기대하기는 어렵더라도, 전쟁 수행 경험자를 찾아내 직무를 대행시켰어야 마땅하지 않았을까.

그 직무는 군 경력이 없는 신성모에게 맡겨졌다. 전쟁과는 거리가 먼 상선 선장 출신 장관을 국무총리 서리로까지 기용, 국무회의 주재까지 맡긴 사람이 이 대통령이었다. '낙루(落淚)장관'이라는 별명이 붙었던 신 장관은 은혜에 감읍한 듯, 대통령 앞에서 자주 눈물을 흘려 그런 별명을 얻었다.

그런 사람이었기에 이승만 대통령에게 수시로 피란을 권유했고, 천도와 한강교 폭파 같은 문제도 대통령 안전 위주로 처결했으리라고 보는 것이다. 한강교 폭파 책임론도 그런 배경에서 나온 것으로 보는 견해가 우세하다. 150만 서울 시민의 안전 문제까지 고려하여, 한강교 폭파에 명확한 지침을 내리고 지휘 감독하지 않은 대통령의 책임은 면할 길이 없다.

한강 폭파 당시 상황은 어떠했는가? 피해는 어느 정도였는가? 이 의문은 전혀 해명되지 않았다. 가장 중요한 인명피해조차 파악되지 않았으니, 나라가 이래도 되는 것인지 모르겠다. 인명피해는 최소한 200명 정도에서 최대한 800명 정도로 보고 있다. 이것도 목격자들 개인의 '견해'에 불과하다.

차와 사람으로 꽉 막혀 작전 차량도 꼼짝 못 하는 상황이 서울역부터 한강 다리까지 이어졌다. 그런 상황에서 다리가 폭파되어 경간 하나가 강물에 추락했다. 그 아수라의 현장에서 살아난 외국 기자들 이야기가 당시 상황을 생생하게 전해준다. 전쟁 취재를 위해 27일 도쿄에서 날아온 미국 신문들의 종군기자 네 사람, 『시카고 데일리뉴스』의 카이즈 비치, 『뉴욕 헤럴드 트리뷴』의 마거릿 히긴스, 『뉴욕 타임스』의 버튼 크레인, 『타임』의 프랭크 기브니 기자가 그들이다.

미국인 기자 네 사람은 육본에서 차량 지원을 받아 강을 건너다

이 상황에 맞닥뜨렸다. 수많은 피란민과 달구지 자전거 사이에 끼여 꼼짝할 수가 없었다. 그들은 차에서 내려 무슨 문제가 있는지 알아보려고 앞으로 걸어가다가 폭발음을 들었다.

갑자기 거대한 불기둥이 위로 솟구치면서 하늘이 밝아졌다. 온세상이 그들 앞에서 폭발하는 것 같았다. 비치는 트럭 한 대 분의 병사들이 공중으로 튀어오르는 끔찍한 광경을 목격했다. 그가 타고 온 지프차도 5m 가량 뒤로 밀려났다. "파편에 맞았어." 크레인이 남의 이야기하듯 말했다. "아무것도 안 보여." "눈에서 피가 나네." 안경이 박살난 기브니 역시 피를 흘리고 있었다.(존 톨랜드, 『존 톨랜드의 6 · 25전쟁』, 바움, 2010)

다리 위는 아수라장이었고, 23미터 아래 강물로 떨어진 차와 사람들도 많았다. 일부 피란민들은 강물 속이 더 안전하다고 여겼는지 그곳으로 뛰어내렸다. 부상자들은 구조해달라고 울부짖었다. 비치는 파괴된 트럭 주위를 한 바퀴 돌면서 자세히 살폈다. 트럭에 타고 있던 사람들은 다 죽었다. 그는 지프로는 도저히 이곳을 빠져나갈 수 없다고 생각했다.

미국인 기자들이 목격한 상황을 근거로 추정한다면 인명피해 200명은 너무 적어 보인다.

다리 폭파 요원이었던 이창복(李昌馥) 중위는 2013년 6월 『월간조선』과의 전화 인터뷰에서 이렇게 말했다. "(28일 새벽 2시경) 칠흑 같은 밤이었고, 비가 내렸어요. 폭파 당시 교량 양쪽에 1개 분대 정도의 공병대를 배치, 인마와 차량의 통행을 저지하려 했으나 실패였어요.

동원한 병력이 부족해 공포까지 쏘았지만 저지하기 어려웠습니다."

다급하게 명령을 수행하느라고 통제 병력을 충분히 동원할 겨를이 없었던 사정이 읽히는 증언이다.

『한국전쟁 종군기자』에 수록된 국방부 정훈국 이창록(李昌錄) 소위의 증언은 이렇다. "사람과 자동차가 길에 꽉 차서 가만 있어도 저절로 가요. (밤 9시쯤 정훈국을 출발해) 대여섯 시간 걸려서 한강 중지도까지 갔습니다. 시간은 28일 오전 2시 반 전후예요. 폭파 굉음을 듣고 현장에 가보았더니, 북쪽에서 두 번째 아치쯤이 끊겼는데, 그야말로 눈 뜨고 볼 수 없는 아비규환의 참상이에요. 그 많던 차량은 온데간데없고 파란 불빛이 반짝거리며 타오르는데, 일대는 피바다이고 그 위에 살점이 엉겨붙어 있어요. 너무 소름이 끼치는 것은 피투성이가 된 사람들이 손으로 다리 바닥을 긁으며 어머니를 부르는 광경이었습니다."

로이 애플먼의 『낙동강에서 압록강까지』에는 한강교 폭파에 관하여 이렇게 서술되어 있다. "한강 다리가 폭파되었을 때 피란민과 차량이 생명의 탈출구인 인도교에 홍수처럼 몰려들고 있었다. 폭파를 목격한 미군 장교는 500~800명이 폭사했을 것이라고 말했다. 그리고 4천 명 이상이 다리 위에 있었다고 한다."

헌병사령부 순찰대장 박재영(朴載榮) 중위는 27일 저녁부터 헌병 1개 분대를 데리고 남한강파출소 부근에서 작전 차량을 유도하고 있었다. 갑자기 벼락치는 소리가 들려 정신을 차려보니까 라이트를 켠 차량들이 그대로 물속으로 떨어져 들어가더라는 것이다. "한 20분은 그랬으니 아마도 50대 이상이 물에 빠졌을 겁니다."

폭파 전에 헌병을 동원해 통제했으면 인명피해를 훨씬 줄였을 것이다. 그런데 현장에 있었던 헌병들도 교량 폭파 계획을 몰랐으니 다리를 몰래 끊었다는 비난을 피할 길이 없다.

다리 위에 수천 명이 있었고, 경간 하나가 끊겨 50여 대의 차량이 추락했고, 파편에 맞아 죽고 다친 사람이 많아 생지옥 같았다. 죽고 다친 사람이 대체 몇 명이었던가? 200~800명으로 추산된다는 증언은 사망자를 가리키는 것이다. 부상자에 관해서는 어떤 주장도 기록도 없다.

교량 폭파로 강을 건너지 못한 병력과 장비는 얼마나 되는가? 이 물음에도 정답이 없기는 마찬가지다. 편제를 유지하여 철수한 것이 아니라, 급하게 쫓기는 후퇴였으니 인원 파악을 할 겨를도 없이 지휘관과 부대원들이 뒤섞여 내려왔다.

6월 29일 맥아더가 수원비행장에 내려 미 극동사령부 전방지휘소장 존 처치 준장에게서 받은 전력보고에 따르면 한국군의 전투 가능 병력은 2만 5천 명뿐이었다. 총병력 9만 8천 명에서 4분의 1로 줄어든 규모였다. 이것은 중동부전선 병력을 제외하고 중서부 전선의 병력만을 이르는 말이었을 것이다.

7월 초 주한 미 군사고문단(KMAG) 조사에 따르면 한국군 병력은 동부전선 병력을 포함하여 5만 4천 명이었다. 서울 피탈과 한강 교량 폭파로 인하여 4만 4천 명의 병사가 죽었거나, 포로가 되었거나, 행방을 알 수 없게 된 것이다.

7사단의 경우 한강 폭파 전 강을 건넌 병력은 겨우 1,500명에 기관총 4정뿐이었다. 사단 병력을 1만 명으로 쳐도 85%의 병력 손실이다. 나룻배로 건넜거나 헤엄쳐 강을 건넌 병사들은 모두 소총 한 자루씩을 메고 있을 뿐이었다. 미군은 1,500여 대의 차량, 2만 갤런의 휘발유, 10만 달러 어치의 식품을 두고 온 것으로 파악되었다.

7사단의 경우를 기준으로 한다면 서울과 근교에 있었던 6개 사단의 병력 손실은 엄청났을 것이다. 한강방어전의 영웅 김홍일 장군 회고에 따르면, 채병덕 총장에게서 시흥 방면을 수습해달라는 부탁을 받고 28일과 29일 후퇴로에서 수습한 병력이 첫날 3천여 명, 다음 날 10개 대대 병력이었다.

대대 병력을 600명으로 잡아 6천 명, 첫날의 3천 명을 합쳐도 1개 사단 병력에 미달이었다. 이 병력은 한강 남쪽에서 수습되었으니, 5개 사단 병력은 강을 건너지 못한 상태로 보아야 한다.

탄약, 양곡, 유류, 피복 같은 군수품은 물론, 포병과 기갑부대 중장비나 트럭 같은 일반부대 장비류는 손을 써볼 겨를도 없이 몽땅 적의 수중으로 넘어갔다. 그 수량을 계산할 도리가 없으니 피해 정도를 가늠하기도 어렵다. 헤엄치거나 나룻배 편으로 간신히 강을 건넌 장병들은 급조된 한강방어선에 배치되었다. 그러나 실탄이 없어 총을 쏘지 못하는 병사가 많았다.

최창식 사형 조기 집행

"최창식 대령은 육군참모총장 명령에 따라 한강교를 폭파했을 뿐이다. 그런데 이 책임을 지고 1950년 9월 21일 비밀리에 처형되었다. 게다가 그때는 유엔군의 인천상륙작전으로 전세가 역전되는 시기였다. 이런 시국에 책임 소재도 가리지 않고 서둘러 처형한 것은 정치적 복선이 있었음을 의심하지 않을 수 없게 한다.

6·25 초전의 패배 책임은 근본적으로 따지면 미국의 오판에 있다. 미국은 애초부터 자신들의 압도적 국력을 과신한 나머지 전쟁 대비 태세가 허술했다. 특히 1950년 1월 21일 애치슨 미 국무장관이 미국의 극동방위선에서 한국과 대만을 제외한다고 공표한 것은 적에 대한 '초대장'이나 다름 없었다. 그렇다고 해서 우리 국군 수뇌부의 잘못을 간과할 수는 없다."

조기 사형 집행에 대해서는 반론자 측도 정치적 요소를 인정한다. 반론을 보자.

"이형근의 추측처럼 정치적 요소가 존재하는 것이 맞다. 하지만 이형근이 주장한 것처럼 '제5열'에 의한 것이 아니라 이승만 대통령의 측근, 특히 신성모가 배후일 가능성이 거론된다. 이승만 대통령은 한강교 폭파 이후 '시민들을 속이고 몰래 한강을 건너 도망친 뒤 다리를 끊었다'는 비난을 받았고, 이는 큰 정치적 압박이었다. 인천상륙작전이 시작되고 서울 탈환이 가시화된 시점에서 이승만 등은 국민의 분노를 잠재울 방도를 찾아야 했고, 그 희생양으로 채병덕과 최창식을 선택한 것이다.

채병덕은 이미 하동지구 전투에서 전사했으므로 자연히 최창식을 대상으로 삼게 되었다. 게다가 신성모가 당시 '서울 시민이나 잔여 병력이 어떻게 되든 간에' 빨리 한강교를 폭파시키라고 압박했다는 증거들이 있다. 물론 언제 폭파시키라고 구체적인 일정을 정해놓은 아니었던 데다, 이 말 이외의 다른 자료가 없어 현재도 확실히 밝혀지지 않고 있다."

'정치적 요소'란 다름 아닌 여론 악화였다. 대구에 있던 정부가 부산으로 피해 가고, 계엄령 때문에 신문이 국방부 발표 기사만 쓰도록 통제받고 있었다. 그렇지만 신문 사회면의 분위기까지는 어쩌지 못했다. 거기에, 입에서 입으로 전해지는 '구전언론'의 힘이 컸다. "대통령이 혼자만 살겠다고 몰래 피란을 떠난 뒤 한강 인도교를 끊어버렸다"는 류의 소문이 전국을 휩쓸어 정부를 곤혹스럽게 만들었다.

정부에 몸담은 사람들, 특히 국방 수뇌부에서는 여론을 잠재울 방도가 필요하다는 것을 절감했을 것이다. 희생양을 한 사람 만들지 않고는 넘어갈 수 없다고 느꼈을 것이다. 그 희생양으로 선택된 사람이 바로 최창식 공병감이었다.

폭파 명령을 내린 것으로 소문난 채병덕 총장에게 책임을 물을 일이지만, 그는 이 세상 사람이 아니었다. 채병덕은 초전 패배 책임이 문책되어 경남지구 편성군사령관직으로 좌천되었다가, 7월 27일 하동에서 적탄에 맞아 전사했다. 자연스레 명령 실행자에게 책임이 돌아갔다.

최창식은 낙동강 반격 때 지뢰 매설지를 표시하지 않은 죄목으로 부산에서 군 당국에 체포되었다. '적전 이적' 혐의였다. 군 검찰에 의해 군법회의에 회부된 그에게는 한강교 조기 폭파 혐의까지 씌워졌다. 겉으로는 지뢰 매설지 미표지 혐의였으나, 사실은 한강교 폭파 책임을 씌우려는 것이었다.

앞의 재판 기록에서 본대로, 그는 채병덕 총장에게서 폭파 명령을 받았고, 명령을 거부할 권한이 없었다고 진술했다. 공병감은 총장 직속 참모다. 그런 위치에서 총장의 명령을 거부할 수 없다는 것은 삼 척동자라도 안다. 신성모 국방장관, 장경근 국방차관도 참고인 진술 을 했지만 아무도 책임을 인정하지 않았다.

계엄하의 군사재판 서슬은 무서운 것이었다. 신성모 국방장관은 빨리 재판을 끝내라고 다그쳤다. 형식만 갖춘 군사재판에서 최창식 은 9월 15일 사형선고를 받았다. 판결문 요지는 다음과 같다.

…(전략)… 6월 28일 오전 2시경 아군이 전군선(全軍線)에서 후퇴하 게 되자 용산 육군본부에서 참모총장으로부터 교량 폭파에 대한 명령 을 수(受)함을 계기로 하여, 적정도 확실히 확보하지 못하고 계속하여 도교(渡橋)하는 육군부대에 관한 고려를 전면 도외시하고 …(중략)… 한강 교량을 폭파했다.

선고 엿새 만인 9월 21일 부산 교외에서 총살형이 집행되었다. 맥 아더 장군의 인천상륙작전이 성공하여 미군과 국군의 서울 탈환 작 전이 한창일 때였다. 국민의 관심이 온통 서울 수복에 쏠려 있는 시 기에 사건이 종료됨으로써 깨끗이 잊어버리게 되었다. 그 후 정부는 이 사건에 대하여 유감을 표시한 일이 없었다.

그로부터 14년 후인 1964년 10월 23일, 부인 옥정애(玉貞愛) 여사 등 유족의 재심 청구소송을 받아들인 법원은 유족의 청구대로 무혐 의 판결을 내렸다.

피고인은 절대적 구속력이 있는 상관의 작전명령에 의해 한강교를 폭파한 것이고, 피고인은 이에 복종할 뿐 달리 폭파 시간을 변경할 수 없는 것이 인정되므로, 조급한 폭파로서 초래한 한강 북방의 아군 인원과 장비의 손실은 피고인의 책임이라 할 수 없다.

판결문이 상관의 작전명령에 따랐을 뿐이라 한 것은 너무도 당연하다. 이런 판결이 가능했던 것은 1960년 4·19학생혁명으로 이승만 정권이 무너진 탓이었다.

이렇게 혐의를 벗고 2013년 서울 동작동 국립묘지 현충원에 그의 위패가 안치되었다. 최창식은 적전 이적행위 범죄자에서 호국영령으로 추서되어 영원히 국가의 추모를 받게 되었다.

채병덕 총장의 말로도 최창식과 크게 다르지 않았다. 엄밀히 말하면 그도 '6·25 희생자'의 한 사람이었다. 위로는 대통령과 맥아더 사령관에게서 무능을 질책받고, 부하들에게는 원망을 샀다. 아래위로 몰리기만 하다가 최일선에서 전사함으로써 죄업을 씻어 명예가 회복되었을까.

그는 6월 29일 수원비행장에 내린 맥아더의 질문에 횡설수설했다. 대응책에 관한 질문에 "200만 청년을 다 모아 훈련시키면 충분하다"고 엉뚱한 말을 했다. 맥아더의 요구로 다음 날 참모총장직에서 해임된 그에게 주어진 직책은 '경남지구 편성군사령관'이었다. 패잔병과 부상병을 모아 부대를 편성하라는 임무였다.

말이 사령관이지, 병력이 없는 껍데기 사령관이었던 그는 1950년 7월 23일 신성모 장관에게서 편지 한 통을 받았다.

"귀하는 서울을 잃고 중대한 패전을 당했다. 책임은 중하고 또한 크다. 지금 적은 전남에서 경남으로 지향하고 있다. 이 적을 막지 않으면 전선이 무너질 것이다. 귀하는 패주 중인 부대와 부산지구에 산재한 부상병들을 지휘하여 적을 격퇴하라. 귀하는 선두에 서서 독전할 필요가 있다."

패주병과 부상병 부대로 일선에 나가 적을 막고, 그 선두에서 독전하라…… 죽으러 가라는 말인가. 편지 서두에 패전 책임을 부연한 것으로 보아 죽음으로 속죄하라는 말임에 분명했다. 부산역전 철도호텔에 있던 사령관실에서 그는 이 편지를 이종찬 9사단장에게 내밀었다. 그래서 『참군인 이종찬』에 수록되어 세상에 알려졌다.

그는 오덕준·정래혁 대령 등 참모진을 이끌고 부산 경남의 군병원을 돌며 가벼운 부상병들로 1개 대대를 편성했다. 부대를 오 대령에게 딸려 진주 방면으로 보내고 그는 집으로 갔다. 갓 태어난 아들에게 '영진'이라는 이름을 지어주고 나서 전선으로 떠났다. '영광스러운 진격'이라는 뜻이라 했다. 수행원은 인사참모와 전속부관 등 장교 3~4명이 전부였다.

채 사령관은 진주에서 미 29연대장 무어 대령을 만나 작전지역 안내역을 맡았다. 20여 일 전까지 3군참모총장이던 사람이 남의 나라 연대장 길라잡이가 되어 하동으로 떠났다. 이때 선발대로 떠났던 작전참모 정래혁 대령에게서 "하동에 벌써 인민군 6사단 병력이 들어왔다"는 보고를 받았으나 괘념치 않았다.

미군 병력을 이끌고 하동 고지 마루턱에 오른 것이 7월 27일 오전 11시 30분이었다. 쌍안경으로 아래쪽을 살피던 그는 국군복 차림의 병사들이 고지로 올라오는 것을 보고 큰소리로 외쳤다.

"적군이냐, 아군이냐?"

그 순간 드르륵 소리와 함께 그는 쓰러졌다. 부관(이상국)의 부축으로 안전한 곳에 옮겨진 그는 헐떡이면서 겨우 말했다.

"장관님께 미안해하더라고 전해주게."

그것이 유언이 되고 말았다. 끝까지 신성모를 의식한 그의 마음 밑바닥에 무엇이 있었는지 궁금해지는 유언이었다.

제5장

꺼지지 않은 풍전등화

격전지를 찾아서

6.25전쟁 당시
총탄 자국
Bullet marks show
how horrible the
Korean War.
6.25전쟁 당시의 우리나라

피로 지킨 다부동 전선

전우의 시체를 넘고 넘어 앞으로 앞으로
낙동강아 흘러가라 우리는 전진한다
원한이야 피에 맺힌 적구를 무찌르고서
꽃잎처럼 사라져간 전우야 잘 자라

세상에 나서 내가 처음 배운 노래다. 라디오도 TV도 없는 산골에서는 유성기(전축) 같은 건 알지도 못했다. 아직 취학 전이었으니 학교에서 배운 노래가 아닌 것만은 분명하다. 그만큼 유행되어 쉽게 배웠던 모양이다. 곡조가 단순하고 힘찬 군가풍이어서 자연히 익히게 되었을 것이다.

시체라는 말도 몰랐을 때이니 '전우의 신체'라고 불렀다. '적구를 무찌르고서'의 '적구(赤拘)'는 물론 '적군'으로 불렀다. 이 글을 쓰려고 백과사전을 찾아보고야, 유호 작사, 박시춘 작곡 원본 악보에 적구로 돼 있음을 알았다.

쫓기고 또 쫓겨 낙동강 중·하류 지역까지 밀려난 최후의 방어선이 낙동강 저지선이었다. 그것이 뚫리는 날에는 하루아침에 부산을 빼앗겨 나라가 없어질 절체절명의 여름이었다. 기적 같은 반전(反轉)과 인천상륙작전으로 국군과 유엔군이 북으로 진격, 또 진격하는 함성에 초목도 춤을 춘 시기다.

낙동강 전선의 서쪽 끝 다부동과 왜관을 시작으로, 대구-영천-안강-포항을 거쳐 북으로 영덕까지 자동차로 달리면서 살펴보았다. 낙동강방어선이 얼마나 위태로웠던지 실감할 수 있었다. 광활한 달구벌 북쪽을 병풍처럼 둘러싼 그 산줄기 어느 한 곳이라도 뚫렸다면 어떻게 됐을까. 대구는 오늘, 부산은 내일이 보장되기 어려웠으리라는 말이 과장이 아니었음을 알았다.

내 스승 조지훈 시인은 국방부 종군 문인단(文人團)으로 다부동을 둘러보며 그 감회를 「다부원에서」라는 시로 읊었다. 시는 "한 달 농성 끝에 나와 보는 다부원은"이라는 구절로 시작한다. 55일 동안 포성으로 날이 새고 저물었기에, "피아(彼我) 공방의 포화가/한 달을 내리 울부짖"었다고 했다. 그 전투 현장이 "이렇게도/ 대구에서 가까운 곳이었다는 사실에 놀라고, "조그만 마을 하나를/자유의 국토 안에 살리기 위해서" 한 장소에서 그토록 오래 적과 싸운 사실에도 놀랐다. "머리만 남아 있는 군마의 시체"와 적군 시체 썩는 냄새를 '간고등어 냄새'에 비유한 것도 절실하다. 바다가 먼 경북 내륙지방의 토속적인 밥상을 연상시키지 않는가. "죽은 자도 산 자도 다 함께/안주의 집이 없"다는 마지막 시행 이상으로 전쟁의 참화를 말해주는 시어가 또 있을까.

조지훈의 「다부원에서」 시비 ⓒ문창재

　다부동은 경부고속도로에서 지척인 중앙고속도로 다부 IC에 접한
칠곡군 가산면 다부리를 이른다. 주차장에 차를 세우고, 고개 들어
산 능선부터 바라보았다. 어디에나 있음직한 평범한 산봉우리에 둘
러싸인 산골 마을이었다.

　짙푸른 녹음에 뒤덮인 저 산봉우리 하나가 왜 그리도 중요한 곳이
었던지, 초행의 나그네에겐 이해가 되지 않았다. 그러나 다부동 전적
지 기념관을 둘러보면서, 이내 고개를 끄덕이게 되었다.

　기념관 진입로 길가에 「다부원에서」 시비가 서 있고, 다부동전승
비 구국용사충혼비 등 갖가지 석물이 주변에 어지러이 섰다. 적 탱크
에 맞섰던 미군 탱크와 장갑차, 직사포 곡사포 대공포 같은 각종 포
에, 나이키 유도탄까지 전시된 야외 전시물이 구경거리였다. 다른 어
느 것보다 전차에 눈길이 머문 까닭은, 우리가 갖지 못했던 바로 그

경북 칠곡군 다부동전투기념관 뜰에 세워진 전몰자 명부 ⓒ문창재

것 때문에 나라가 풍비박산이 났던 사실에 생각이 미친 탓이었다.

애초에 갖지 못한 무기야 어쩔 수 없는 일이겠다. 그러나 미국이 참전하면서 '소풍 가는 기분'으로 오지만 않았어도, 하는 아쉬움이 컸다. 선발대로 일본에서 날아온 스미스 부대가 대전차포 몇 문만 가져왔으면 오산전투에서 그런 망신은 당하지 않았을 것이다.

그랬더라면 대전이 그렇게 쉽게 떨어질 리 없고, 낙동강방어선도 그렇게 다급하지는 않았을 것이다. 사단장이 인민군에 포로로 잡힌 치욕도 없었을 것이고.

다급하게 날아오느라고 그랬다지만, 바로 선편으로 그걸 보냈더라면, 하는 아쉬움의 여운이 길다. 오산 죽미령전투까지 일주일 가까운 여유가 있었으니까. 역사에는 가정이 없다는 말이 다시금 진리로 와닿았다.

다부동전투기념관이 자랑하는 키워드는 '대한민국을 구한 다부동 55일'이다. 55일간의 전투에서 그 시골 산야를 지키지 못했다면 대한민국은 없다는 뜻이겠다. 그곳이 뚫렸다면 22킬로미터 거리의 대구를 지키기 어려웠을 것이고, 대구를 지키지 못하면 부산도 또한 그러했으리라는 자랑을 부정할 수 없었다.

8월 말 대구역 광장에 적 박격포탄이 떨어지자 정부와 육본은 혼비백산 부산으로 옮겨갔다. 조병옥 내무장관은 피란민을 돌려 세우기에 진땀을 뺐다. 제주도나 태평양 어느 섬에 대한민국 임시정부를 세울 계획이 추진되었던 시기다.

또 한 가지 시선을 붙잡은 말은 '시산혈하(屍山血河)의 유학산(遊鶴山) 전투'였다. 시체로 산을 이루고 피가 강이 되어 흐른다는 말이 내 오관을 찔렀다. 과장이 지나치다 싶었다. 그러나 아니었다. "해발 837m 유학산 주봉을 빼앗고 빼앗기기 여덟 번을 거듭한 끝에 기어이 점령했다"는 설명은 그 전투의 치열함을 말하는 순박한 언어다.

〈전우야 잘 자라〉 노래의 배경이 되었다는 유학산전투의 처절함은 몰랐던 일이다. 쓰러져 죽은 시체를 묻지도 못했다. 전진이 급하여 전우의 시체를 넘고 또 넘어가야 하는 참담한 심경을 경험하지 못한 사람이 짐작인들 하겠는가.

그 산능선 328고지 쟁탈전으로 열흘 사이에 주인이 열다섯 번 바뀌었다는 설명도 그렇다. 밤낮으로 주인이 바뀌었고, 하루에 두 번 바뀐 날도 있었다는 설명 앞에서, 시산혈하가 과장이라 할 사람이 그 누구랴!

인터넷 백과사전들은 다부동 일대에 동원된 쌍방 병력을 4만 5천

다부동전투기념관에서 바라본 유학산. 저 봉우리 하나를 지키려고 55일을 싸웠다.
ⓒ문창재

명(아군 1만 5천 명, 적군 3만 명)으로 기록하고 있다. 피해는 아군 1만여 명 사상, 적 2만 4천여 명 사상이다. 아군 1만 5천 명 가운데 1만 명은 무사했던가? 이런 물음은 성립되지 않는다.

1만 5천 명은 초기 인원이고, 전투 중 매일같이 투입된 보충 병력 통계는 없다. 적도 전투 사상자 대신 투입할 병력 조달이 급선무였을 것이다. 의용병 차출에 혈안이 되었다지만, 3만 가운데 2만 4천 명을 잃은 적이 그만큼 버틴 것은 기적이라 할 수밖에 없다.

유학산은 수암산, 가산, 팔공산 등과 함께 드넓은 달구벌의 북쪽을 감싸는 병풍의 한 폭을 이루는 산이다. 북쪽에서 내려오려면 그 산협의 도로망과 고지 확보가 우선이다. 그래서 인민군은 그 요충지를 뚫기 위해 3개 사단을 집중시켜 죽기 살기로 달려들었다.

백선엽 1사단장은 생전의 인터뷰 때 다급했던 병력 보충 사정을 이렇게 설명했다. "15연대가 후퇴 중이라는 급보를 받고 현장으로 달려갔는데, 퇴로 정면에 포탄이 떨어져 놀랐습니다. 알아보니까 최영희 연대장이 부대원들의 후퇴를 막으려고 포를 쐈다는 겁니다. 병사들이 발길을 되돌려 반격하는데, 대대 규모의 병력이 반격에 가담하는 걸 보고 '예비 병력이 없을 텐데 이상하다' 싶어, 연대장에게 물었어요. 죄송하게 되었습니다, 사실은 보충 병력이 급해 허락도 없이 인사계를 대구에 보내 모병을 해 왔습니다, 이러는 겁니다. 명령 위반이지만 책임을 물을 계제가 아니었습니다."

15연대 1대대장 유재성 소령의 증언은 병력 소모가 얼마나 많았던가를 웅변한다. "김진위 대대장과 교대하여 328고지에 가보니 하루 보충병을 200~300명씩 받는 소모전이었다. 적이 필사적으로 나왔기 때문에 피아 간에 희생이 컸다. 하도 희생자가 많아 내가 직접 고지에 올라가 보았는데, 산적한 시체가 부패하여 코를 막지 않을 수 없었다."

대대 병력을 600명이라고 치면 매일 3분의 1, 또는 2분의 1이 죽거나 다쳤다는 이야기다. 그러니 소대장 분대장들이 휘하 부대원 이름과 얼굴을 모르고 "야, 소총수 빨리 올라가!" 이럴 수밖에 없었다.

자동차가 접근할 수 없는 산악전이어서 탄약이나 식품은 지게부대나 동네 민간인 등짐에 의존했다. 적 포화가 민간인을 비켜갈 리 없다. 그들의 희생도 병사들에 버금갔다. 적 3개 사단에 대적하는 아군 병력은 1사단뿐이었다. 그 수적 열세를 경찰 병력이 메꾸어주다가, 중과부적 상황을 알게 된 미군이 1개 연대를 지원해주어 근근이 버텨나갔다.

끊어졌던 왜관철교. 가운데 트러스가 없는 부분이 그 자리다. ⓒ문창재

왜관도 다부동 못지않은 요충지였다. 경부선 철교와 국도 교량을 건너면 대구가 지척이다. 낙동강 중류 낙동리(상주)부터 강 서안에 연하여 남북 160킬로미터 지역을 미군 3개 사단, 거기서 영덕까지의 산악 지방이 국군 5개 사단 담당이었다. 이 전선을 포기하고 최후의 저항선으로 철수하라는 유엔군 사령관 워커 장군의 명령이 나온 것이 7월 말이었다.

국군이 일제히 철수하자 적은 터진 봇물처럼 쏟아져 내려왔다. 8월 1일 적은 낙동강을 건너 대구로 직행할 낌새였다. 미군은 우선 왜관철교부터 폭파했다. 한강철교 폭파 때처럼 경고도 없는 폭격으로 얼마나 많은 피란민이 희생되었는지는 파악되지 않았다.

강가 정자에 앉아 계시는 동네 할머니들에게 물으니 "시뻘건 강물이 한참을 흘러갑디다"라고 했다. 혈하(血河)란 말이 그래서 나왔겠구나 싶었다.

낙동강을 경계로 피아가 진퇴를 거듭하던 8월 중순, 적이 왜관 서쪽 강안에 집결하여 총공세를 시도할 조짐이 포착되었다. 워커 장군은 도쿄의 맥아더 장군에게 융단폭격을 건의했다. 즉각 승인이 나자 워커는 바로 미 극동공군사령부에 작전수행을 요청했다. 폭격 목표지는 낙동강 서안에 면한 12킬로미터의 직사각형 지역. 미 제1기병사단장은 "적이 이미 도하를 완료했으니 왜관 북동부 지역까지 폭격구역에 포함시켜달라"고 건의했다. 그러나 주민들 피해가 우려된다는 이유로 당초 계획대로 낙동강 서안 지역만 때렸다.

16일 아침 일본 오키나와(沖繩) 기지와 도쿄 근교 요코다(橫田) 기지를 출발한 B-29 중폭격기 12대가 일제히 날아와 융단폭격이 시작되었다. 그 좁은 지역에 퍼부어진 폭탄은 250킬로그램짜리 3,084개, 500킬로그램짜리 150개였다. 무게로는 무려 960톤.

낮 12시 반쯤 작전이 끝난 뒤 현장 일대는 자욱한 안개와 포연으로 뒤덮여 전과를 확인하기 어려웠다. 마치 안개 낀 날 농부가 갈아엎은 밭이랑 같았다. 차츰 드러나는 전과는 허무했다. 수색대 보고로는 적군 사망자가 수백 명에 불과했다. 그 엄청난 폭격의 결과가 그러니 모기 잡으려고 칼을 휘두른 꼴(見蚊拔劍)이었다.

적군보다는 피란민 피해가 컸다는 말도 돌았다. 낙동강 강변에 텐트를 치고 살던 한 피란민은 "수많은 징용 노무자들이 폭사하거나 행방불명되었다"는 소문이 돌았다고 말했다. 강변에는 서울 쪽에서 내려온 피란민 수만 명이 천막이나 그늘막을 치고 살았다. 탄약, 포탄, 식료품 등 군수물자 운반은 피란민과 지게부대 몫이었다.

피란 중 휴식하는 한 가족. 잠든 아기는 지금쯤……

　그러나 심리적인 전과는 엄청났다. 혼비백산한 인민군 수뇌부는 한동안 그 사실을 극비에 부쳤다. 인민군 사기에 미칠 영향이 두려웠던 것이다.

서북 축선, 중앙 축선

국방군사연구소에서 간행한 『한국전쟁』 상권 개성–문산 지구 전투 편에는 서부전선 초기 전투 상황이 이렇게 기술되어 있다. "강력한 적의 기습공격으로 38도선 분계선에 배치된 12연대와 13연대 제3대대가 초전에 각개격파되었다. 적6사단 13연대가 송악산에서 국군1사단 12연대 제2대대 경계진지를 공격하는 사이, 적 15연대가 경의선 철도로 기차를 타고 (개성에) 들이닥쳐 순식간에 이곳을 점령하고 경계진지를 양단하여 배후를 위협하기 시작한 것이다."

중국 팔로군 출신 사단장 방호산이 지휘한 인민군 6사단은 1950년 6월 25일 새벽 4시 요란한 예비포성 속에 송악산을 떠나 남침에 나섰다. 잔뜩 긴장했던 것과는 달리 국군의 저항은 미미했다. 선두에 선 소련제 T–34 전차의 위력에 기가 꺾인 것이었다. 개전 5시간 만인 오전 9시, 쉽사리 개성을 점령하고 강화 섬이 마주 보이는 개풍군 흥교면 영정리 영정포(嶺井浦)에서 첫밤을 보냈다.

그날 낮 개성이 얼마나 싱겁게 점령되었는지 최태환 회고록에 잘 묘사돼 있다. 무혈입성에 가까운 싱거운 싸움이었다.

지프가 개성 시내에 다다르자 시가지는 연기와 불꽃들로 뒤덮여 있었다. 싱겁기까지 한 전투였다. 개성시내에서는 국방군 모습을 찾을 수 없었다. 미제 무기와 수류탄 등으로 무장한 인민군 전사들이 시가지 건물을 수색하고 있었다. 간혹 총상을 입은 국방군의 시체가 널브러져 있는 것이 발견되었다. 전쟁으로 죽은 시체를 처음 보는 순간이었다. 9시가 못 되어 개성 시내가 완전히 점령되었다.(최태환, 『젊은 혁명가의 초상』, 공동체, 1989) ·

문화부 연대장 최진학과 함께 지프를 타고 개성에 입성한 최태환은 인민군의 진격을 파죽지세와 같았다고 표현했다. 첫 싸움인 송악산 전투가 싱겁게 끝나가고 있었던 것이다.

"렬차르 리용하여 개성역으로 딘군한 부대가 대승을 거뒀다는 보고가 왔습네. 어서 개성 시내르 접수해야겠습네."

최진학은 전쟁놀이를 즐기는 아이들처럼 신나는 표정을 지으며 허리에 매단 때때권총을 들어 허공에 휘저었다.

국방군 잔류 병력이 하각동(河閣洞) 부근에서 최후의 발악을 하다가 임진강 쪽으로 무질서하게 패퇴해버렸다는 무전 보고가 들어왔다. 국방군 무전기 주파수에 맞추어 도청해보니 "여기는 연대장이다. 무조건 후퇴하라"는 다급한 목소리가 들려왔다.

국군이 이렇듯 허무하게 무너진 것은 무엇 때문이었을까. 개성 옹진 일대에서 빈발한 국지전 때는 그렇지 않았는데, 전면전에서는 대체 왜 그리 허약했던 것일까.

적 전차들이 전선을 뚫고 들어오자 한순간에 12연대 경계 진지들은 무용지물이 되었다. 열차로 이동해온 적에게 퇴로를 차단당한 국군 일부는 한강을 건너 김포 쪽으로 후퇴했다. 이런 상황에서 12연대 제1대대에서는 새벽 5시 30분 일조점호 중 연병장에 포탄이 떨어져 난리가 났다. 전쟁이 터진 사실을 몰랐던 것이다.

후퇴 병력과 피란민과 인민군 오열이 뒤섞여 남하하던 25일 낮, 임진강 교량 폭파 문제가 대두되었다. 공병대 대장 장치은 소령은 임진강교 폭파를 백선엽 사단장에게 건의했다. 사단장은 12연대 병력이 다 건너올 때까지 좀 더 기다리자 했다. 오후 3시가 되자 적 전차가 교량 북쪽에 나타났다.

"장 소령님, 교량을 폭파하십시오."

11연대 부대대장 고입현 대위가 다급하게 외쳤다.

"명령이 없는데 어떻게 폭파하나?"

"언제까지 명령을 기다립니까? 다 죽은 뒤에 허가를 받아 뭐 합니까? 빨리 누르십시오."

이 상황에서 공병대 대장은 끝내 명령 타령이었다. 그때 사단장이 폭파 명령을 내렸다. 장 소령은 비로소 폭파장치 스위치를 눌렀다. 불발이었다. 다급하게 또 눌러보아도 마찬가지였다. 양쪽의 포화로 도화선이 끊긴 것이었다.

그 전차를 저지하려고 생목숨을 얼마나 바쳤던가! 대덕산을 지키고 있던 11연대 3대대장 유재성 소령은 9중대장에게 특공대 투입을 명했다. 바주카포 공격에도 끄덕없는 전차를 막으려고 수류탄을 든

임진강 철교 교각에 남은 총탄 자국. 왼쪽은 새 철교. ⓒ문창재

대원 8명을 투입했다. 그러나 전차에 접근도 하기 전에 집중사격을 당하여 전원 전사했다. 제2특공대 공격도 실패였다. 제3공격조도 전과를 올리지 못했다.

그러나 효과가 컸다. 끈질기게 달려드는 특공대 공격에 질렸던지, 적 전차는 되돌아가 한동안 나타나지 않았다.

"공교롭게도 그때 육군보병학교 고등군사반에 입교 중이어서 전선 도착이 늦었습니다. 차편이 없어 미 고문관 차를 얻어 타고 수색 사단본부로 달려갔습니다."

허겁지겁 도착한 제1사단장 백선엽 대령은 "각자 개인진지로 달려가 방어하라"고 재촉하고, 급히 전선으로 차를 몰았다. 제일 중요한 임진강교부터 둘러보았다.

"국군장병이 모두 다리를 넘어오기를 기다려 임진강교 폭파를 늦추고 있다가 북안에 적이 나타나 폭파 명령을 내렸습니다. 그런데 폭발음이 안 들리는 겁니다. 실패한 거지요. 폭파에 실패한 공병대 책임자를 질책할 새도 없이 철수를 서두를 수밖에 없었습니다."

문산이 떨어져 방어선은 파주군 조리면 봉일천으로 물러섰다. 밤새 매복조가 적 첨병대를 공격, 약간의 무기를 노획하는 전과를 올렸다. 그러나 날이 밝자 다시 탱크 행렬이 밀려와 또 물러설 수밖에 없었다.

더 이상 저지선을 칠 곳은 없었다. 이젠 한강을 건너 남으로 가는 길뿐인데, 이미 한강 다리가 끊겨 제대별로 수단껏 강을 건너도록 했다.

임진강은 한반도 서부를 허리띠처럼 가르는 강이다. 아득한 옛날부터 이 가람을 건너면 북이고, 그 이전은 남쪽 땅으로 인식되었다. 70년 전 6 · 25전쟁에 이르기까지, 수많은 사람과 물자와 소식이 내왕하던 곳이다.

어느 편에게는 영광의 강, 어느 편에게는 치욕의 강이었다. 그 남안은 이제 이산가족들의 성지가 되었다. 1972년 남북조절위원회 대표단이 오고 간 통일로 개설을 계기로, 1986년 이곳에 실향민 합동망배단이 세워졌다.

그것을 시작으로 사람의 발걸음을 유혹하는 갖가지 시설이 들어서고, 2000년대 들어 안보 관광 붐으로 더욱 사람이 꼬이자, 아예 국민공원으로 탈바꿈되었다. 임진각을 기점으로 상류 쪽 드넓은 녹지에 임진각 평화누리공원이 들어서고, 전쟁 때 폭파되었던 임진철교가 복구되었다. 개성공단 코밑에 있는 도라산역까지 안보 관광 열차가 달리는 놀라운 변화가 왔다.

개성 관광단 버스로 그 지역을 통과할 때, 자유의 다리를 지나자마자 차창 밖으로 펼쳐지던 송악산 스카이라인을 보고 놀란 경험이 있다. 아니, 개성이 이리 지척이었나……!

끊어진 자유의 다리는 돌아오지 못하는 다리로만 여겨졌다. 특히 북에 가족을 둔 실향민들이 '나도 임진강을 건너가보고 싶다'는 열망에 들뜨게 된 것은 필연이었다. 그 열망을 고스란히 보듬어준 것이 임진강 곤돌라다. 2019년부터 운영되는 곤돌라는 강 건너 캠프 그리브스(Camp Greaves)를 돌아보고 되돌아오는 코스다.

이 캠프는 2007년까지 미 2사단 506보병대대가 주둔했던 곳이다. 본부 건물은 크게 수선되어 청소년들의 안보 체험을 겸한 숙박시설로 운영되고 있다.

더 큰 볼거리는 자유의 다리 앞에 있는 전재 기관차다. 녹슬고 찢기고 부서진 기관차의 이력이 가슴 아프다. 9·28 수복 후 군수물자를 싣고 평양으로 달리던 중, 황해도 평산군 한포 역에서 중공군에 쫓겨 후진하다가 장단 역에서 피폭되었다.

2004년 문화재로 지정되어 현 위치로 이동되기까지 55년 세월을 비바람에 노출되어 녹을 옷처럼 입고 있다. 피폭으로 쇠바퀴 네 개가 부서지고 온몸에 1천 발이 넘는 총탄 세례를 받은 만신창이다. 마치 갈라지고 찢기고 부서진 그때의 국토를 상징하는 것 같다.

기관차 전시장에는 난간마다 철조망마다 이산가족들의 뜨거운 한을 담은 오색 리본들이 말갈기처럼 바람에 나부끼고 있다. 살아나 계시려나, 언제나 만나게 되려나, 그립다, 보고 싶다, 얼굴도 가물가물

적탄에 맞아 비무장 지대에 방치됐던 북행 기관차 ⓒ문창재

하다……. 리본에 적힌 사연들에 이산가족들의 70년 한이 다 담겼을
까.

강가에 생긴 정자를 발견하고 화살표를 따라 내려간다. 자유의 다
리 하단에 조성된 소공원이다. 굵은 목재를 촘촘히 박아 만든 교각이
급조된 사정을 말하는 것 같다. 휴전회담으로 합의된 포로 교환을 위
해 급하게 만들었음을 보여주는 역사의 현장이다. 저 다리를 건너 고
국의 품에, 또는 자유세계로 돌아온 포로가 1만 2,773명이었다. 그
숫자에 포함되지 못한, 훨씬 더 많은 포로와 납북자들이 70년 세월
겪은 고난은 어떠할까, 이런 생각에 옷깃을 여미지 않을 수 없었다.

그곳에서 임진강 물줄기를 따라 동쪽으로 휴전선 철책이 길게 뻗
어 나간다. 이제는 그곳도 금단의 땅이 아니다. 김포에서 고양–파
주–연천 땅을 따라 구불구불 이어진 휴전선 철책을 따라 평화누리길

189킬로미터가 조성되었다. 주말마다 걷기를 즐기는 사람들로 붐빈다.

그중 10번 코스는 고랑포 마을을 지나간다. 임진강 하구를 따라 전국에서 황포돛배가 모여들던 고랑포 나루 마을은 경순왕릉, 호로고로성 같은 유적지를 품은 역사의 고을이다. 6·25 때 인민군 전차가 얕은 여울로 건너왔고, 1967년 1·21사태 때 김신조 일당의 124군 부대가 청와대 공격을 목적으로 건너온 곳이기도 하다.

개성–문산–벽제–수색 서북 축선이 이렇게 적의 발길을 하루 이틀 붙잡은 데 비하여, 서울 직선 루트인 동두천–의정부–창동 중앙 축선은 무방비로 무너졌다. 사흘 만에 서울이 적 군화에 짓밟히게 된 치욕이 여기서 비롯되었다. 제7사단 작전구역인 이 지역 방어 태세가 제일 허약했던 것이다.

적은 이 도로를 주 공격루트로 삼아 2개 사단과 2개 전차연대를 투입했다. 이 전선을 담당한 국군 7사단 주력 2개 연대 휘하 2개 대대는 그날 의정부에서 교육훈련 중이었다.

1개 연대는 수도경비사령부로 예속이 변경되어 떠나갔고, 대신 오게 된 온양 주둔 25연대는 무슨 까닭인지 아직 도착하지 않았다. 1개 연대와 2개 대대 병력이 전선을 비운 사이, 적은 무주공산을 가로지르듯 달음박질쳐왔다.

속절없이 무너지는 전선을 떠받치기 위해 육본은 예비 병력을 속속 투입했다. 결과는 깨진 독에 물 붓기였다. 병력 규모도 비교가 안 되는데, 군비와 장병의 정신력 또한 그러했다. 부대마다 트럭과 중화

기 태반이 수
리차 부평 기
지창에 가 있
었고, 부대마
다 실탄이 부
족하다고 아
우성이었다.
여수 · 순천

6 · 25 직전 전방을 시찰하는 덜레스 미 국무장관

사건 이후 최소한의 실탄만 지급되었던 까닭이다.

"인민군 T-34 전차가 철원으로 이동하고 병력도 삼팔선 쪽으로
바짝 다가왔습니다. 그 전차를 막을 무기가 없는 게 제일 걱정입니
다. 대전차 지뢰가 절대 필요합니다. 105밀리 곡사포 대대가 있긴 하
지만, 포탄이 1문당 세 발씩밖에 없어 적이 침략해 오면 탄약의 절대
부족 현상이 일어날 것입니다."

6 · 25 일주일 전인 1950년 6월 18일 유재흥 7사단장의 하소연이
다. 방한 중이던 덜레스 미 국무장관이 한미 양국 군수뇌를 대동하고
동두천 전초진지를 시찰할 때의 현황보고였다. 그 말에 귀를 기울이
는 사람은 없었다. 덜레스는 "유사시 미국은 적극 돕겠다"는 정치적
언사를 남겼을 뿐이다.

춘천 승전이 없었다면

춘천전투가 지리멸렬하자 김일성은 격노했다. 그럴 만했다. 춘천에서 꼬박 사흘을 싸우느라고 예정된 날 수원에 도착할 수 없었던 것이다.

"도하를 못한다구? 쌍! 공병은 뭐하고 있는 거야, 공병은 어디 있어, 엉? 쌍놈의 새끼들 어디 있냐 말이야?"

"숨 돌릴 생각 말구 계속 공격해! 돌격, 돌격, 돌격! 종간나 새끼들!"

주영복 인민군 2군단 공병부부장이 2사단 전투지휘소에 도착했을 때 사단 참모장과 작전과장은 유선 전화기와 무전기에 매달려 쌍소리로 공격지휘를 하고 있었다. 소양강 다리를 건너야 춘천 시내에 진입하는데, 국군의 저항을 뚫지 못했던 것이다. 도하 교량 시설을 설치하지 못하는 공병대를 탓하는 막말이었다.

"생각보다 쉽지 않소. 아군은 두더지처럼 흙투성이가 되어 지면으로 기어 다니지만 미리 마련한 참호가 없어 적의 집중사격에 노출되어 피해가 큰 것 같소. 날씨마저 무더워 장병들은 물만 찾소. 겨우 소양강변에 도달해도 강변에 노출된 사주(砂洲)뿐이고, 굽이굽이 소용돌이치는 소양강은 사람의 접근을 허락하지 않소. 누차의 돌격은 번번이 강에 막혀 실패했소."

주영복이 전황을 묻자 사단 공병부장 이기원 중좌는 이렇게 어려움을 토로했다.

봉의산 턱밑에 있는 소양강 다리는 방어에 아주 유리한 지형이다. 산 중턱에 있는 진지와 강 건너 우두평야 곳곳에 솟은 야산에도 방어진지가 잘 시설된 국군6사단의 중포격을 당할 도리가 없었던 것이다.

25일 당일 춘천을 점령하라는 명령을 수행할 도리가 없었다. 27일까지 여러 차례 파상공격도 번번이 실패하자 적은 크게 당황했다.

6사단이 이토록 선전한 것은 김종오(金鍾五) 사단장이 적의 남침을 내다보았기 때문이다. 다른 부대와 달리 장병들 외출·외박을 금지시키고, 전투 준비에 심혈을 기울인 결과였다. 춘천의 고등학교 학생들까지 동원해 국도변 야산마다 개인호와 교통호를 파놓았던 것도 적절한 조치였다.

춘천 점령에 사흘이 걸린 적 2군단은 경기도 여주에서 또 한 차례 난관에 봉착했다. 이번에는 남한강 도하였다. 적 15사단이 여주에 이르러 신륵사 앞 한강을 건너려는데, 교량도 없고 배도 부족했다. 50명 정원의 나룻배에 100여 명이 타고 건너다 전복되어 전원 익사하는 사고가 일어나, 한없이 도하가 늦어졌다.

미군 B-29 폭격기는 시도 때도 없이 날아오고, 도하는 급한데 차량과 중화기를 도하시킬 방도가 없었다. 여러 척의 배를 철사로 엮어 판자를 깔고 차량과 중화기를 싣고 건너는 데 오랜 시간이 소요되었다. 이래저래 28일 수원 도착은 물 건너갔다.

춘천 시내에는 '춘천대첩'을 기념하는 기념물이 여럿 있다. 대첩이란 전투에 크게 이긴 것을 이르는 말이라서 좀 과장이 아닌가 싶다. 명량대첩, 한산도대첩, 살수대첩 같은 역사적 사실에 비추어 보면 말이다. 그러나 그때 다른 전선이 초전에 무너진 것과 비교하면 그리 거부감이 들지는 않는다.

오늘의 소양강은 강이라고 말하기 어려울 만큼 넓다. 마치 호수 같다. 맞다, 호수다. 의암댐에 막힌 물길이 춘천을 널리 감싸고 있다. 사진을 찍어 지인에게 보냈더니, 제주도냐고 묻는 카톡이 날아왔다.

춘천역에서 내려 소양강변에 서니, 호수 가운데 여인상이 우뚝하다. 아직도 널리 불리는 대중가요 〈소양강 처녀〉를 자랑하고 싶은 모양이다. 한가운데에는 물고기 형상의 분수가 종일 물을 뿜고, 붉은 아치로 장식된 소양2교가 '명곡'의 고향처럼 하모니를 이룬다.

강변길을 걸어 소양제1교를 찾아가려니, 봉의산 자락이 물가에 멋은 곳에 낡은 다리가 보인다. 폭이 좁고 난간이 낡은 시멘트 콘크리트인 것으로 보아 옛 소양교임에 틀림없다.

강 건너에 즐비한 고층 아파트군은 마치 서울 강남을 연상시킨다. 그 너머로 널찍한 우두 벌판에 올망졸망한 구릉들이 안개 속에 희미하다. 전사에 나오는 천혜의 방어요새, 춘천전투 현장이다.

절묘한 요충지로군! 감탄사가 절로 터져 나온다. 하나뿐인 이 다리를 건너지 않고는 춘천을 넘볼 수 없는 지형이 아닌가. 강변으로 바짝 다가선 봉의산 중턱 포진지에서 우박같이 날아드는 포탄을 제아무리 탱크인들 어쩔 것인가. 강 건너 구릉마다 숨은 보·포병 진지에서 퍼붓는 박격포 기관총 세례도 그들의 기를 꺾기에 충분했으리라.

그때 퍼부었던 포탄과 총탄 자국이 교각마다 선명하다. 6·25가 남침이었다는 역사적 사실을 증명하는 침묵의 증거다. 춘천댐 건설로 지금은 호수가 되어버렸지만, 그때는 백사장이 넓었을 것이다.

"돌격하라우 야, 쌍!"

빗발치는 돌격 명령에 쫓겨 어떻게든 강을 건너보려고 쇄도하던 인민군 병사들의 피로 얼룩졌었을 백사장은 수몰되었다.

"야아!" "야아!" "돌격! 돌겨억!" 포성과 총성에 파묻혔을 그들의 함성이 바람결에 실려와 들리는 듯했다.

길이가 족히 500미터는 돼 보이는 다리를 건너가 뒤돌아본다. 천연요새 같은 봉의산 멧부리가 소양교를 굽어보듯 섰다. 절묘한 곳에 소양교가 자리 잡았다는 생각이 더욱 굳어졌다.

6사단 병사들이 그렇게 잘 싸운 것은 적을 맞을 태세가 잘 돼 있었기 때문이다. 한국언론자료간행회에서 엮은 『한국전쟁 종군기자』에 따르면, 6사단은 남침의 낌새를 미리 알고 대비했다. 7연대장 임부택(林富澤) 중령의 회고담이 이를 증명한다.

"6월 20일 북괴군 탱크병 1명이 귀순해서 38선 전방에 북괴군들이 대거 집결해 있다고 말했다. 21일, 22일에는 38선 북쪽 도로에 북괴군이 트럭, 탱크, 대포들을 나뭇잎으로 위장시켜놓고 있다는 보고가 들어왔다. 23일에는 5~6명의 북괴군 장교가 삼팔선 능선에 나타나 남쪽을 가리키며 정찰하고 있는 것을 관측소에서 바라볼 수 있었다. 때문에 국군은 장병들의 휴가와 외출을 금지시키고, 24일 밤에는 완전무장을 하고 대기하고 있었다. 그래서 25일에 적의 기습을 당하지 않고 즉각 응전할 수 있었다."

초전은 밀렸다. 적은 춘천으로 이어지는 화천-춘천 도로상의 모진교 공격에 화력을 집중시켜 첫 관문을 쉽게 돌파했다. 소양교전투는 모진교를 허무하게 내준 데 대한 보복전이었다. 절대 양보해서는 안 될 마지노선이었다. 6사단 장병들은 이를 악물었다. 특히 포병대의 활약이 돋보였다. 춘천농대, 춘천고, 춘천농고 등 시내 대학생, 고등학생들이 포탄을 운반하고, 진지 경계를 도왔다. 부녀자들도 주먹밥을 만들어 날랐다.

아무리 잘 싸워도 이웃 전선과 너무 떨어지면 적진에 갇히게 된다. 사흘을 버티다 춘천을 내주고 철수한 이유다. 그 금쪽같은 사흘이 있어 좌우 전선의 국군이 안전하게 철수할 수 있었다. 적 2군단 작전계획에 결정적인 타격을 준 것은 물론이었다.

구국의 전투, 영천 탈환전

"소대장님! 여기 총알 다 떨어졌습니다." 갓 전입해 온 신병이 한참 총을 쏘다가 소대장을 향해 소리쳤다. 총알이 떨어졌으니 어쩌란 말인가. 소대장에게 총알을 가져다 달라는 이른바 '고문관' 같아 사정을 알아보니, 8발들이 M1 총탄 클립의 총알이 소진된 것이었다. 다른 클립을 갈아 끼우면 그만인 것을, 이 신병은 그걸 할 줄을 몰랐던 것이다.

소총수가 '소모품'이었던 낙동강 전투 현장에서 자주 일어난 에피소드다. 피아 간에 신병 보충이 가장 급한 문제였던 그때, 가까운 대구 시내에서 '조달'되어 온 국민병은 미처 기초 훈련도 받을 겨를이 없었다. 전선 사정이 너무 다급하여 현지 부대가 총 쏘는 법 정도만 대충 가르쳐 써먹으라는 것이었다. 그 와중에 누가 그들을 가르치겠는가. 오는 대로 일선에 투입하다 보니 이런 촌극이 일어났다.

그런데 이 신병이 적 전차를 포획하는 놀라운 전공을 세웠다. 6·25전쟁 역사상 처음 있는 일이었다. 믿을 수 없는 일이어서 사단장 이성가 대령이 직접 불러 확인하고 포상휴가까지 보내주었다.

자초지종은 이렇다. 신병은 너무 배가 고팠다. 전투 중 배급받는 주먹밥만으로는 견딜 수가 없어, 잠시 참호를 이탈하여 먹을 것을 찾아 나섰다. 좁은 신작로가 나오자 아무 차나 잡아 타려고 길을 막고 서서 기다렸다.

그때 북쪽에서 이상한 차가 다가오는 것이 보였다. 적 탱크인 줄도 모르고 엉거주춤한 자세로 총을 메고 손을 높이 들었다. 놀란 것은 적 15사단 탱크병들이었다. 남루한 옷에 모자를 삐뚜름하게 쓴 패잔병이 길을 막으니 그럴 수밖에.

저놈이 저렇게 여유 있는 자세로 길을 막아서는 것을 보니 사방에 매복이 있구나……. 전차장은 마지못해 탱크를 세웠다. 신병은 탱크를 향해 내리라는 손짓을 했다. 팔을 들고 탱크에서 내리는 적병을 본 순간 그는 움찔했다. 비로소 인민군 전차임을 알았다. 겁에 질린 그는 아무 말 없이 돌아서서 걷기 시작했다.

곧 총알이 날아들 것처럼 조마조마하여 슬쩍 뒤돌아보니, 인민군 넷이 팔을 쳐들고 따라오고 있었다. 어디로 가야 할지 막연하여 가다가 길을 꺾어 방향을 틀기도 하고, 좁은 길로 들어서기도 했다. 그러다가 자기를 찾아 나선 고참병들을 만났다.

국군에게 무장을 해제당한 뒤에야 적은 속은 줄을 알았지만, 이미 물은 엎질러진 뒤였다. 아군이 달려가 적 탱크를 수색해보았더니 특급 정보들이 그득했다. 영천을 점령한 적 부대장이 사단장에게 보급품과 지원병을 요청한 문서에 5사단장이 회신한 문서도 들어 있다. 회신의 내용은 '왜 영천에서 더 진격하지 않고 뭉개고 있느냐'는 질책이었다. 요청한 보급품과 탱크와 포병은 보낼 수 없으니 현 상태로 밀어붙이라는 명령서도 있었다. 중요한 적정을 알게 되어 영천 탈환전 타이밍을 당기고, 자신감을 갖게 한 최고급 정보였다.

이 공로로 그 신병은 2계급 특진과 두툼한 상금에 포상휴가까지 받아 어리둥절했다. 이 일화는 영천시가 발행한 6·25 70주년 특별기획『6·25전쟁과 영천』에 기록되었다. 당시 인민군의 내부 사정이 이러했다. 천신만고 끝에 대구 부산을 넘볼 교두보를 확보한 부대의 보급과 병력지원 요청을 들어줄 수 없을 정도였다.

아군 측도 초비상 사태였다. 이승만 대통령은 영천 전선을 두 번이나 찾아갔을 정도로 몸이 달았다. 8월 공세 때 적은 왜관을 차지하려고 다부동 일대에서 많은 피를 흘렸다. 결정적인 순간에 미군의 지원으로 뜻이 꺾인 적은 주 전선을 동쪽으로 이동, 만만해 보이는 영천─신녕 지구 전선을 먹이감으로 삼았다. 9월 대공세였다.

9월 2일 영천 동북 방면에서 대공세에 나선 박성철(朴成哲)의 인민군 15사단은 전차 5대를 앞세우고 국군 8사단 정면을 깊숙이 찌르고 들어왔다. 한때 다부동 인근이 뚫려 대구역 앞에 적의 박격포탄이 날아들었다. 대구에 있던 정부와 육본 미 8군사령부까지 부산으로 옮겨가고, 피란민들이 부산 가는 도로를 하얗게 메웠었다.

이런 절체절명의 위기 속에 영천이 실함되었다. 울산─밀양─마산선(데이비슨선)으로 철수하느냐, 버티느냐, 고민해야 할 중대 고비였다. 영천저지선 담당 이성가 8사단장은 긴급 SOS를 날렸다. 육본에는 긴급 병력 지원을, 미8군에는 전차와 항공 지원을 애원했다.

모른 체할 수 없는 요청이었다. 육본은 6사단에서 1개 연대와 공병대 병력, 1사단에서도 1개 연대 차출을 결정했다. 8군에서는 전차 1개 소대를 보내 왔고, 미 공군도 항공 지원 결정을 내렸다. 이제는 해볼 만한 전투였다. 미 공군 항공 지원까지 얻게 되었으니 천군만마를 얻은 셈이었다.

영천역을 목표로 반격작전이 불을 뿜었다. 용기백배한 이성가 사단장은 야간 기습전까지 전개해가며 적의 의표를 찔렀다. 낮에는 미군 전투기 공습을 피해 산협의 녹음 속에 자취를 감추었다가, 밤에만 기동하는 인민군이 야간 기습공격을 당하고 나서는 전의가 꺾이기 시작했다. 적 전차는 보급을 받지 못하여 움직이지도 못하는 상태였다.

그 절박한 인민군 전선의 사정을 주영복의 『내가 겪은 조선전쟁』은 다음과 같이 묘사했다. 사기가 꺾인 군대에 탈출구도 없었다.

아군 사령부는 비행기는 못 보낼망정 왜 고사기관총 한 자루 안 보내는 것인가. 전사들도 동체에 그려진 USAF 마크를 원망하며 쳐다볼 뿐이다. 또 다시 일단의 전 폭기가 날아와 네이팜탄을 집중 투하했다. 능선에는 빨간 기름이 사방으로 튀고, 모든 것을 불지른다. 3파, 4파, 총 폭격에 능선의 초목은 다 타고, 5파의 공습에는 벌레 하나 남지 않을 정도로 극심했다. 아무튼 연기, 파편, 타는 기름방울, 피, 그리고 고깃덩어리가 사방으로 날아가는 이 지옥 속에서 살아남는 것이 부자연스러울 정도다.(주영복, 『내가 겪은 조선전쟁』고려원, 1990)

서울 옛 총독부 건물에 있었던 인민군 전선사령부 공병부부장 주영복 중좌는 선전시찰길에 동료 군관을 만나 15사단 전투사령부 소재지를 물었다.

"알지만 특별한 볼일이 아니면 가지 마라! 공병도 보병과 함께 싸운다. 지난번 영천작전 실패로 박성철 소장이 해임되고 조광열 소장이 임명되어 왔다. 이런 때에는 낯선 부대의 낯선 졸자는 나타나지 않는 것이 좋다."

이보다 인민군 사정을 잘 대변하는 말은 없다. 전선사령부 참모도 근접이 어려울 만큼 분위기가 굳어 있었던 것이다.

"헌데, 2군단 방면 정세는 어떤가?"

"전반적으로 고전이야. 언제 산꼭대기에 포를 끌어올리고 비행기와 싸우는 전투를 예견이나 했나 말이다."

"그래도 여기까지 왔으니 꼭 이겨야 한다."

"다 이겼던 전쟁이 미국놈들 때문에 망태기가 됐어."

"지금 전투는 어디서 일어나고 있는데?"

"대구 북방 팔공산, 영천 남방 임포, 그리고 경주 북방을 연결하는 선에서 매일 격전이 벌어지고 있다."

이 대화에서 알 수 있듯이 9월 6일 무렵 벌써 인민군은 전의를 잃고 있었다. 주영복은 동료의 권유대로 15사단 방문을 포기하고 서울로 돌아갔다. 도착하자마자 그는 인민군 총참모장 강건(姜健)의 전사 소식을 들었다. 낙동강 전선에서 진두지휘 중 지뢰를 밟아 죽었다는 것이었다. 사령부는 이를 숨겼으나 비밀이 얼마나 유지되겠는가.

인민군의 사기는 급전직하했다. 보급을 받지 못하여 총알도 떨어지고, 제대로 먹지 못하는 판에 총참모장까지 죽었다. 1만 2천 명의 사상자를 낸 창녕전투 참패까지 전해져, 더는 기댈 언덕도 없어졌다.

무리한 공격으로 소대장의 90%, 중대장의 80%, 대대장의 70%가 전사 또는 부상으로 교체된 사실을 모를 사람은 없었다. 인민군은 제 풀에 무너져갔다. 더 이상 태울 것이 없어 스르르 심지가 주저앉은 촛불 같았다.

바람 앞의 등불 같았던 국운의 대반전이었다. 9월 10일부터 국군 과 유엔군 합동 반격의 불벼락이 치기 시작했다. 9월 15일 인천상륙 작전 성공 소식이 전해지자 적은 달아날 힘조차 잃어버리고 말았던 것이다.

그때부터 70년이 지난 오늘의 영천은 상전벽해처럼 변했다. 그때 격전이 벌어졌던 영천역 뒷동산(마현산)에 올라 시가지를 조망한다. 마치 서울 근교 어느 신도시 교외처럼 높다란 아파트가 숲을 이루고 있다.

영천은 경부 고속도로, 새만금-포항 고속도로, 청주-영천 고속도 로 등 3개 고속도로가 교차하고, 국도 3개 노선이 통과하는 교통의 요지다. 철도도 중앙선과 대구선(대구-포항)이 교차하는 동남부 내륙 교통의 허브다. 대구까지의 거리가 30킬로미터 정도고, 부산 가는 길 목이기도 하다. 이런 점이 인민군의 집중공격을 받게 된 까닭이었다.

서쪽으로 느리게 흘러가는 금호강을 따라 아파트 단지가 줄지어 섰고, 옛 도심지는 같은 자리에서 환골탈태한 듯 말끔한 용모로 개조 되었다. 동쪽 교외(고경면)에 육군제3사관학교를 가진 것도 자랑이고, 국립영천호국원을 품게 된 것은 '호국의 도시'다운 영광이다.

마현산에서 조망한 경북 영천 시가지. 6 · 25 때 모습은 찾을 길이 없다. ⓒ문창재

옛 육군부관학교 터에 자리잡은 육군3사관학교는 젊은 날 내 추억 한 자락이 묻힌 곳이다. 입대훈련을 마치고 후반기 8주간 병과교육(인사행정반)을 받은 곳인데, 헌병학교 경리학교 정보학교 등이 한 울타리 안에 있어 서로 부러워하고 경계하던 생각이 새로웠다. 코스모스가 꽃성을 이룬 길을 따라 학과 교장(敎場)을 오가며, 세상과 단절된 것 같은 외로움에 진저리치던 기억도 되살아났다.

영천은 6 · 25전쟁 모뉴먼트와 시설이 많기로도 유명한 곳이다. 무엇보다 영천대첩비가 자랑이다. 6 · 25전쟁 때 이긴 전쟁은 많지만 '대첩'이라는 명칭을 가진 고장은 많지 않다.

왜관 다부동 전선 뚫기에 실패한 인민군은 9월 초 영천 집중공략에 나섰다. 대구에 있던 정부와 육본, 그리고 8군사령부까지 부산으로 피란을 간 절체절명의 시기였다. 그런 때에 빼앗긴 땅을 되찾아 총반격의 계기를 만든 승전이었으니, 대첩이란 말이 지나치지 않다.

영천시 마현산에 조성된 6 · 25 전적비 ⓒ문창재

2002년 그 전투에서 산화한 호국영령들을 위로하고 그 공훈을 기념하기 위해 영천전투참전전우회가 영천호국원 경내에 건립한 기념물이 영천대첩비다. 영천전승비가 따로 있지만 꼭 '대첩비'라야 직성이 풀릴 모양이었다.

길쭉한 개선문 모양의 높은 탑 아래 영천전투 개요를 소개하고, 전몰 장병들 이름을 길게 새긴 비벽이 둘러섰다. 국립호국원 입구에선 그 위용이 웅장하여 호국원의 랜드마크가 되었다.

국립영천호국원은 6 · 25 참전 용사들을 모실 영원(靈園)이 모자라 각지에 현충원을 세울 때 기획된 것으로, 2001년 재향군인회 영천호국원으로 문을 열었다가, 2007년 국가보훈처 소관 국립묘지가 되었다. 2012년 봉안묘역과 충령당이 만장(滿場)되어 제2충령당을 지어야 했다.

영천 마현산은 갖가지 비석과 석물군이 모여 있는 영천전투 메모

리얼 파크다. 그중 가장 오래된 것은 1958년 금호강변에 건립되었다가, 2015년 마현산으로 이설된 영천지구전승비다. 이승만 대통령의 글씨로 된 비석이 자랑거리다.

영천충혼탑은 1963년 영천전투 당시 전몰자들의 넋을 기리고 추모하기 위해 각 기관 공무원, 초등학교 학생, 일반 주민의 성금으로 건립되었다. 두 손을 모아 영령을 보호하는 형상을 하고 있다.

영천지구전적비는 1980년 마현산 정상에 건립되었다. 국제관광공사가 선정한 조각가 백문기의 설계 및 조각 작품이다.

마현산 일대를 둘러보면서, 충혼비, 전적비, 전승비, 대첩비 등등 비슷한 이름의 석물을 왜 그리 많이 만들어 세웠을까, 하는 의문이 들었다. 그만큼 그 전투를 자랑스럽게 여기는 주민들의 자부심으로 여기기로 했다.

그중 눈길을 끄는 것은 〈수난이대〉라는 석물이었다. 바지 저고리 차림의 노인과, 군복 차림의 젊은이 모습을 부조한 석물이 이채로웠다. 비문을 읽어보니 영천 출신 작가 하근찬(河瑾燦)의 소설 「수난이대」 이야기였다.

1957년 『한국일보』 신춘문예 당선작인 이 소설은 일제 때 강제동원에 끌려가 팔을 잃은 아버지와, 6 · 25전쟁 때 부상으로 다리를 잃은 아들의 슬픈 가족사가 소재다. 그런 아들을 업고 외나무다리를 건너는 아버지의 이야기는 근세 한민족의 비운을 상징한다. 가혹했던 '격동의 세기'가 파노라마 되어 뇌리를 스쳐갔다.

■ 참고자료

강성재, 『참군인 이종찬 장군』, 동아일보사, 1986.

강준만, 『한국 현대사 산책』 1권, 인물과사상사, 2002.

국방부 군사편찬연구소, 『한국전쟁사의 새로운 연구』, 2001.

국방부 군사편찬연구소, 『한국전쟁사』, 2004.

김기진, 『끝나지 않은 전쟁 국민보도연맹─부산 경남 지역』, 역사비평사,
    2002.

김동춘, 『이것은 기억과의 전쟁이다』, 사계절출판사, 2013.

김성칠, 『역사 앞에서』, 창작과비평사, 1993.

김윤경, 「한국전쟁기 부역자 처벌과 재심」, 공익과 인권, 2018.

로버트 올리버, 『이승만 없었다면 대한민국 없다』, 박일영 역, 동서문화사,
    2008.

로이 애플먼, 『낙동강에서 압록강까지』, 육군본부, 1963.

맥아더, 『맥아더 회고록』, 반광식 역, 일신서적출판사, 1993.

문창재, 『증언─바다만 아는 6·25 전쟁 비화』, 일진사, 2010.

박완서, 『그 산이 정말 거기 있었을까』, 웅진지식하우스, 2021.

박환, 『한국전쟁과 국민방위군 사건─어느 초등학교 교사 유정수 일기』, 민속
    원, 2020.

백선엽, 『조국이 없으면 나도 없다』, 더 아미, 2010.

부산일보사 기획연구실, 『임시수도 천일』, 부산일보사 출판국, 1985.

브루스 커밍스, 『브루스 커밍스의 한국전쟁』, 조행복 역, 현실문화, 2017.

서중석, 『서중석의 현대사 이야기』(전 20권), 오월의 봄, 2015~2020.

손호철, 「대구는 진보도시였다」, 『한국일보』 2021년 2월 1일.

신기철, 『국민은 적이 아니다』, 헤르츠나인, 2014.

신기철, 『진실, 국가범죄를 말하다』, 자리, 2011.

신동운 편, 『재판관의 고민 − 유병진 법률논집』, 법문사, 2008.

영천시, 『6 · 25전쟁과 영천』, 2020.

오제도, 『적화삼삭구인집』, 국제보도연맹, 1951.

이선교, 『6 · 25 한국전쟁 막을 수 있었다』, 빛된삶, 2007.

이임하, 「한국전쟁기 부역자 처벌」, 『사림』 36호, 수선사학회, 2010

이형근, 『군번 1번의 외길 인생』, 중앙M&B, 1993.

장경석, 『백년을 살면서』, , GS Work, 2020.

정병준, 『한국전쟁』, 돌베개, 2006.

정찬대, 『민간인 학살의 기록 − 호남 제주 편』, 한울, 2017.

조정래, 『태백산맥』 8권, 해남, 2020.

조지프 굴든, 『한국전쟁』, 김쾌상 역, 일월서각, 1982.

조지프 해럴드 노블, 『이승만 박사와 미 대사관』, 정호출판사, 1983.

조지훈, 『역사 앞에서』, 1959.

존 톨랜드, 『존 톨랜드의 6 · 25전쟁』, 바움, 2010.

주영복, 『내가 겪은 조선전쟁』, 고려원, 1990.

짐 하우스만, 『한국 대통령을 움직인 미군대위』, 정일화 역, 한국문원, 1995.

최태환, 『젊은 혁명가의 초상』, 공동체, 1989.

토루크노프, 『한국전쟁의 진실과 수수께끼』, 에디터, 2003

페렌바크, 『실록 한국전쟁』, 한국전쟁, 문학사, 1965.

한국언론자료간행회, 『한국전쟁 종군기자』, 1987.

한국전쟁전후진주민간인피학살자유족회 편, 『학살된 사람들, 남겨진 사람들』,
    피플파워, 2020.

한홍구, 『대한민국사』 2권, 한겨레신문사, 2003.

〈태극기 휘날리며〉, 2003.

진실화해위원회 제9차 보고서.

진실화해위원회, 「국민방위군 사건」.

과거사진상규명위원회 보고서.

한국방송인동우회 블로그.

한국전쟁유족회 홈페이지, "100만 민간인 학살 개요".

■ 찾아보기